KUAIJI
JICHU YU SHIWU

会计基础与实务

柯于珍　何莹◎主　编
万凯　贺丽锦◎副主编

中国财经出版传媒集团
经济科学出版社
Economic Science Press

图书在版编目（CIP）数据

会计基础与实务 / 柯于珍，何莹主编．-- 北京：经济科学出版社，2022.8（2025.8 重印）
ISBN 978-7-5218-3924-1

Ⅰ．①会…　Ⅱ．①柯…　②何…　Ⅲ．①会计学　Ⅳ．①F230

中国版本图书馆 CIP 数据核字（2022）第 146857 号

责任编辑：凌　敏
责任校对：王肖楠
责任印制：张佳裕

会计基础与实务

柯于珍　何　莹　主　编
万　凯　贺丽锦　副主编
经济科学出版社出版、发行　新华书店经销
社址：北京市海淀区阜成路甲 28 号　邮编：100142
教材分社电话：010-88191343　发行部电话：010-88191522
网址：www.esp.com.cn
电子邮箱：lingmin@esp.com.cn
天猫网店：经济科学出版社旗舰店
网址：http://jjkxcbs.tmall.com
固安华明印业有限公司印装
787×1092　16 开　19.75 印张　440000 字
2023 年 6 月第 1 版　2025 年 8 月第 3 次印刷
ISBN 978-7-5218-3924-1　定价：52.00 元
（图书出现印装问题，本社负责调换。电话：010-88191545）

前　言

为了更好地推进产教融合，深化“引企入校”，鼓励合作企业深度参与到学校的教育教学改革中来，江西财经职业学院会计专业教学团队根据自己多年的高职会计教学经验和高职学生的特点，联合利安达会计师事务所（江西分所）和江西会管家财务管理有限公司共同编写了本教材。

本教材是在前两版《会计基础与操作——会计基础知识》的基础上，根据最新的《企业会计准则》重新编写的。本教材具有如下特点：

1. 注重职业性。本教材根据工业企业实际会计工作流程，按照“填制并审核原始凭证—填制并审核记账凭证—登记账簿并对账结账—账务处理程序—编制财务报告—归档会计档案”的结构顺序安排章节内容。本教材以江西天华家具有限公司为会计主体，设计了该企业2021年12月份完整的经济业务，并以高度仿真的原始凭证为经济业务的载体，进一步凸显职业性。

2. 注重综合素养。为了让学生树立正确的价值观，本教材在编写过程中注重将知识传授和价值引领有机结合，通过“小贴士”“小故事”“小提示”“小思考”等栏目，将专业知识和综合素养相融合，进一步提升学生对职业道德和契约精神的认知，增强对会计职业的敬畏意识；通过“启智润心”栏目，引导学生用心感受“二十大精神”的丰富内涵和精神实质，帮助学生建立正确的价值观，真正实现寓价值观引导于知识传授和能力培养之中。

3. 注重引导性。本教材是会计、审计等财经商贸类专业的专业基础课程，为了帮助学生迅速进入对专业知识的学习，本教材能紧扣高职学生的特点，在每章都安排了导入案例，激发学生对较为枯燥的专业知识的学习兴趣。

会计学科领域一直处于变化之中，高等职业教育的规律性也在不断探索中，我们希望这本教材能体现出我们对高职会计教育的孜孜求索。

本教材由江西财经职业学院会计学院柯于珍教授担任第一主编，江西财经职业学院会计学院何莹担任第二主编，江西财经职业学院会计学院万凯教授和利安达会计事务所（江西分所）技术合伙人、注册会计师贺丽锦担任副主编。参加本教材编写的有江西财经职业学院会计学院柯于珍、何莹、万凯、蒙贞、齐洁、谢莎莎和利安达会计事务所（江西分所）贺丽锦。最后由柯于珍教授负责对全书进行总纂。

本书是为会计、审计等财经类商贸类专业学生编写的专业基础教材，是会计专业的入门教材，适用于高等职业院校、中等职业院校，也可作为在职会计人员的岗位培训教材或自学教材。

本书编写过程中，承蒙合作企业的大力支持和会计界专家、同仁的悉心指教，在此谨向对本书的撰写与出版给予支持和帮助的领导、专家和同仁致以诚挚的谢意。

由于编者水平有限，书中难免有疏漏和不当之处，恳请各位同仁批评指正。

编者

2023 年 3 月

目　　录

第一章 会计认知

学习目标

通过本章学习，要求学生在了解会计的概念、会计机构的设置、会计人员的配备等知识的基础上，掌握会计的职能、会计的对象、会计核算前提、会计信息质量要求、会计要素和会计等式等相关内容。

能力目标

通过本章学习，使学生能够在会计核算中，根据会计信息质量要求和会计核算基础，正确运用会计核算方法进行会计业务核算。

素养目标

通过本章学习，使学生能够在认识会计的过程中逐渐形成严谨的逻辑思维能力和端正的工作态度。

导　　例

小明是一名大一的新生。小的时候，小明经常看到隔壁的李大叔拨着算盘在账簿上写着什么，李大叔说他是会计。会计到底是什么？它只是单纯地算账吗？李大叔是一个小公司的职员，那么超市收银的王阿姨也是会计吗？上市公司财务部的王哥哥呢？王哥哥告诉小明他是名管理会计人员，而同部门的李姐姐是财务会计人员。这两者有区别吗？小明带着心中的疑惑选修了会计学这门学科，并开始慢慢地对会计的概念有了初步的了解，产生了更加浓厚的兴趣，对学好会计充满了信心。

【本章知识结构导图】

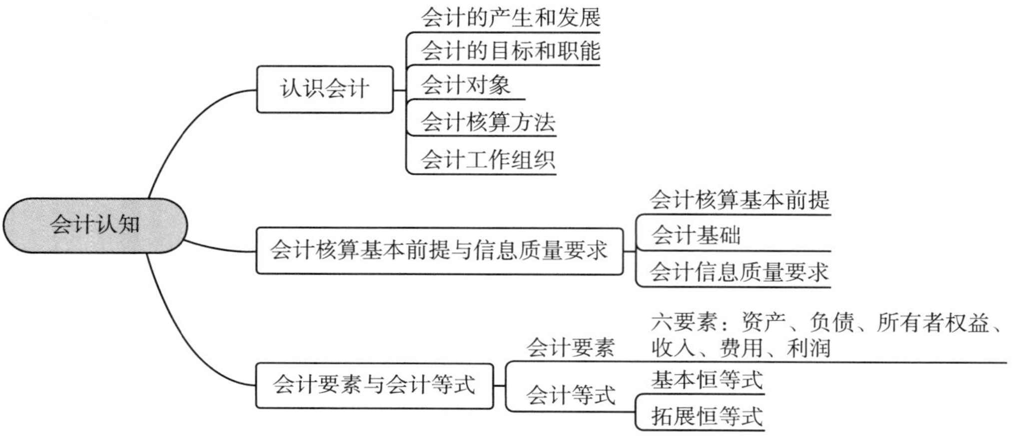
会计认知
认识会计
会计的产生和发展
会计的目标和职能
会计对象
会计核算方法
会计工作组织
会计核算基本前提与信息质量要求
会计核算基本前提
会计基础
会计信息质量要求
会计要素与会计等式
会计要素
六要素：资产、负债、所有者权益、收入、费用、利润
会计等式
基本恒等式
拓展恒等式

第一节　认识会计

一、会计概述

（一）会计的产生和发展

会计是经济管理的重要组成部分，是随着社会生产的发展和人们对经济管理的需求而产生的，并随着市场经济的发展和科学技术的进步而不断发展和完善。

人类要生存，社会要发展，就要进行物质资料的生产，要求以尽可能少的劳动耗费创造尽可能多的劳动成果，提高经济效益。人们为达到这些目的，一方面要不断改进生产技术，另一方面要对生产活动加强管理。这就需要对劳动耗费和劳动成果进行观察、记录、计量和计算，并将劳动耗费和劳动成果加以比较和分析，了解生产活动的过程和结果。会计就是为适应这种需要而产生的，它是人类社会生产实践发展到一定阶段的产物。在会计发展的历史长河中，大致经历了古代会计、近代会计、现代会计三个主要阶段。

1. 古代会计。会计始于人类社会的早期生产，最初只是生产职能的附带部分。由于当时生产力水平低下，生产者采用结绳记事、简单刻记等原始记录方法做简单的收、支记录。这是会计的萌芽阶段。

小故事：结绳记事

结绳记事是文字发明前人们所使用的一种记事方法。即在一条绳子上打结，用以记事。上古时期的中国及秘鲁印第安人皆有此习惯，即到近代，一些没有文字的民族，仍然采用结绳记事来记载信息。

《易·系辞下》：“上古结绳而治，后世圣人易之以书契。”孔颖达疏：“结绳者，郑康成注云，事大大结其绳，事小小结其绳，义或然也。”晋葛洪《抱朴子·钧世》：“若舟车之代步涉，文墨之改结绳，诸后作而善于前事。”

结绳记事是一种相对于那个时代非常先进的记录方式，配合语言使用，会起到事半功倍的效果。结绳记事一旦掌握方法，实际上是终生不忘，不会像上述所说的情况，时间久了就会忘记某一个绳结的意义。结绳记事实际上非常复杂，甚至比现代的一门文字更加烦琐。从颜色上，人类至少可以用七种色彩以及黑白两色，共九种颜色赋予其含义。从材质上，绳子可以用动物毛线绳、树皮绳、草绳、麻绳等，各种材质的绳子，有几十种类别从粗细上，最少能够分成粗、中、细三种不同规格的绳子。从经纬上，有横向绳子，也有纵向绳子，有主绳，也有支绳。上述，就能构成最基本的几百个绳结词汇，组合起来能够进行完整有效的记载。

启智润心

党的二十大报告指出："实践没有止境，理论创新也没有止境。不断谱写马克思主义中国化时代化新篇章，是当代中国共产党人的庄严历史责任。"实践促发展，任何事物的认知发展从来就没有教科书，更没有现成答案，都是从实践中不断发现并解决问题，从而取得进步和发展。我国会计发展的历史长河也是如此。

当社会发展到一定水平，生产规模扩张，单纯的原始记录方式已经无法满足管理和反映生产活动的需要。于是，会计从生产的职能中分离出来，成为特殊的、专门委托的、独立的职能。

在远古印度公社中，已经有了农业记账员，主要登记农业账目，登记和记录与此有关的一切事项，但古代会计是以官厅会计为主，这种民间会计仅占次要地位。所谓官厅会计，即主要服务于奴隶主和封建王室赋税征收、财政支出及财产保管的会计。官厅会计是古代会计的显著特征。

我国早在公元前1066～771年的西周时期，就已经建立起了一套比较完整的官厅会计制度，设有"司书""司会"等官职，专门从事会计工作。这是我国会计发展史上的重大进步。之后，唐代的官厅会计有了《国计簿》的报告形式。到了宋代，《国计簿》发展成为《会计录》。此时产生的"四柱清册"会计方法是我国古代会计的一大杰出成就，对我国会计发展产生过重大影响。"四柱"是指"旧管""新收""开除""实在"，分别相当于"上期结存""本期收入""本期支出""本期结存"。"四柱清册"通过"旧管+新收-开除=实在"这一关系式进行核算。

2. 近代会计。1494年，意大利数学家卢卡·帕乔利（Luca Pacioli）出版《算数、几何、比及比例概要》一书，书中"簿记论"第一次系统地阐述了复式记账原理及其运用，它对近代会计的发展作出了卓越的贡献。复式记账原理的提出，标志着近代会计的开始。卢卡·帕乔利被称为"现代会计之父"。

复式簿记系统不仅是一种会计记录方法，更重要的是它提供了一系列科学的会计学观念，如日记账、分类账、验账与试算平衡等。我国早期具有代表性的复式记账方法有"龙门账"和"四脚账"。明清时期，民间商业企业发明和采用了"龙门账"，将所有经济业务科学地划分为"进""缴""存""该"四大类，分别相当于"收入""费用""资产及债权""负债及业主投资"。"龙门账"通过"进-缴=存-该"这一公式进行试算平衡，采用双轨制的盈亏计算方式，左右两边相等时称为"合龙门"。清代末期的"四脚账"，使用了"收""来""付""去"四个记账符号，对每项经济业务在账簿中作双重记录，反映经济业务的来龙去脉。

小思考

管理会计和财务会计一样要受会计准则的制约吗?

3. 现代会计。现代会计是第二次世界大战后西方经济发达国家发展起来的。20世纪50年代以后，经济、科技迅速发展，管理手段不断更新，现代数学方法和电子计算机进入了会计领域，丰富了会计的职能，现代管理会计也在此时出现了。现代管理会计的出现是这个全新阶段的标志。

现代会计分为财务会计、管理会计两大分支。财务会计也称为"对外报告会计"，主要是为了满足投资者、债权人、企业外部其他信息使用者的财务信息需求而开展的活动。财务会计通过编制和提供各种财务报表等会计资料来满足他们的需要。管理会计也称为“对内报告会计”，主要是满足单位内部管理者的需要，是通过利用相关信息，有机融合财务与业务活动，在单位规划、决策、控制和评价等方面发挥重要作用的管理活动。管理会计的产生，导致会计从传统的事后记账、算账、报账向事前预测、决策转化。因此，管理会计更侧重“创造价值”，而财务会计侧重在“记录价值”。

现代会计的又一显著特征是《国际会计准则》的产生，规范了会计工作，实现了会计国际化。1951 年，我国财政部颁发了第一个全国统一的工业企业会计制度。我国会计工作初步形成体系，开始了正常的工作秩序。1985 年我国颁布了第一部会计法——《中华人民共和国会计法》。

《企业会计准则》由财政部制定，于 2006 年 2 月 15 日发布，自 2007 年 1 月 1 日起施行。为保持我国会计准则与国际财务报告准则的持续趋同，财政部在 2012 年发布了一系列准则征求意见稿后，于 2014 年正式修订了五项、新增了三项企业会计准则。2017 年，财政部又对 14 号、16 号、22 号、23 号、24 号、37 号《企业会计准则》进行了修订，并印发了 42 号《企业会计准则》。2019 年，财政部又对财务报表准则进行了修订。本教材涵盖上述准则修订内容。

（二）会计的含义

我国“会计”一词的命名起源于西周时期。清代数学家焦循基于西周时人们对“会计”的认识，对会计含义作出以下概括：“零星算之为计，总合算之为会。”西周官厅将日常的核算称为“零星核算”或“计”，将一年、三年期的全国核算称为“总合核算”或“大会”。这是我国会计含义的起源。这种说法只指出了会计记账、算账的基本特点。随着生产力的发展和经济关系的复杂化，会计的内容、形式、职能也在不断完善、变化，已经由原始的记账、算账、报账，发展为对经济活动进行事前预测、决策，事中核算、监督，事后分析、检查。

人们对会计的理解主要有两种观点：第一种观点是“信息系统论”。持这种观点的人认为，会计是一个信息系统，它为管理者提供有用的信息。以葛家澍教授为代表的学者对会计下定义为：会计是旨在提高企业和各单位活动的经济效益，加强经济管理而建立的一个以提供财务信息为主的经济信息系统。第二种观点是“管理活动论”。持这种观点的人认为，会计是以货币作为主要计量单位，对经济业务计量、计算、记录、分析、检查，以反映经济活动相关的信息，加强对经济活动的管理，提高经济效益。

我们认为，提供信息不是会计的最终目的，它只是一种手段。会计可以利用信息资料帮助企业加强管理，提高经济效益。所以，我们可以将会计的定义表述为：

会计是经济管理的重要组成部分，它是以货币为主要计量单位，采用一系列专门方法，对企业、事业单位实际发生的经济活动进行连续、全面、系统、综合地核算和监督，以此提供真实有用会计信息的一项经济管理活动。

二、会计的目标和职能

（一）会计的目标

会计目标，即会计目的，是指在一定条件下和一定时期内，人们通过会计工作，达到预期结果。会计目标是检验会计工作的主要依据。

会计目标主要有两种观点：受托责任观和决策有用观。前者强调会计信息的真实“可靠性”，客观公允地表达会计报告经济责任的履行情况。后者认为会计目标是为会计信息使用者提供与决策有关的信息，强调会计信息的“相关性”。

2006年我国修订的《企业会计准则》中明确了会计目标，是将前述两者有机地结合，确定为“向财务报告使用者提供与企业财务状况、经营成果和现金流量等有关的会计信息，反映企业管理层受托责任履行情况，有助于财务报告使用者作出经济决策”。具体来讲，主要包括：

1. 向会计信息使用者提供决策有用的信息。这里首先要说明，会计信息使用者主要包括企业内部的管理人员和企业外部的政府部门、投资者、债权人等。会计工作提供的信息主要包括企业的财务状况、经营成果、现金流量、所有者权益变动情况及其他。

企业进行会计工作的主要目的就是满足这些信息使用者的需要，提供企业会计信息，帮助其作出经济决策。如果会计人员提供的会计信息对会计信息使用者的决策没有帮助，那么会计工作就失去了意义。因此，向会计信息使用者提供决策有用的信息是会计工作的基本目标。

2. 反映企业管理层受托责任的履行情况。在现代企业中，企业所有权和经营权分离，企业管理层都是受委托人之托，代为管理企业及其资产等相关项目。因此，管理层有责任妥善保管及运营企业资产。投资者、债权人为了及时了解企业经营状况，定期或不定期地会要求管理层提供企业运营报告，即会计信息，以便于评价管理层受托责任的履行情况和业绩情况，并随时作出决策。比如：是否需要调整投资，是否需要加强企业内部管理，是否需要调整管理层等。因此，反映企业管理层受托责任的履行情况，从而有助于评价企业的经营管理责任和资源使用的有效性是会计工作的根本目标。

（二）会计的职能

会计的职能就是会计在经济管理中所具有的功能。会计职能受社会生产力发展水平和经营管理水平的制约，随着经济的发展，会计的职能也在不断发展和完善。《中华人民共和国会计法》明确规定，会计的基本职能是核算和监督。除此之外，会计还具有预测、决策、控制、检查、分析等其他职能。

1. 会计核算职能。会计核算职能是以货币作为主要计量单位，通过确认、计量、记录、报告企业经济活动，为信息使用者提供会计信息的功能。它具有以下特点：

（1）以货币作为主要计量单位。反映和记录经济活动的计量单位有以下三种：实物计量单位、劳动计量单位、货币计量单位。由于实物计量单位和劳动计量单位只能记录生产过程中的某一方面，所以在会计核算中有一定的局限性。只有货币计量单位能全面、综合地反映和比较不同类别的经济活动及结果。当然，会计核算也需要实物计量单位、劳动计量单位与货币计量单位结合起来使用。因此，会计核算以货币为主要计量单位，对企业经济活动进行全面、综合地反映，为企业的管理者、所有者、债权人、未来投资者等信息使用者提供单位的财务状况、经营成果和现金流量等情况。

（2）会计核算具有连续性、完整性和系统性。会计核算的连续性是指对连续不断的经济活动进行连续不断地记录、计量，保证会计核算资料连续地反映企业经济活动的过程及成果。会计核算的完整性是指对全部的经济活动进行记录，不能有任何的遗漏，保证会计资料完整地反映经济活动的过程及成果。会计核算的系统性是指对经济活动进行科学地记录、分类和整理，提供的信息是有序的、系统的会计信息。

（3）会计核算要对会计主体经济活动全过程进行核算。经济活动全过程的核算包括事前核算、事中核算和事后核算。事后核算就是对已经发生的经济活动进行记账、算账、报账。随着市场经济下竞争的日趋激烈，经营管理过程中要求有预见性，会计核算也就从事后核算向事中核算和事前核算发展。事中核算主要是对正在发生的经济活动进行记录；事前核算，即对未来发生的经济活动进行会计预测、决策。会计核算从事后核算向事中、事前核算的发展，是会计发展的必然趋势，是现代管理的需要。

2. 会计监督职能。会计监督职能是指会计按照一定的目的和要求，利用会计核算所提供的经济信息，对特定主体经济活动的真实性、合法性、合理性及有效性进行监督，使其达到预期目标的功能。它具有以下特点：

（1）会计监督主要通过核算职能提供的价值指标来进行。会计核算资料是会计监督的基础，会计核算主要是通过货币计量，因此会计监督也必然通过货币作为主要计量单位来进行。

（2）会计监督必须以国家的经济政策、制度和财经法规为依据。它具有强制性、严肃性、权威性。

（3）会计监督要对会计主体经济活动的全过程进行监督。对经济活动的全过程进行监督包括事前监督、事中监督和事后监督。事前监督是指在进行经济活动之前进行的监督，审查经济活动计划方案的合法性、合理性，参与经济决策，对经济活动进行有效控制。事中监督是对正在发生的经济活动进行调控，纠正经济活动中发生的失误和偏差，按照预定的目标和要求进行。

?小思考

会计的目标是会计工作能达到的功能，会计的职能似乎也是功能的意思，大家知道应该如何区别理解吗？

事后监督是对已发生的经济活动的真实性、合理性、合法性和有效性进行审查和分析。

会计核算和会计监督是密切联系、相辅相成的。会计核算是会计监督的基础，没有会计核算提供的信息，会计监督就没有依据，无法进行监督；会计核算又需要会计监督作为保证，没有监督，就难以保证会计核算提供信息的真实性和可靠性。

⚠小提示

会计不是一家单位的“管家婆”哦，不是什么事情都要管的，那么我们只管什么？

三、会计对象

会计对象是指会计核算和监督的内容。会计以货币作为主要计量单位，对特定的经济活动进行核算和监督。所以，凡是能以货币表现的经济活动，都是会计核算和监督的内容。以货币表现的经济活动，通常又称为价值运动或资金运动。

各类企业、行政单位、事业单位的经济活动的具体内容不同，资金运动的方式也不同。本教材以工业企业为例，说明企业会计对象的具体内容。工业企业资金运动的过程分为资金的投入、资金的循环和周转、资金的退出三个阶段。工业企业资金运动的过程见图1－1。

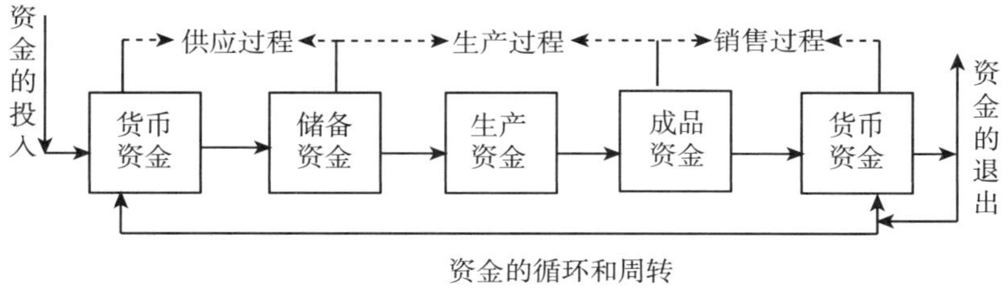

图1－1 工业企业资金运动的过程

（一）资金的投入

企业资金的投入包括企业投资者投入的资金和从债权人处借入的资金。前者属于所有者权益，后者属于债权人权益即负债。企业从投资者、债权人那筹集的资金按照不同的资金占用形态表现为货币资金、原材料、机器设备等资产。

（二）资金的循环和周转

企业资金的循环和周转过程包括供应、生产和销售三个阶段。在供应过程中，企业用货币资金购买原材料等劳动对象，此时，企业的资金从货币资金转换为储备资金；在生产过程中，劳动者利用劳动手段将劳动对象加工成产品，发生了原材料费用、固定资产的折旧费、生产工人的人工费等费用，在产品未完工之前，企业的资金由储备资金转换为生产资金，在产品完工之后，企业的资金由生产资金转换为产品资金；在销售过程中，企业出售生产的产品、支付销售费用，同时收回货款。此时，企业的资金又由产品资金转换为货币资金。

企业资金的循环就是从货币资金开始，依次转化为储备资金、生产资金、产品资金，最后回到货币资金的形态转换过程。周而复始、重复不断的资金循环就称为资金周转。

（三）资金的退出

资金的退出包括偿还各项债务、上缴各项税费、向所有者分配利润等，使这部分资金离开企业、退出企业的资金循环和周转。

上述资金运动的三阶段是相互支持、相互制约的统一体。没有资金的投入，就不会有资金的循环与周转，更不会有债务的偿还、税费的缴纳和利润的分配等资金的退出；没有资金的退出，就不会开始新一轮资金的投入，就不会有企业的进一步发展。

四、会计核算方法

会计方法是为了完成一定的会计工作而采用的手段。会计方法随着社会经济的发展、科学技术的进步而不断完善和提高。

会计方法作为一种完整的、科学的方法体系，一般包括会计核算方法、会计分析方法、会计预测方法、会计决策方法、会计控制方法和会计考核方法等。其中会计核算方法是这些方法中最基本的方法。没有会计核算方法提供的基本信息，其他会计方法将无法继续。

会计核算方法是对已经发生的经济活动进行全面、连续、系统、综合地确认、计量、记录、报告和日常监督所采用的方法。主要包括设置会计科目和账户、复式记账、填制和审核会计凭证、登记账簿、成本计算、财产清查和编制财务报表七种方法。它们之间的关系可见图 1－2。

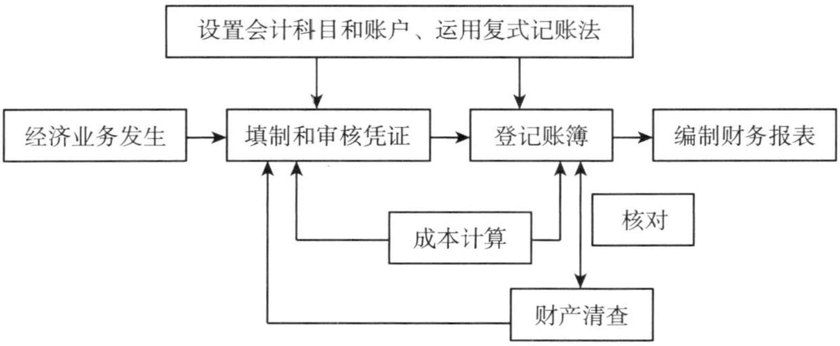

图 1－2　各种会计核算方法的关系

⚠小提示

这是大家学习会计核算过程中主要学习的内容哦！

（一）设置会计科目和账户

设置会计科目和账户是对会计对象的具体内容分类进行核算的方法。会计核算的内容是多种多样的，对会计对象具体内容进行科学地分类，分门别类地记录和归集各种经济业务，方便取得所需要的核算指标，提供会计信息。会计科目和账户的设置，是会计核算的一种专门方法，对之后的填制凭证、登记账簿、编制报表等核算方法有十分重要的意义。

（二）复式记账

复式记账是记录经济业务的一种方法，它是对每笔经济业务都以相等的金额，同时在两个或两个以上相互联系的账户中进行登记的一种方法。采用复式记账法，可以完整地反映每项经济业务的来龙去脉，保证了账簿记录的正确性。例如，用银行存款偿还应付账款 10 000 元，一方面在“银行存款”账户上登记减少 10 000 元，另一方面在“应付账款”账户上登记减少 10 000 元，这样使经济业务的全貌得以完整地反映。

（三）填制和审核会计凭证

会计凭证是记录各项经济业务，明确经济责任的书面证明，是登记账簿的重要依据。会计凭证分为原始凭证和记账凭证，原始凭证是经济业务发生时的原始记录，记账凭证是登记账簿的依据。填制凭证就是由经办人或会计部门将发生的各项经济业务记录在有关的凭证中，逐项反映经济业务的发生或完成情况。填制原始凭证后，要送交会计部门进行审核，审核无误的原始凭证才能作为记账凭证的依据。填制和审核会计凭证可以保证提供会计信息的真实可靠。

（四）登记账簿

账簿是由一定格式的账页组成，用以连续、系统地记录各项经济业务的簿籍。会计凭证记录的经济业务是分散、零星的，通过登记账簿，可以把分散的经济业务进行序时、分类、汇总，将会计凭证中记录的经济业务归类地计入有关账簿中去，并定期对账、结账，为编制财务报表提供主要依据。

（五）成本计算

成本计算是按照一定对象归集和分配生产经营过程中发生的各项费用，从而确定各成本计算对象的总成本和单位成本的一种专门方法。通过成本计算，对于挖掘降低成本的潜力，用最少的劳动耗费取得最大的经济效益有着重要的意义。

（六）财产清查

财产清查是指通过对各项财产物资的实地盘点，查明财产的实存数，保证账实相符的一种专门方法。

为保证会计记录的正确性，提高会计信息的质量，企业应定期或不定期地进行财产清查。在财产清查中，发现账实不符，应查明原因，明确经济责任，并调整账簿记录，使账实相符。所以，财产清查是保证会计记录正确性的重要手段。通过财产清查，能完善企业财产物资的内部控制制度，保证财产物资的安全完整。

（七）编制财务报表

财务报表是企业对外提供的反映企业某一特定日期财务状况和某一会计期间经营成果、现金流量等信息的报告文件。编制财务报表，是对日常分散的核算资料进行汇总，将账簿记录的内容定期地加以分类整理和汇总，以财务报表的形式反映出企业经营状况和经营成果，满足信息使用者的需要。

上述会计核算的各种方法是相互联系、紧密结合的，它们有机地构成了一个完整的方法体系。“填制和审核会计凭证—登记会计账簿—编制财务报表”是一个会计循环；设置会计科目和账户及复式记账是核算方法的基础；成本计算和财产清查是保证会计资料真实、准确的手段。

五、会计工作组织

（一）会计工作组织的意义与内容

1. 会计工作组织的意义。会计工作组织是对会计机构的设置、会计人员的配备、会计业务的操作以及制定执行会计规范等各项工作的统筹安排。

会计是一项复杂、细致的综合经济管理活动，会计工作是一项系统工作，有系统就必然存在系统的组织问题。只有系统中的各个部分组织得合理有序，才能使整个会计工作得以顺利进行。所以，会计工作组织对保证会计工作的顺利进行，提高会计工作的质量和效率都有着重要的意义。

（1）科学组织会计工作，有助于加强企业内部控制，维护财经纪律。会计工作不仅是单位理财的手段，同时也是国家管理整个国民经济的手段。严格地按照会计准则与会计制度的要求，科学地组织和管理好会计工作，能加强企业内部控制，确保国家的经济政策、法规及制度的贯彻执行，起到维护财经纪律的作用。

（2）科学组织会计工作，有助于提高会计工作质量和效率。会计工作是一项复杂、严密、细致的经济管理工作，各单位每天发生错综复杂的经济业务，这些业务都需要经过会计凭证—会计账簿—财务报表等一系列烦琐的程序才能完成。实际工作中，无法避免地会发生某种手续的遗漏、某项工作程序的脱节或某一数据的差错，会造成工作的失误，造成决策失误。科学地组织会计工作，能使会计工作有条不紊地进行，提高会计工作的效率，保证会计工作的质量。

（3）科学组织会计工作，有助于提高经济管理水平，讲求最佳经济效益。会计是经济管理的重要组成部分，科学地组织会计工作，能有效地帮助企业加强管理，促进增产节约，增收节支，提高经济效益。

2. 会计工作组织的内容。会计工作组织的内容包括会计机构的设置、会计人员的配备、会计岗位的设置与职责划分、会计法规的规定与执行及会计核算的保管等。科学地组织会计工作，应注意以下两项要求：

（1）应按国家对会计工作的统一要求，根据各企业生产经营管理的特点组织。会计工作符合国家统一要求，是做好会计工作的一个重要依据。但国家对组织会计工作的统一要求，只是一般的原则要求，各企业必须结合实际情况和具体要求，对会计机构的设置、会计人员的配备等作出切合实际的安排。

（2）应保证会计工作的质量，讲求工作效率。组织会计工作应以保证会计工作质量为前提，提供的信息必须做到正确、完整、及时，这样才能满足信息使用者的要求。同时，各企业都应力争用最少的人力、物力消耗达到最大的经济效益，组织好会计工作、科学设计业务流程能节约成本、提高工作效率。

（二）会计机构与人员

1. 会计机构设置。会计机构是各单位办理会计事务的职能机构。建立健全会计机构，配备与会计工作要求相适应的、具有一定素质和数量的会计人员，是做好会计工作、充分发挥会计职能作用的重要保证。

为了科学合理地组织会计工作，各单位原则上都需要设置专门的会计机构。但是，由于各单位经营业务的规模大小和会计业务的繁简程度不同，会计机构可以单独设置，也可以合并设置或代理记账。实行企业化管理的事业单位、大中型企业，应当单独设置会计机构。业务较多的行政单位、社会团体和其他组织也应单独设置会计机构。而对于那些规模很小的企业、业务和人员都不多的行政事业单位等，可以不单独设置会计机构，而在有关机构中设置会计人员并指定会计主管人员。不具备会计机构和配备会计人员条件的单位，应委托经批准设立从事代理记账业务的中介机构代理记账。

为加强会计管理，提高工作效率，各单位会计机构要建立健全岗位责任制。会计工作岗位责任制是指会计机构内部，按照会计工作的内容和业务量以及会计人员的配备情况，将会计工作划分为若干相对独立的工作岗位，并规定每个岗位的职责与权限，建立相应的责任制度。建立健全岗位责任制，可以加强会计人员的责任感，提高会计人员的工作能力和效率，加强协作和监督，最终保证和提高会计工作的质量。

我国《会计基础工作规范》规定，各单位应根据会计业务量和会计人员配备的实际情况出发，按照效率与精简的原则设置会计工作岗位。一般来说，中小企业会计岗位的设置相对简单，其财务结构组织体系可见图1－3。

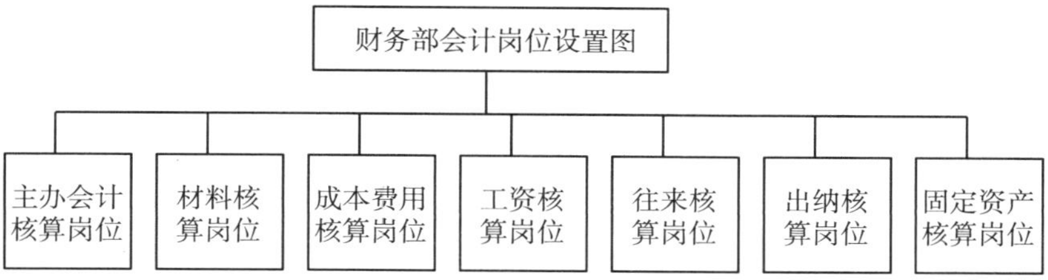

图1－3　中小企业财务结构组织体系

这些岗位可以一人一岗、一人多岗或一岗多人。各岗位的会计人员密切配合、相互协作，共同完成会计工作，建立相应的责任制。

2. 会计工作的组织形式。企业会计工作的组织形式，是指企业内部各级会计机构之间在会计反映和监督上的相互关系。会计工作的组织形式一般分为集中核算和非集中核算两种。

（1）集中核算。集中核算也称为一级核算，是指将企业的会计工作主要集中到企业的会计机构进行。企业内部各部门、车间一般不设置会计机构，只对其发生的经济业务填制原始凭证或原始凭证汇总表，定期报送企业会计部门。会计部门审核原始凭证或原始凭证汇总表后，据以填制记账凭证，登记账簿，编制财务报表。实行集中核算可以减少核算层次，节省人力、物力，提高工作效率，有利于全面、及时地掌握本单位会计核算的信息。但是核算工作过于集中，与各部门、车间的权、责、利结合不紧密，不便于实行责任会计管理。

（2）非集中核算。非集中核算也称为分散核算，是指单位的会计核算工作一部分集中进行，而另一部分则分散在内部各职能部门进行。企业内部各部门、车间一般要设置会计机构，填制凭证，设立并登记账簿，进行成本计算，定期编制财务报表。而企业的会计机构主要是汇总编制整个企业的财务报表。这种核算形式的特点是便于单位内部各部门及时利用核算资料，加强内部管理和监督，便于实行责任会计制度。不足在于不利于会计人员的合理分工，核算工作量较大，核算成本较高。

一个企业在会计工作组织过程中，究竟是采用哪种组织形式，应根据企业特点和管理要求，从有利于加强经济管理、经济核算的角度来决定。既可以单独采用两种方式中的任何一种，也可以结合起来使用。但是，无论采用哪种组织形式，企业单位对外的现金收支、银行存款的往来、物资的购销、债权债务的结算等对外经济往来，都必须由厂部会计机构集中办理，单位内部各部门不能直接对外发生经济往来。

3. 会计人员。

（1）对会计人员的基本要求。

①会计人员应具备任职资格。2017 年 11 月 4 日，第十二届全国人大常委会第三十次会议表决通过《全国人民代表大会常务委员会关于修改〈中华人民共和国会计法〉等十一部法律决定》，规定“会计人员应当具备从事会计工作所需要的专业能力”，并自 2017 年 11 月 5 日起施行。此前，会计法规定的是“从事会计工作的人员，必须取得会计从业资格证书”。也就是说，从 2017 年 11 月 5 日起，从事会计工作，不再需要取得会计从业资格证书，但更加注重会计从业人员的专业能力和职业道德。

启智润心

党的二十大报告指出：“我们要办好人民满意的教育，全面贯彻党的教育方针，落实立德树人根本任务，培养德智体美劳全面发展的社会主义建设者和接班人，加快建设高质量教育体系，发展素质教育，促进教育公平。”要成为一名合格的会计人员，就必须树立正确的价值观，增强对职业道德和契约精神的认识，增强对会计职业的敬畏意识，希望大家将这些要求牢记于心并恪责遵守。

另外，《会计法》还规定：“担任单位会计机构负责人的，除具备从事会计工作所需要的专业能力外，还应当具备会计师以上专业技术职务资格或者从事会计工作 3 年以上经历。”

②会计人员应符合道德规范的要求。一方面，企业会计人员必须符合道德规范的要求，否则很难保证对会计信息使用者负责。道德规范的要求主要指业务素质、能力素质和道德素质。根据《会计法》规定，会计人员有“不依法设置会计账簿的”“私设会计账簿的”“随意变更会计处理方法的”等行为之一，情节严重的，五年内不得从事会计工作。因有提供虚假财务会计报告，做假账，隐匿或者故意销毁会计凭证、会计账簿、财务会计报告，贪污，挪用公款，职务侵占等与会计职务有关的违法行为被依法追究刑事责任的人员，不得再从事会计工作。所以会计人员应有一定的道德修养，特别强调诚实和正直，这样才能保证不隐瞒事实、不欺骗管理人员及股东等人。另一方面，会计人员应具备必要的专业知识和专业技能，熟悉国家有关的法律、法规、规章和规范性文件，并不断更新；会计人员应具备完成工作任务最基本的能力，同时还应具备良好的人际交流技能，特别是会计主管人员，能帮助推进工作。

（2）会计人员的职责。根据《会计法》和《会计基础规范》等的规定，企业会计人员的主要职责有：

①进行会计核算。会计人员应当进行会计核算的事项主要有款项和有价证券的收付，财物的收支，债权债务的收支，资本、基金和经费的收支，收入、费用、成本的计算，财务成果的计算和处理，其他事项。

小提示

大家必须牢牢记得遵守相关法律法规的基本要求，做一名合格的财务人员！

②实行会计监督。主要内容包括对会计凭证的审核和监督，对会计账簿、实物、款项、财务报告的监督，对财务收支和其他经济业务的监督。对不真实、不合理、不合法的情况要进行及时处理。

③拟订本单位办理会计事务的具体办法。国家统一的会计法规和制度，只是对企业单位会计工作和管理的一般性规定，企业应结合本单位的具体情况，建立并健全适合本单位的会计规章制度。

④参与拟订计划、考核、分析等执行情况。会计的职能包括对经济业务实行计划、分析、考核，会计人员的工作也就是认真完成这些职能。

⑤办理其他会计实务。如会计档案的保管等。

（3）会计人员的权限。为了保障会计人员能够切实履行自己职责，《会计人员职权条例》规定了会计人员有以下权限：

①有权要求本单位有关部门、人员认真遵守国家的财经纪律和财务会计制度。如有违法情况，会计人员有权拒绝付款、拒绝报销或拒绝执行，并向单位负责人报告。对于弄虚作假、营私舞弊、欺骗上级等违法乱纪行为，会计人员必须拒绝执行，并向单位负责人或上级机关、财政部门报告。

②有权参与本单位编制计划、制定定额、签订经济合同等工作，并参加有关生产经营管理的会议。有权提出有关财务收支和经济效益方面的问题和意见。

③有权监督、检查本单位有关部门的财务收支、资金使用和财产保管、收发、计量、检查等情况。

另外，条例中还明确规定，各级领导和有关人员要支持会计人员行使工作权限。如果有人对会计人员坚持原则、反映情况进行刁难、阻挠或打击报复，上级机关要查明情况，严肃处理，情节严重的，还应给予一定的制裁。

（三）会计工作交接

会计工作交接是会计工作的重要内容。会计人员调动工作或离职，必须将本人所经管的会计工作全部移交给接替人员，明确移交和接管人员责任。

办理会计工作交接应注意以下几个方面：

（1）在办理移交手续前，已经受理的经济业务尚未填制会计凭证的，应当填制完毕；尚未登记的账目登记完毕，并在最后一笔余额后加盖经办人印章。

（2）整理好应该移交的各项资料，对未了事项写出书面资料；会计机构负责人、会计主管人员移交时，还应将全部财务会计工作、重大的财务收支的遗留问题写成书面材料。

（3）编制移交清册，列明应当移交的会计凭证、会计账簿、财务报表、印章、现金、有价证券、支票簿、发票、文件、资料和其他物品的内容。

（4）移交人员在办理移交时要按照移交清册逐项移交，接管人员要逐项核实点收。

（5）会计人员办理工作交接，必须有专人负责监交。一般会计人员交接由单位会计机构负责人、会计主管人员负责监交；会计机构负责人、会计主管人员交接，由单位领导人负责监交，必要时可由上级主管部门派人会同监交。交接完毕后，交接双方和监交人要在移交清册上签名或盖章。

⚠小提示

如果要离职，不要拍拍屁股啥事都不管就走了，我们需要有最基本的职业素质！

第二节　会计核算基本前提与信息质量要求

一、会计核算基本前提

⚠小提示
会计四个前提假设可以理解为做会计工作之前提前准备好的四个东西。

会计核算基本前提，即会计基本假设，是企业进行会计确认、计量和报告的前提，是对会计核算所处时间、空间环境等所作的合理设定。会计核算基本前提包括会计主体、持续经营、会计分期和货币计量。

（一）会计主体

会计主体，是指会计工作为其服务的特定单位或组织。

在会计主体假设下，企业应当对其自身发生的交易或事项进行会计确认、计量、记录和报告，反映企业本身所从事的各项生产经营活动。会计主体假设是对企业会计工作的空间范围的界定，即在会计核算时，要明确核算的对象。明确界定会计主体是开展会计确认、计量和报告工作的重要前提。它的意义在于：明确会计主体，才能划定会计所要处理的各项交易或事项的范围；明确会计主体，才能将会计主体的交易或者事项与会计主体所有者的交易或者事项以及其他会计主体的交易或者事项区分开来。

会计主体不同于法律主体。一般而言，法律主体必然是一个会计主体。一个企业作为一个法律主体，应当建立财务会计系统，独立反映其财务状况、经营成果和现金流量。但是，会计主体不一定是法律主体。例如，企业集团中母公司拥有若干子公司，母公司、各子公司都是独立的法律主体，为反映集团的财务状况、经营成果和现金流量，需要将企业集团作为一个会计主体，编制合并报表，在这种情况下，企业集团不是法律主体，但它却是会计主体。

（二）持续经营

持续经营，是指在可以预见的将来，企业将会按当前的规模和状态继续经营下去，不会停业，也不会大规模削减业务。

在持续经营的前提下，会计确认、计量和报告应当以企业持续、正常的生产经营活动为前提。持续经营规定的是会计核算的时间范围，只有设定这个企业在可以预见的将来持续经营下去，才能进一步选择和确定会计核算的具体方法。例如，在持续经营的前提条件下，固定资产才可以在预计使用年限内，在历史成本基础上采用一定的方法进行折旧。

（三）会计分期

会计分期是指将一个企业持续经营的生产经营活动划分为一个个连续的、

长短相同的期间。会计分期的目的，在于通过会计期间的划分，将持续经营的生产经营活动划分为连续、相等的期间，据以结算盈亏，按期编制财务报告，从而及时向财务报告使用者提供企业财务状况、经营成果和现金流量等信息。

持续经营的假设要求一个企业按当前的规模和状态持续经营下去，但企业的内部管理人员还有投资者、债权人等都需要企业定期提供会计信息，企业就需要在持续经营的基础上，将生产经营活动划分为一个个连续、长短相同的期间，以能定期提供有用的信息给信息使用者。由于会计分期，才产生了当期与以前期间、以后期间的差异，出现了权责发生制和收付实现制两种不同的会计基础；由于会计分期，才出现了折旧、摊销等会计处理方法。

我国会计期间通常分为年度和中期。年度和中期均按公历起讫日确定。自公历每年 1 月 1 日起至 12 月 31 日止即为一个会计年度。中期是指短于一个完整的会计年度的报告期间，包括半年度、季度和月度。

（四）货币计量

货币计量，是指会计主体在财务会计确认、计量和报告时以货币作为计量尺度，反映会计主体的生产经营活动。

在会计的确认、计量和报告过程中之所以选择货币为基础进行计量，是由货币的本身属性决定的。反映和记录经济活动有三种不同的计量单位：实物计量、劳动计量和货币计量。实物计量和劳动计量只能反映企业生产经营情况的一个侧面，而货币计量能全面反映企业的生产经营情况，所以，《企业会计准则》规定，会计确认、计量和报告选择货币作为主要计量单位。当然，这也决定了会计核算的对象只限于那些能够用货币计量的经济活动。有些无法通过货币计量单位核算的经济活动，企业可以在财务报告中补充披露以弥补缺陷。

会计核算的四项基本前提之间是相互依存、相互补充的关系。会计主体确定了会计核算的空间范围，持续经营规定了会计核算的时间范围，会计分期设定了会计核算的时间长度，货币计量提供了会计核算时空上的计量方式。没有会计主体空间上的界定就没有持续经营，有了持续经营的基础才能会计分期，才能进行货币计量。

二、会计基础

会计确认、计量和报告的基础一般有权责发生制和收付实现制。在我国《企业会计准则》中明确规定，企业应当采用权责发生制作为会计确认、计量和报告的基础。

（一）权责发生制

权责发生制是指以收入和费用是否已经发生为标准来确定收入和费用归

属期的一种会计处理方法。

> ⚠小提示
> 权责发生制看事，收付实现制看钱，大家不要做个小财迷，我们基本都要看事，不要只看钱！

在这种会计处理基础下，凡是当期已经实现的收入和已经发生的费用，不论款项是否收付，都应当作为当期的收入和费用；凡是不属于当期收入和费用的，即使款项已经收付，也不应当作为当期的收入和费用。

（二）收付实现制

收付实现制是指以实际收到或付出款项的日期来确认收入和费用归属期的制度。

在这种会计处理基础下，凡是在本期收到的收入和支付的费用，不管其归属期，都作为本期的收入和费用处理；凡是本期尚未收到的收入和尚未支付的费用，即使应当归属本期，也不作为本期的收入和费用处理。

例如，甲公司在 2020 年 12 月向乙公司销售一批商品，商品已发出，开出增值税专用发票，但款项在 2021 年 1 月才收到。在权责发生制下，虽未收到款项，但是甲公司已经满足收入的确认条件，已取得向乙公司收取款项的权利，所以这笔收入应确认为 2020 年 12 月的收入。在收付实现制下，由于款项在 2021 年 1 月收到，所以处理结果截然不同，这笔收入应在 2021 年 1 月确认收入。

> ⚠小提示
> 会计信息质量要求可以理解为会计工作做完后，数量上要完工，质量上也得达标。怎样才算基本达标呢？

三、会计信息质量要求

会计信息质量要求是对企业财务报告提供高质量会计信息的基本规范，是使财务报告中所提供会计信息对投资者等使用者决策有用而应具备的质量特征，根据企业会计准则规定，它包括可靠性、相关性、可理解性、可比性、实质重于形式、重要性、谨慎性和及时性等。

（一）可靠性

可靠性要求企业应当以实际发生的交易或者事项为依据进行确认、计量和报告，如实反映符合确认和计量要求的各项会计要素及其他相关信息，保证会计信息真实可靠、内容完整。

为了贯彻可靠性要求，企业应当做到：以实际发生的交易或事项为依据进行确认、计量；在符合重要性和成本效益原则的前提下，保证会计信息的完整性；在财务报告中会计信息应当是客观中立的。

（二）相关性

相关性要求企业提供的会计信息应当与投资者等财务报告使用者的经济决策需要相关，有助于投资者等财务报告使用者对企业过去、现在及未来的情况作出评价或者预测。

会计信息是否有用，是否具有价值，关键是看其与使用者的决策需要是否相关，是否有助于决策或者提高决策水平。相关的会计信息能够有助于使用者对企业过去的决策进行评价以及对未来进行预测。相关性要求是以可靠性为基础的，两者相互统一。

（三）可理解性

可理解性要求企业提供的会计信息应当清晰明了，便于投资者等财务报告使用者理解和使用。

企业编制财务报告、提供会计信息的目的在于使用，而要使财务报告使用者有效使用会计信息，应当能让其了解会计信息的内涵，弄懂会计信息的内容，这就要求财务报告所提供的会计信息应当清晰明了，易于理解。

（四）可比性

可比性要求企业提供的会计信息应当相互可比。

这里强调两个可比，一个是同一企业不同时期可比，另一个是不同企业相同会计期间可比。为了便于财务报告使用者比较企业在不同时期的财务报告信息，全面、客观地评价过去、作出决策，可比性要求同一企业不同时期发生的相同或者相似的交易或者事项，采用一致的会计政策，不得随意变更；为了便于财务报告使用者评价不同企业的财务状况、经营成果和现金流量等状况，可比性要求不同企业同一会计期间发生的相同或相似的交易或者事项，应当采用统一规定的会计政策，确保会计信息口径一致、相互可比，以使不同企业按照一致的确认、计量和报告要求提供有关信息。

（五）实质重于形式

实质重于形式要求企业应当按照交易或者事项的经济实质进行会计确认、计量和报告，而不仅仅以交易或者事项的法律形式为依据。

企业发生的交易或事项在多数情况下其经济实质和法律形式是一致的，但在有些情况下也会出现不一致。例如，以融资租赁方式租入的固定资产，从法律形式上讲，承租企业并不拥有其所有权；但是从经济实质上讲，由于租赁期较长，或者租赁期结束时承租方有优先购买权等原因，租赁期内承租企业能够控制其创造的未来经济利益，因此应将其视为自有资产核算。这就是实质重于形式原则，根据交易或事项的实质而不是法律形式进行核算。

（六）重要性

重要性要求企业提供的会计信息应当反映与企业财务状况、经营成果和现金流量有关的所有重要交易或者事项。

在会计实务中，如果财务报告中提供的会计信息的省略或者错报会影响投资者等财务报告使用者据此作出决策的，该信息就具有重要性。重要性的应用需要依赖职业判断，企业应当根据其所处环境和实际情况，从项目的性质和金额大小两方面加以判断。这样做的目的是突出重点，便于信息使用者的使用，增强会计信息的有用性。

（七）谨慎性

谨慎性要求企业对交易或事项进行会计确认、计量和报告时保持应有的谨慎，不应高估资产或收益、不应低估负债或费用。

采用谨慎性原则可以使企业在会计核算中充分估计风险和损失，有利于提高企业的经营决策，有利于保护投资者和债权人的利益，有利于提高企业的市场竞争能力。企业定期对各项资产计提资产减值准备，对固定资产采用加速折旧法计提折旧等都充分体现了谨慎性原则。

谨慎性的应用并不允许企业设置秘密准备，否则就属于滥用谨慎性，视为重大会计差错进行会计处理。

（八）及时性

及时性要求企业对于已经发生的交易或者事项，应当及时进行确认、计量和报告，不得提前或延后。

会计信息的价值在于及时为信息使用者提供信息，帮助信息使用者及时作出决策。对于信息使用者来讲，失效信息没有任何意义。为保证核算中贯彻及时性，要求及时收集会计信息、及时处理会计信息、及时传递会计信息。

第三节　会计要素与会计等式

一、会计要素

会计要素又称为财务报表要素，是会计对象的具体化，是对会计对象的基本分类。它是进行会计确认和计量的基础，也是设定财务报表结构和内容的依据。

会计要素的划分，各国有不同的认识。我国《企业会计准则——基本准则》将会计要素按其性质划分为六大类：资产、负债、所有者权益、收入、费用和利润。这六大会计要素又可以划分为两大类，即反映财务状况的会计要素（又称“资产负债表要素”）和反映经营成果的会计要素（又称“利润表要素”）。其中，资产负债表要素包括资产、负债和所有者权益；利润表要素包括收入、费用和利润。

（一）资产负债表要素

资产、负债和所有者权益三大会计要素，是企业财务状况的静态反映，表明企业在某一特定日期所拥有或控制的经济资源及应当承担的经济责任，是直接关系到企业财务状况的计量要素，是资产负债表的重要组成项目。

1. 资产。

（1）资产的定义。资产是指企业过去的交易或事项形成的、由企业拥有或控制的，预期会给企业带来经济利益的资源。

一个企业从事生产经营活动，必须具备一定数量的物质条件。这些物质条件一般统称为资产，它们是企业从事生产经营活动的物质基础。这些物质基础可以具有实物形态，如房屋、场地、机器设备、现金、原材料等；也可以不具有实物形态，如以债权形态出现的各种应收款项，以特殊权利形态出现的专利权、商标权等无形资产。

根据资产定义，它具有以下特点：

其一，资产是由过去的交易或事项形成的。只有过去发生的交易、事项的结果才能增加或减少企业的资产，未来的、尚未发生的、计划中的事项的可能后果不能确认为资产。例如，甲企业和乙施工单位签订了一项厂房建造合同，建造合同尚未履行，即建造行为尚未发生，因此不符合资产的定义，甲企业不能因此而确认在建工程或者固定资产。

其二，资产必须是企业所拥有或控制的。拥有资产是指对企业某项资产的所有权，控制是指对企业某项资产的支配权。如从银行取得借款存入企业账户，就形成了企业的一项资产；或者企业已掌握了某项资产的实际未来利益和风险，如企业以融资租赁方式租入的机器设备，也是企业的一项资产。企业只有拥有或控制资产，这些资源带来的经济利益才能为企业获得或享有。

其三，资产必须能给企业带来未来经济利益，这种经济利益是指流入现金和现金等价物的能力，当企业拥有或控制的资源已经不能为企业带来经济利益时，则该资源不能确认为企业的资产。如提前报废的机器设备等。

其四，资产必须能以货币计量。货币计量是会计反映的基础，如果一项资源不能以货币计量，就难以进行会计的确认，也就不是会计所要反映和监督的内容。如采掘企业的未开采的矿藏。

（2）资产的分类。企业的资产按流动性大小，即变现能力的强弱，又分为流动资产和非流动资产。

①流动资产指在1年（含1年）或者超过1年的一个营业周期内变现或耗用的资产，包括现金及各种存款、交易性金融资产（包括股票、债券、基金等）、应收账款、应收票据、预付账款、存货等。流动资产具有变现能力强、相对变化频繁的特点，是企业短期偿债能力和经营利润的源泉，在企业的资产管理中占有重要的地位。

②非流动资产指不能在1年（不含1年）或者超过1年的一个营业周期内变现或者耗用的资产。包括固定资产、无形资产、投资性房地产及其他资产等。

（3）资产的确认。将一项资源确认为资产，除符合资产定义外，还应同时满足以下两个条件：

①与该资源有关的经济利益很可能流入企业。从资产的定义可以看到，能否带来经济利益是资产的一个本质特征，但在现实生活中，由于经济环境瞬息万变，与资源有关的经济利益能否流入企业或者能够流入多少实际上带有不确定性。因此，资产的确认还应与经济利益流入的不确定性程度的判断结合起来，如果根据编制财务报表时所取得的证据，与资源有关的经济利益很可能流入企业，那么就应当将其作为资产予以确认；反之，不能确认为资产。例如，某企业赊销一批商品给某一客户，从而形成了对该客户的应收账款，由于企业最终收到款项与销售实现之间有时间差，而且收款又在未来期间，因此带有一定的不确定性，如果企业在销售时判断未来很可能收到款项或者能够确定收到款项，企业就应当将该应收账款确认为一项资产；如果企业判断在通常情况下很可能部分或者全部无法收回，表明该部分或者全部应收账款已经不符合资产的确认条件，应当计提坏账准备，减少资产的价值。

②该资源的成本或者价值能够可靠地计量。财务会计系统是一个确认、计量和报告的系统，其中计量起着枢纽作用，可计量性是所有会计要素确认的重要前提，资产的确认也是如此。只有当有关资源的成本或者价值能够可靠地计量时，资产才能予以确认。例如，企业购买或者生产的存货、企业购置的厂房或者设备等，对于这些资产，只有实际发生的购买成本或者生产成本能够可靠计量，才视为符合了资产确认的可计量条件。

（4）资产的列报。符合资产定义和资产确认条件的项目应当列入资产负债表；符合资产定义但不符合资产确认条件的项目，不应当列入资产负债表。

2. 负债。

（1）负债的定义。负债是指过去的交易或事项形成的、预期将会导致经济利益流出企业的现时义务。负债是企业生产经营所需资金的一个重要来源，合理、合法的举债可以提高企业的经济效益。

根据负债的定义，它具有以下特点：

其一，负债是由于过去的交易或事项引起的，企业当前所承担的一种义务。负债是债权人的权益，是债权人对企业资产的要求权。企业的负债不能无条件取消，只能偿还，或者以新的负债代替原有的负债。企业预期在将来要发生的交易、事项可能产生的债务不能作为会计上的负债。例如，某企业向银行借款 1 500 万元，即属于过去的交易或者事项所形成的负债。企业同时还与银行达成了 2 个月后借入 2 000 万元的借款意向书，该交易就不属于过去的交易或者事项，不应形成企业的负债。

其二，清偿负债会导致企业经济利益的流出。为清偿债务，企业往往要在将来用现金或其他资产或提供劳务偿还，也可能将债务转为所有者权益。如果企业能够归还到期债务，将会导致经济利益流出企业。

其三，负债是企业承担的现时义务，这是负债的一个基本特征。其中，现时义务是指企业在现行条件下已承担的义务，而不是将来经济业务所要承担的义务。将来经济业务可能产生的负担，不是会计上的负债。如企业计划未来借入一笔款项用于扩大生产，要等到和金融机构签署借款协议时，还款义务才真正履行，企业才形成一项负债。

（2）负债的分类。负债一般按照偿还期的长短，可分为流动负债与非流动负债。

①流动负债是指将在1年以内（含1年）或者超过1年的一个营业周期以内偿还的债务。包括应付票据、应付账款、预收账款、应交税费、其他应付款等。

②非流动负债是指偿还期在1年以上（不含1年）或者超过1年的一个营业周期以上的债务。包括长期借款、应付债券、长期应付款等。

（3）负债的确认。将一项现时义务确认为负债，需要符合负债的定义，还需要同时满足以下两个条件：

①与该义务有关的经济利益很可能流出。企业从负债的定义可以看到，预期会导致经济利益流出企业是负债的一个本质特征。在实务中，履行义务所需流出的经济利益带有不确定性，尤其是与推定义务相关的经济利益通常需要依赖于大量的估计。因此，负债的确认应当与经济利益流出的不确定性程度的判断结合起来，如果有确凿证据表明，与现时义务有关的经济利益很可能流出企业，就应当将其作为负债予以确认；反之，如果企业承担了现时义务，但是会导致企业经济利益流出的可能性很小，就不符合负债的确认条件，不应将其作为负债予以确认。

②未来流出的经济利益的金额能够可靠地计量。负债的确认在考虑经济利益流出企业的同时，对于未来流出的经济利益的金额应当能够可靠计量。对于与法定义务有关的经济利益流出金额，通常可以根据合同或者法律规定的金额予以确定，考虑到经济利益流出的金额通常在未来期间，有时未来期间较长，有关金额的计量需要考虑货币时间价值等因素的影响。对于与推定义务有关的经济利益流出金额，企业应当根据履行相关义务所需支出的最佳估计数进行估计，并综合考虑有关货币时间价值、风险等因素的影响。

（4）负债的列报。符合负债定义和负债确认条件的项目应当列入资产负债表；符合负债定义但不符合负债确认条件的项目，不应当列入资产负债表。

3. 所有者权益。

（1）所有者权益的定义。所有者权益，又称股东权益，是指所有者对企业资产的剩余要求权，其金额为资产减去负债后的余额，故又称之为净资产。所有者权益既可反映所有者投入资本的保值增值情况，又体现了保护债权人权益的理念。

（2）所有者权益的来源构成。所有者权益包括所有者投入的资本、直接计入所有者权益的利得和损失、留存收益等，通常由实收资本、资本公积、盈余公积、未分配利润和其他综合收益构成。

①所有者投入的资本，是指所有者投入企业的资本部分，它既包括构成企业注册资本或者股本部分的金额，也包括投入资本超过注册资本或者股本

部分的金额，即资本溢价或者股本溢价。包括实收资本（股本）和资本公积。

②直接计入所有者权益的利得和损失，是指不应计入当期损益、会导致所有者权益发生增减变动的、与所有者投入资本或者向所有者分配利润无关的利得或者损失。其中，利得是指由企业非日常活动所形成的、会导致所有者权益增加的、与所有者投入资本无关的经济利益的流入。损失是指由企业非日常活动所发生的、会导致所有者权益减少的、与向所有者分配利润无关的经济利益的流出。

③留存收益，是指企业历年实现的净利润留存于企业的部分，主要包括计提的盈余公积和未分配利润。

④其他综合收益，是指企业根据《企业会计准则》规定未在损益中确认的各项利得和损失扣除所得税影响后的净额。例如，会计上将其他权益工具投资的公允价值变动计入其他综合收益。它可分为两类：一类是以后期间能重分类计入损益的其他综合收益；另一类是以后期间不能重分类计入损益的其他综合收益。

（3）所有者权益的确认。所有者权益体现的是所有者在企业中的剩余权益，因此，所有者权益的确认主要依赖于其他会计要素，尤其是资产和负债的确认；所有者权益金额的确定也主要取决于资产和负债的计量。例如，企业接受投资者投入的资产，在该资产符合企业资产确认条件时，就相应地符合了所有者权益的确认条件；当该资产的价值能够可靠计量时，所有者权益的金额也就可以确定。

（4）所有者权益的列报。所有者权益项目应当列入资产负债表，至少应单独列示实收资本、资本公积、盈余公积、未分配利润和其他综合收益。

（5）所有者权益和负债的关系。所有者权益和负债是企业取得资产的两种渠道，因而，债权人和所有者对企业的资产都拥有要求权。但两者在企业中所享有的权益有本质的不同：

①与企业经营管理的关系不同。债权人一般无权过问企业经营管理活动；而企业的所有者有权以直接或间接方式参与企业的选举、表决等决策活动。

②分享收益的形式不同。债权人享有以利息形式从企业获得收益的权利；所有者则享有以红利形式从企业的税后利润中获得收益的权利。利息一般都是定率支付，与企业经营好坏无关；红利则由企业盈利多少而定，利厚多分，利薄少分，无利则不分。

③对企业资产的要求权不同。负债是债权人对企业资产的索偿权，当企业终止时，有权从企业的资产中优先索回其债权；而所有者权益是企业所有者对企业净资产的所有权，是一种剩余权利。

④企业的负债必须在债务到期时如数归还，而所有者权益则与企业共存。所有者投入企业的资本除以退伙、出让股权等方式回收外，一般不能直接从企业抽回。

（二）利润表要素

收入、费用和利润三大会计要素，反映了企业在一定时期的经营成果和盈利状况，表明企业一定时期经营业绩的大小。它们是直接关系到企业利润计量的要素，是利润表的重要组成项目。

1. 收入。

（1）收入的定义。收入是指企业在日常活动中所形成的、会导致所有者权益增加的、与所有者投入资本无关的经济利益的总流入。

收入具有以下特征：

其一，收入是从企业日常活动中产生，而不是从偶发的交易或事项中产生。如企业销售商品、提供劳务的收入等。

其二，收入能导致企业的所有者权益的增加。收入可能表现为企业资产的增加，也可能表现为企业负债的减少，还可能同时引起企业资产的增加和负债的减少，进而导致企业的所有者权益的增加。不能导致企业的所有者权益增加的经济利益流入不能确认为收入。如企业向银行借款，也可以导致经济利益的流入，但该流入并不导致所有者权益的增加，应作为一项负债确认。

其三，收入是与所有者投入资本无关的经济利益的总流入。所有者追加的资本金不确认为收入，销售商品应收的货币资金应确认为收入。

（2）收入的分类。按照企业经营业务的主次分类，收入主要包括主营业务收入和其他业务收入等。其中，主营业务收入是企业的主要经营活动带来的收入，如工业企业因销售产品和提供劳务而获得的收入；其他业务收入则是指企业的主要经营活动以外的业务所带来的收入，如工业企业因材料销售、出租包装物和运输等非工业性劳务而获得的收入。

（3）收入的确认。2017 年 7 月 5 日财政部对《企业会计准则第 14 号——收入》进行了修订，颁布了新的收入确认准则。在境内外同时上市的企业以及在境外上市并采用国际财务报告准则或企业会计准则编制财务报表的企业，自 2018 年 1 月 1 日起施行；其他境内上市企业，自 2020 年 1 月 1 日起施行；执行企业会计准则的非上市企业，自 2021 年 1 月 1 日起施行。同时，允许企业提前执行。新收入准则下，收入确认的核心原则为“企业应当在履行了合同中的履约义务，即在客户取得相关商品或服务的控制权时确认收入”。新准则第五条规定，当企业与客户之间的合同同时满足下列条件时，企业应当在客户取得相关商品控制权时确认收入：①合同各方已批准该合同并承诺将履行各自义务；②该合同明确了合同各方与所转让商品或提供劳务（以下简称“转让商品”）相关的权利和义务；③该合同有明确的与所转让商品相关的支付条款；④该合同具有商业实质，即履行该合同将改变企业未来现金流量的风险、时间分布或金额；⑤企业因向客户转让商品而有权取得的对价很可能收回。

基于该原则，新收入准则下收入的确认工作应该分五步走：一是识别客户合同；二是识别合同中包含的各单项履约义务；三是确定交易价格；四是把交易价格分摊至各单项履约义务；五是根据各单项履约义务的履行确认收入。

（4）收入的列报。符合收入定义和确认条件的项目应当列入利润表。符合收入定义但不符合收入确认条件的项目，不应当列入利润表。

2. 费用。

（1）费用的定义。费用是指企业在日常活动中发生的，会导致所有者权益减少的、与所有者分配利益无关的经济利益的总流出。

具体而言，费用有以下特点：

其一，费用发生于企业的日常活动，而不是发生于偶发的交易或事项，如工业企业为生产产品和提供劳务所发生的耗费等。

其二，费用最终会导致所有者权益的减少。费用可能表现为企业资产的减少，也可能表现为企业负债的增加，还可能同时引起企业资产的减少和负债的增加，进而导致企业的所有者权益的减少。不能导致企业的所有者权益减少的经济利益流出不能确认为费用。如企业按合同约定，事先向对方公司预付一部分货款，也会导致企业经济利益的流出，但该流出并不导致所有者权益的减少，反而会导致企业产生未来向对方公司收货的权利，所以企业应作为一项资产确认。

其三，费用是与所有者分配利益无关的经济利益的总流出。如向所有者分配的股利不属于费用，而确认为一项负债。

（2）费用的分类。费用按发生经济用途的不同分为营业成本和期间费用。营业成本指企业按对象归集的已销售商品和提供劳务的费用。期间费用指不计入产品成本而直接计入当期损益的费用。包括管理费用、财务费用、销售费用等。

（3）费用的确认。费用的确认除了应当符合定义外，还应当满足严格的条件，至少应当符合以下条件：一是与费用相关的经济利益应当很可能流出企业；二是经济利益流出企业的结果会导致资产的减少或者负债的增加；三是经济利益的流出额能够可靠计量。

（4）费用的列报。符合费用定义和确认条件的项目应当列入利润表。符合费用定义但不符合费用确认条件的项目，不应当列入利润表。

3. 利润。

（1）利润的定义。利润是指企业在一定会计期间的经营成果。它包括企业在一定会计期间内实现的全部收入减去全部费用后的差额以及直接计入当期利润的利得减去损失后的差额。利润既是企业经营的目的和动力，也是考核和比较企业经济效益高低的重要经济指标。

（2）利润的构成。我国《企业会计准则》规定，利润按其构成的不同层次可划分为营业利润、利润总额和净利润。

①营业利润。营业利润为营业收入减去营业成本、期间费用和各种流转税及附加税费等项目后的余额。

②利润总额。利润总额是指企业实现的会计利润总额，是营业利润加上营业外收入减去营业外支出后的金额。

③净利润。净利润是指利润总额减去按企业所得税法规定计算应缴纳的所得税后的余额。

（3）利润的确认。利润反映的是收入减去费用、利得减去损失后的净额，因此，利润的确认主要依赖于收入和费用会计要素及利得和损失的确认和计量。

（4）利润的列报。利润项目应当列入利润表。

二、会计等式

前面，我们分别介绍了资产、负债、所有者权益、收入、费用和利润六大会计要素，事实上各项会计要素并不是孤立的，而是存在着密切的内在联系，即会计要素之间存在着一定的平衡关系。这种平衡关系的表现形式即是会计等式。

会计等式，又称为会计方程式或会计恒等式，是抽象地反映企业资金运动所引起的资金内部各种因素数量变化的相互平衡关系的一种数量模型，是揭示会计要素之间内在联系的数学表达式。会计等式是设置账户、复式记账和编制财务报表的理论基础。

（一）反映企业财务状况的会计等式

就一个企业而言，为进行生产经营活动，以获取利润，就必须拥有一定数额可供支配运用的资产，而这些资产都是从一定的来源取得的，概括来说，其来源渠道不外乎两种：一是由债权人提供；二是由所有者提供。既然企业的债权人和所有者为企业提供了全部资产，就应该对企业的资产享有要求权，这种对企业资产的要求权，在会计上总称为权益。其中属于债权人的部分，称为债权人权益，通常又称为负债；属于所有者的部分，称为所有者权益。

从数量上看，有一定数额的资产，就必定有对该资产的权益；有一定的权益，则必然有体现其权益的资产。企业资金来源与资产的占有必然相等，即一个企业的资产总额与权益总额必定彼此相等。这种关系可以用以下等式表示：

资产＝权益

资产＝债权人权益＋所有者权益

资产＝负债＋所有者权益

⚠小提示

天下没有免费的午餐哟！

【例 1－1】 2021 年 1 月 9 日，江西天华家具有限公司在开业时接受新阳钢铁公司投入资金 50 万元。

江西天华家具有限公司收到新阳钢铁公司投入的投资款 50 万元，资产增加 50 万元，同时新阳钢铁公司享有在江西天华家具有限公司的权益也为 50 万元。

资产（50 万元）= 所有者权益（50 万元）

【例 1－2】 2021 年 1 月 12 日，江西天华家具有限公司因生产周转需要从银行借入资金 20 万元，款项已存入银行。

江西天华家具有限公司借入资金使企业的资产增加了 20 万元，即由原来 50 万元变为 70 万元，同时江西天华家具有限公司对外承担的负债也增加了 20 万元，而投资者在企业享有的权益不变，仍为 50 万元。

资产（50 万元 +20 万元）= 负债（20 万元）+ 所有者权益（50 万元）

"资产 = 负债 + 所有者权益" 会计等式体现了企业资金运动过程中某一时点上反映企业财务状况的会计要素之间的数量关系，是资金运动的静态表现形式，是编制企业"资产负债表"的基本依据。这一等式表明，在某一时点企业所掌握或拥有的经济资源的数额及债权人和企业所有者对这些资源所拥有的权益。

（二）反映企业经营成果的会计等式

收入是企业在一定时期内进行生产经营活动所取得的各项收入。费用是企业在一定时期内为进行生产经营活动所发生的各项耗费。企业一定时期所取得的收入大于所发生的费用，其差额即为利润；若取得的收入小于所发生的费用，其差额即为亏损。企业发生的利润或亏损，最终由企业的所有者承担，会使所有者权益发生变动。利润会使所有者权益增加，亏损会使所有者权益减少。综上所述，在不考虑直接计入当期利润的利得和损失时，收入、费用、利润存在如下关系：

收入 − 费用 = 利润

【例 1－3】 2021 年 1 月江西天华家具有限公司经营过程中销售产品取得收入 18 万元款项已存入银行，同时通过银行存款支付相关成本 8 万元，则该公司取得的利润为 10 万元。

江西天华家具有限公司在经营过程中取得收入款项存入银行使企业的收入增加了 18 万元，同时资产也增加了 18 万元；通过银行存款支付相关成本使费用也增加了 8 万元，同时资产也减少了 8 万。因此该公司最后利润为 10 万元。

利润（10 万元）= 收入（18 万元）− 费用（8 万元）

“收入－费用＝利润”这一会计等式是反映企业经营成果的会计等式，是企业资金运动的动态表现形式，是编制“利润表”的基本依据。这一等式表明，企业在经营中取得的利润或发生的亏损，是会导致先前时点上静态会计等式中的所有者权益必然增加或抵冲的一部分数额。

（三）会计等式的扩展

上述两个会计等式从不同的角度反映了企业的资金运动的方式及结果。从资金运动的静态角度看，在特定时点上表现为“资产＝负债＋所有者权益”的平衡关系，它表明资金在企业生产经营活动过程中所拥有控制的经济资源及其来源渠道，反映了企业在一定时点上的财务状况。从资金运动的动态角度看，随着企业生产经营活动的开展，不断地取得收入和发生支出，经过一定时间后表现为“收入－费用＝利润”的数量关系，它表明资金在企业生产经营过程中发生的耗费、取得的收入和形成的利润，反映了企业在一定时期实现的经营成果。这两个会计等式只是分别反映了企业资金运动的静态和动态，不具备全面性和综合性。因为，企业的资金运动实际上是连续的，是静态运动与动态运动相互交替的统一体，这两个会计等式之间必然存在有机的内在联系。

当我们从某一会计期间的起点上观察时，企业的全部资金处于相对静止状态，会计要素之间的关系表现为“资产＝负债＋所有者权益”。随着生产经营活动的进行，会不断地发生费用并取得收入，并引起资产、负债、所有者权益发生数量的变化。到了会计期末，若收入大于费用，则取得经营成果即利润。利润是企业经营所得，归投资者所有。因此，反映会计要素之间内在关系式就表现为以下形式：

资产＝负债＋所有者权益＋利润

根据前面内容可以知道，利润＝收入－费用，将其代入上式后，便形成了以下会计等式：

资产＝（负债＋所有者权益）＋（收入－费用）

整理得：

资产＋费用＝负债＋所有者权益＋收入

【例1－4】综合【例1－1】至【例1－3】发生的所有经济业务，并进行整理可得：

资产（50万元＋20万元＋10万元）
＝负债（20万元）＋所有者权益（50万元）＋利润（10万元）

即：资产（50万元＋20万元＋18万元－8万元）＋费用（8万元）
＝负债（20万元）＋所有者权益（50万元）＋收入（18万元）

综上所述，“资产 = 负债 + 所有者权益”是反映企业生产经营的最基本会计等式。会计等式的平衡原理揭示了企业会计要素之间的规律性联系，是各会计主体设置账户、进行复式记账、编制财务报表的理论依据，是会计核算的基石，具有极其重要的意义。

（四）经济业务对会计等式的影响

企业在进行生产经营活动过程中所发生的各种经济活动都会引起资产、负债和所有者权益发生变化，这些经济活动在会计上称为“经济业务”或“会计事项”。所谓“经济业务”或“会计事项”，是指企业在生产经营过程中所发生的可用货币表现并能引起会计要素变化的一切业务或事项。

小思考
还记得我们会计的对象是什么吗？那你就能明白为什么我们处理的是经济业务而不是单位所有的业务了。

企业任何一项经济业务的发生，只能影响基本会计等式右边或左边或两边各相应会计要素的金额发生增减变化，但不会破坏基本会计等式的平衡关系。现举例予以说明。

【例 1－5】以江西天华家具有限公司为例。该企业 2021 年发生经济业务如下：

（1）2021 年 1 月 1 日向银行借入一笔三个月到期的借款 40 000 元，款项已存入银行。

分析：这笔经济业务使属于资产要素的银行存款项目增加 40 000 元，同时使属于负债要素的短期借款项目增加 40 000 元，会计等式两边同时增加，总额相等。

—— 资产与负债同时增加。

（2）2021 年 2 月 16 日收到宏远公司追加投资款 200 000 元，款项已存入银行。

分析：这笔经济业务使银行存款项目增加 200 000 元，同时使实收资本项目增加 200 000 元，会计等式两边同时增加，总额相等。

—— 资产与所有者权益同时增加。

（3）2021 年 4 月 1 日以银行存款 40 000 元归还前欠银行的借款。

分析：这笔经济业务使银行存款项目减少 40 000 元，同时使短期借款项目减少 40 000 元，会计等式两边同时减少，总额相等。

—— 资产与负债同时减少。

（4）2021 年 4 月 12 日企业因缩小经营规模经批准减少注册资本 150 000 元，以银行存款发放给投资者。

分析：这笔经济业务使银行存款项目减少 150 000 元，同时使实收资本项目减少 150 000 元，会计等式两边同时减少，总额相等。

—— 资产与所有者权益同时减少。

（5）2021 年 5 月 7 日以银行存款支付购入机器设备价款 280 000 元。

分析：这笔经济业务使属于资产要素的固定资产项目增加 280 000 元，同时使属于资产要素的银行存款项目减少 280 000 元，即会计等式的资产要素有增有减，没有发生变动，总额相等。

—— 一项资产增加，另一项资产减少。

（6）2021 年 5 月 13 日给供货单位开出商业票据一张，金额为 15 000 元，偿还前欠货款。

分析：这笔经济业务使应付票据项目增加 15 000 元，同时使应付账款项目减少 15 000 元，即会计等式的负债要素有增有减，没有发生变动，总额相等。

—— 一项负债增加，另一项负债减少。

（7）2021 年 6 月 30 日按照法定程序，将盈余公积 30 000 元转增资本金。

分析：这笔经济业务使实收资本项目增加 30 000 元，使盈余公积项目减少 30 000 元，即会计等式的所有者权益项目有增有减，没有发生变动，总额相等。

—— 一项所有者权益增加，另一项所有者权益减少。

（8）2021 年 10 月 30 日按国家有关部门的通知，将一笔长期借款 20 000 元，转作国家追加投资。

分析：这笔经济业务使实收资本项目增加 20 000 元，长期借款项目减少 20 000 元，会计等式一边有增有减，而会计等式的另一边没有发生变动，总额相等。

—— 一项负债减少，一项所有者权益增加。

（9）2021 年 12 月 31 日企业经研究决定，向投资者分配利润，应付投资者利润 100 000 元。

分析：这笔经济业务使应付股利项目增加 100 000 元，使未分配利润项目减少 100 000 元，会计等式的一边有增有减，总额相等。

—— 一项负债增加，一项所有者权益减少。

由以上例题可以看出，每项经济业务发生后，至少要影响会计等式中的两个会计要素（或一个要素中的两个项目）发生增、减变化。或者只影响会计等式一方要素发生有增有减变化，双方总额不变，等式保持平衡；或者影响会计等式双方要素发生同增或同减变化，双方总额或增或减，但等式仍保持平衡。从企业经济业务对企业资产、负债和所有者权益的影响来看，可概括为以下几种基本类型：

①一项资产增加，一项负债增加；

②一项资产增加，一项所有者权益增加；

③一项资产减少，一项负债减少；

④一项资产减少，一项所有者权益减少；

⑤一项资产增加，另一项资产减少；

⑥一项负债增加，另一项负债减少；

⑦一项所有者权益增加，另一项所有者权益减少；

⑧一项负债减少，一项所有者权益增加；

⑨一项负债增加，一项所有者权益减少。

经济业务类型对会计基本等式的影响流程见图1－4。

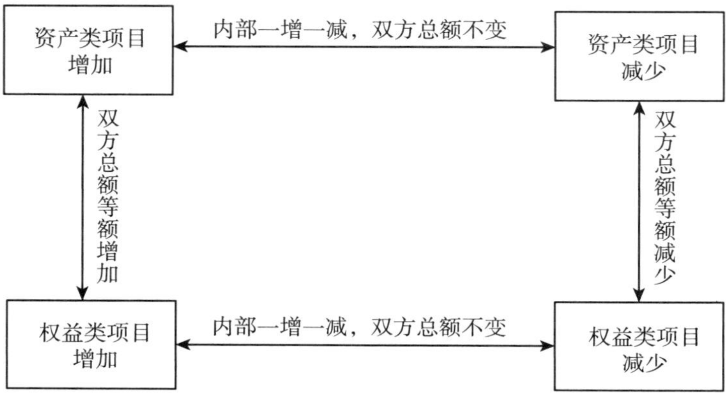

图1－4　经济业务类型对会计基本等式的影响流程

通过上述的实例可以证明，企业任何经济业务的发生都不会破坏会计等式的平衡关系“资产＝负债＋所有者权益”。由上所述，可得出以下两点规律性的结论：其一，经济业务引起会计等式中有关项目的变化都是双重性的，或是等式两边等额的增加，或是等式两边等额的减少，或是等式一边内部项目之间等额的一增一减；其二，经济业务引起会计等式的变化是多种多样的，但变化的结果都不会破坏等式两边的总额平衡关系。

【本章小结】

会计是经济管理的重要组成部分，经济越发展，会计就越重要。会计通过编制报表提供信息，帮助企业外部信息使用者了解企业，帮助内部信息使用者管理企业。

会计核算需要在会计主体、持续经营、会计分期和货币计量的假设前提下，运用会计核算的专门方法，将会计对象（具体化为资产、负债、所有者权益、收入、费用和利润六要素）按照权责发生制原则进行核算，保证提供的会计信息达到会计准则规定的信息质量要求。

【技能测试】

一、名词解释

1. 会计要素　2. 会计等式　3. 经济业务　4. 资产
5. 负债　6. 所有者权益　7. 收入　8. 费用
9. 利润

二、单项选择题

1. 会计的基本职能是（　　）。

A. 核算和监督　　B. 预测和决策

C. 监督和分析　　D. 反映和核算

2. 会计的基本前提包括会计主体、（　　）、会计分期和货币计量四个方面的内容。

A. 实际成本　　B. 经济核算

C. 持续经营　　D. 会计准则

3. 会计对象是（　　）。

A. 会计科目　　B. 会计要素

C. 经济业务　　D. 以货币表现的经济活动

4. 会计主体从（　　）上对会计核算范围进行了有效的界定。

A. 空间　　B. 时间

C. 空间和时间　　D. 内容

5. 持续经营从（　　）上对会计核算范围进行了有效的界定。

A. 空间　　B. 时间

C. 空间和时间　　D. 内容

6. 会计分期是从（　　）引申出来的。

A. 会计主体　　B. 持续经营

C. 货币计量　　D. 权责发生制

7.（　　）要求企业提供的会计信息必须清晰明了，便于投资者等财务报告使用者理解和使用。

A. 可靠性　　B. 可比性

C. 可理解性　　D. 实质重于形式

8.（　　）要求企业应当按照交易或者事项的经济实质进行会计确认、计量和报告，不仅仅以交易或者事项的法律形式为依据。

A. 可靠性　　B. 可比性

C. 可理解性　　D. 实质重于形式

9. 企业在日常活动中形成的、会导致所有者权益增加的、与所有者投入资本无关的经济利益的总流入称为（　　）。

A. 资产　　B. 利得

C. 收入　　D. 利润

10. 由企业非日常活动所发生的、会导致所有者权益减少的、与向所有者分配利润无关的经济利益的流出称为（　　）。

A. 费用　　B. 损失

C. 负债　　D. 所有者权益

11. 广义的权益一般包括（　　）。

A. 资产和所有者权益　　B. 债权人权益和所有者权益

C. 所有者权益　　D. 资产和债权人权益

12. 下列属于资产要素的项目是（　　）。

A. 原材料　　B. 预收账款

C. 销售费用　　D. 资本公积

13. 下列引起资产和负债同时减少的经济业务是（　　）。

A. 从银行提取现金　　B. 赊购材料一批

C. 用银行存款偿还银行借款　　D. 通过银行收到应收账款

14. 下列属于企业的流动资产的是（　　）。

A. 存货　　B. 厂房

C. 机器设备　　D. 专利权

15. 流动资产是指变现或耗用期限在（　　）的资产。

A. 一年以内

B. 一个营业周期以内

C. 一年或超过一年的一个营业周期以内

D. 超过一年的一个营业周期

16. 最基本的会计等式是（　　）。

A. 资产 = 负债 + 所有者权益

B. 期初余额 + 本期增加额 − 本期减少额 = 期末余额

C. 收入 − 费用 = 利润

D. 资产 = 负债 + 所有者权益 +（收入 − 费用）

17. 所有者权益在数量上等于（　　）。

A. 全部资产减去全部负债后的净额

B. 所有者的投资

C. 实收资本与资本公积之和

D. 实收资本与未分配利润之和

18. 一个企业的资产总额与权益总额（　　）。

A. 必然相等　　B. 有时相等

C. 不会相等　　D. 只有在期末时相等

19. 一项资产增加、另一项负债增加的经济业务发生后，都会使资产与权益原来的总额（　　）。

A. 发生同增的变动　　B. 发生同减的变动

C. 不会变动　　D. 发生不等额变动

20. 某企业月初权益总额为 80 万元，假定本月仅发生一笔以银行存款 10 万元偿还银行借款的经济业务，则该企业月末资产总额为（　　）万元。

A. 80　　B. 90

C. 100　　D. 70

21. 经济业务发生仅涉及资产这一要素时，则必然引起该要素中某些项目发生（　　）。

A. 同增变动　　B. 同减变动

C. 一增一减变动　　D. 不变动

22. 在下列经济业务中，只能引起同一个会计要素内部增减变动的业务是（　　）。

A. 取得借款存入银行　　B. 用银行存款归还前欠货款

C. 用银行存款购买材料　　D. 赊购原材料

23. 下列各项中，不属于收入要素内容的是（　　）。

A. 销售商品取得的收入　　B. 提供劳务取得的收入

C. 出租固定资产取得的收入　　D. 营业外收入

24. 下列各项中，不属于费用要素内容的是（　　）。

A. 销售费用　　B. 管理费用

C. 财务费用　　D. 长期待摊费用

25. 企业销售产品一批，货款未收，这项业务引起扩展会计等式中（　　）。

A. 资产与负债同时增加　　B. 资产与所有者权益同时增加

C. 资产与收入同时增加　　D. 收入与负债一增一减

26. 下列经济业务中会引起资产类项目和负债类项目同时增加的是（　　）。

A. 从银行提取现金

B. 用银行存款归还企业的银行短期借款

C. 赊购原材料

D. 接受投资者投入的现金资产

27. 某公司期初资产总额为 200 000 元，当期期末负债总额比期初减少 20 000 元，期末所有者权益比期初增加 60 000 元，则该企业期末资产总额为（　　）元。

A. 180 000　　B. 200 000

C. 240 000　　D. 260 000

28. 下列引起所有者权益项目有增有减的经济业务是（　　）。

A. 以短期借款直接偿还应付账款

B. 以银行存款支付投资者的利润

C. 接受捐赠的固定资产

D. 经批准将盈余公积转增资本

29. 当一笔经济业务只涉及负债要素发生增减变化时，会计等式两边的金额（　　）。

A. 同增　　B. 同减

C. 不变　　D. 一方增加，另一方减少

30. 某公司资产总额为 60 000 元，负债总额为 30 000 元，以银行存款 20 000 元偿还短期借款，并以银行存款 15 000 元购买设备，则上述业务入

账后该公司的资产总额为（　　）元。

A. 30 000　　B. 40 000

C. 25 000　　D. 15 000

三、多项选择题

1. 会计核算的基本前提包括（　　）。

A. 会计主体　　B. 持续经营

C. 会计分期　　D. 货币计量

2. 会计核算记账的基础有（　　）。

A. 权责发生制　　B. 收付实现制

C. 复式记账　　D. 单式记账

3. 可比性要求企业提供的会计信息应当相互可比，主要包括（　　）。

A. 同一企业不同时期可比　　B. 不同企业相同会计期间可比

C. 不同企业不同时期可比　　D. 采用不同的会计政策

4. 会计核算方法包括（　　）。

A. 设置会计科目及账户　　B. 填制和审核会计凭证

C. 编制财务报表　　D. 成本计算

5. 下列属于资产要素项目的有（　　）。

A. 无形资产　　B. 长期待摊费用

C. 预收账款　　D. 预付账款

6. 下列项目中，属于资产要素特点的有（　　）。

A. 必须是经济资源

B. 必须是有形的

C. 必须能给企业带来未来经济利益

D. 必须是企业拥有或控制的

7. 下列属于长期负债项目的有（　　）。

A. 长期应付款　　B. 长期借款

C. 其他应付款　　D. 应付债券

8. 下列各项中，属于流动资产的有（　　）。

A. 专利权　　B. 低值易耗品

C. 长期待摊费用　　D. 包装物

9. 下列项目中，属于所有者权益的有（　　）。

A. 实收资本　　B. 盈余公积

C. 资本公积　　D. 未分配利润

10. 下列各项经济业务中，能引起资产和所有者权益同时增加的有（　　）。

A. 收到国家投资存入银行　　B. 提取盈余公积金

C. 收到外单位投入设备 1 台　　D. 将资本公积转增资本

11. 下列各项经济业务中，会引起企业资产总额和负债总额同时减少的有（　　）。

A. 用现金支付职工工资

B. 从某企业购买材料一批，货款未付

C. 将资本公积转增资本

D. 用银行存款偿还所欠货款

12. 下列属于负债要素项目的有（　　）。

A. 短期借款　　B. 预收账款

C. 预付账款　　D. 应交税费

13. 企业向银行借款 10 万元，存入银行，这项业务引起（　　）要素的增减变化。

A. 资产　　B. 负债

C. 所有者权益　　D. 收入

14. 下列经济业务中，只引起会计等式左边会计要素变动的有（　　）。

A. 购买材料 800 元，款项尚未支付

B. 从银行提取现金 500 元

C. 购买机器一台，以存款支付 10 万元货款

D. 接受投资 200 万元，款项存入银行

15. 下列属于反映企业财务状况的静态要素的有（　　）。

A. 资产　　B. 负债

C. 利润　　D. 所有者权益

16. 下列属于反映企业经营成果的动态要素的有（　　）。

A. 收入　　B. 费用

C. 利润　　D. 负债

17. 资产与权益的恒等关系有（　　）。

A. 复式记账法的理论依据

B. 编制资产负债表的依据

C. 试算平衡的理论依据

D. 总账与明细账平行登记的理论依据

18. 下列项目中，属于费用要素特点的有（　　）。

A. 企业在日常活动中发生的经济利益的总流出

B. 会导致所有者权益减少

C. 与向所有者分配利润无关

D. 会导致所有者权益增加

19. 下列项目中，影响利润金额计量的有（　　）。

A. 资产　　B. 收入

C. 费用　　D. 直接计入当期损益的利得和损失

四、判断题

1. 企业如果在一定期间内发生了亏损，必将导致该企业的所有者权益减少。 （ ）

2. 某项财产物资要成为企业的资产，只要该企业拥有其所有权就能将其确认为资产。 （ ）

3. 资产包括固定资产和流动资产两部分。 （ ）

4. 资产与所有者权益在数量上始终是相等的。 （ ）

5. 流动负债是指需要在一年或超过一年的一个营业周期内偿还的债务。 （ ）

6. “收入－费用＝利润”这一会计等式，是编制利润表的基础。 （ ）

7. 所有者权益是指企业投资人对企业资产的所有权。 （ ）

8. 资产、负债与所有者权益的平衡关系是企业资金运动处于相对静止状态下出现的，如果考虑收入、费用等动态要素，则资产与权益总额的平衡关系必然被破坏。 （ ）

9. 会计要素中既有反映财务状况的要素，又有反映经营成果的要素。 （ ）

10. 经济业务的发生，虽然可能影响资产与权益总额发生变化，但是不会破坏会计基本等式的平衡关系。 （ ）

五、简答题

1. 权责发生制和收付实现制的区别是什么？

2. 会计信息质量要求包括哪些内容？

3. 简述会计要素的含义及其内容。

4. 简述会计等式及其种类。

参考答案

第二章
填制和审核原始凭证

学习目标

通过本章学习，要求学生在了解原始凭证的意义与种类的基础上，掌握原始凭证的填制与审核。

能力目标

通过本章学习，使学生能认知、读懂各种原始凭证，并对原始凭证进行审核，为后续根据原始凭证判断经济业务内容并正确填制记账凭证等工作打好基础。

素养目标

通过本章学习，使学生着手懂得要想真正做好一件事，就要从基础做起，过硬的实力需要扎实的基础和踏实的工作作风，会计工作也是如此，不能急于求成！

导　　例

伪造篡改会计凭证 13 人被处分

2016 年 5 月 9 日，某医学院附属医院因干扰巡视工作，医院一把手被免职，相关领导和工作人员受到处分。同年 3 月，自治区党委第二巡视组在巡视该医学院期间，发现该医学院附属医院伪造篡改会计资料凭证，干扰巡视工作。

自治区纪委立即责成有关部门组织力量严肃查处。医院财务科科长负直接责任人责任，受到留党察看和行政撤职处分；医院财务科副科长和主办会计因为违反财经纪律，参与违纪违规行为，分别受到行政警告处分；医院票据管理员、会计凭证库管理员、银行出纳、工资会计、现金出纳、会计员等多人，作为财务人员，因为不同程度参与违规更改会计凭证行为，分别受到诫勉谈话并通报批评处理。

【本章知识结构导图】

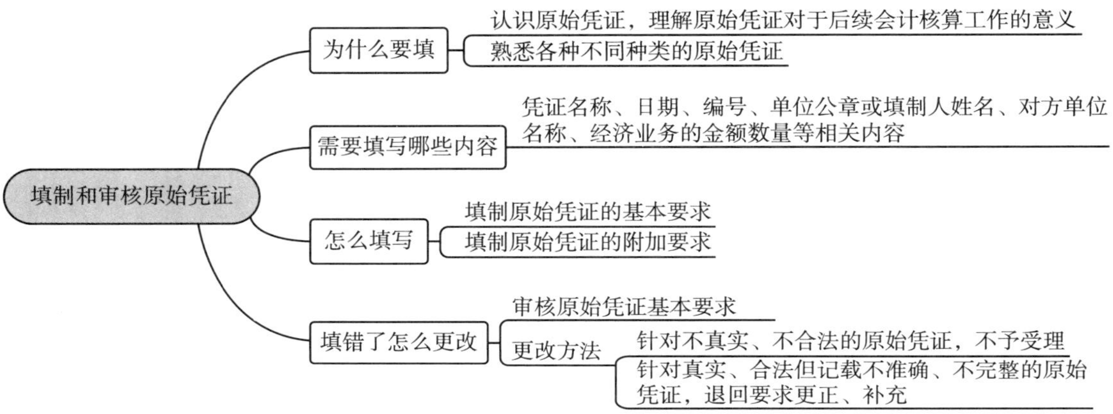
填制和审核原始凭证
为什么要填
认识原始凭证，理解原始凭证对于后续会计核算工作的意义
熟悉各种不同种类的原始凭证
需要填写哪些内容
凭证名称、日期、编号、单位公章或填制人姓名、对方单位名称、经济业务的金额数量等相关内容
怎么填写
填制原始凭证的基本要求
填制原始凭证的附加要求
填错了怎么更改
审核原始凭证基本要求
更改方法
针对不真实、不合法的原始凭证，不予受理
针对真实、合法但记载不准确、不完整的原始凭证，退回要求更正、补充

第一节　认识原始凭证

一、会计凭证的意义及种类

会计凭证是会计实务工作的载体，也是会计工作最初始的对象。学习会计凭证是将前述的会计理论知识与实际工作相联系的纽带，能带给我们真实的职业体验，切实体验会计工作。会计凭证是记录经济业务的发生和完成情况、明确经济责任的书面证明，是登记账簿的重要依据。填制和审核会计凭证是会计核算的一种专门方法，也是会计工作的起点和基础，是对所发生经济业务的初始反映，在整个会计核算过程中起着至关重要的作用。任何虚假的会计信息均起源于会计凭证。在法律意义上，会计凭证对于发生的经济业务具有证明效力。

任何单位的经济业务一经发生和完成，就必须取得和填制会计凭证，会计凭证的记录应能如实、合法地反映整个经济活动情况。会计凭证应由专人进行严格审核，只有经过审核后的合理、合法、真实的凭证，才能作为记账依据，也只有如此，才能保证账簿记录、报表反映的会计信息真实、完整。填制和审核会计凭证，不仅要求会计人员有扎实的业务功底，熟练掌握会计凭证的格式、要素以及填制方法，全面了解有关经济法规，而且还要求财务人员要有良好的思想品德、细致的工作作风和高度的责任心。

⚠小提示

凡事都要用事实说话！

认真填制和审核会计凭证是做好会计工作的基本前提，也是体现会计核算与监督职能的重要手段。其作用主要表现在以下几个方面：

第一，填制和审核会计凭证，可以及时正确地反映经济业务的发生与完成情况，体现会计的核算职能。任何经济业务发生，都必须取得和填制会计凭证，如实地将经济业务发生的时间、地点、内容和完成情况等填写在会计凭证上，为会计核算提供原始证据。以材料收发结存业务为例，采购人员外购材料时必须取得供应单位开具的合理合法的材料采购发票；材料运达企业，经仓库保管部门验收入库后，须开具材料入库单；领用材料时须填制领料单等。财务人员对取得或填制的会计凭证还必须进行严格审核，然后才能据以登记入账。

第二，填制和审核会计凭证，可以充分发挥会计的监督职能，使经济业务合理合法，保证会计信息真实可靠。填制和审核会计凭证的相关人员都必须在会计凭证上签名或盖章，以对会计凭证的真实性和合法性负责，这样就可以明确经济责任，加强对经济业务的监督。会计人员应对不合法、不真实的凭证拒绝受理；对合法、真实但有错误的凭证要予以更正或重开，防止错误和弊端的发生，以贯彻政策和法令，严肃财经纪律。

第三，会计凭证是核对账务和事后检查的重要依据。合理合法的会计凭证，均载明经济业务发生的时间、地点、业务内容、金额、经办单位、当事人签章以及其他有关事项，完整地反映了每笔经济业务的内容。在核对账务和事后检查中如发现问题，可直接追溯到会计凭证，进行复核处理。

实际会计工作中的会计凭证种类繁多，格式多样，作用不一，但按其填制程序和用途不同，可分为两大类，即原始凭证和记账凭证。本章我们主要讲述原始凭证的相关内容，记账凭证则在下一章中进行介绍。

二、原始凭证的概念及种类

原始凭证是在经济业务发生或完成时取得或填制的，用以证明经济业务的发生或完成情况的书面证明，它是会计核算的原始依据。原始凭证的合法、真实、准确与否决定整个会计核算的质量。

（一）自制原始凭证和外来原始凭证

原始凭证按其取得的来源不同，可分为自制原始凭证和外来原始凭证。

1. 自制原始凭证。自制原始凭证，是指经济业务发生时，由本单位内部经办业务的部门或个人自行填制的凭证。自制的原始凭证必须具备财政部印发的《会计基础工作规范》（以下简称《会计规范》）规定的基本要素，还必须有经办单位领导人或者其指定人员的签名或者盖章，这样可以加强内部控制，保证自制原始凭证的合理、正确、有效。如职工出差所填制的借款单（见图 2－1）。

小思考

通过仔细观察这张借款单，你可以得到什么相关信息呢？你还能举出其他一些你见过的自制原始凭证吗？

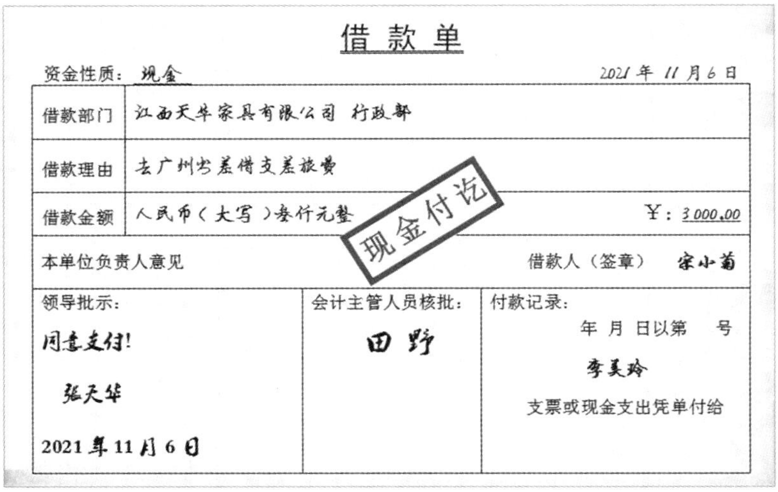
借款单

资金性质：现金　　2021 年 11 月 6 日

借款部门	江西天华家具有限公司 行政部
借款理由	去广州出差借支差旅费
借款金额	人民币（大写）叁仟元整　　¥：3000.00
本单位负责人意见	借款人（签章） 宋小菊

领导批示：	会计主管人员核批：	付款记录：
同意支付！ 张天华 2021年11月6日	田野	年 月 日以第 号 李美玲 支票或现金支出凭单付给

现金付讫

图 2－1　借款单

2. 外来原始凭证。外来原始凭证是指在经济业务发生或完成时，从其他单位或个人直接取得的原始凭证。外来原始凭证一般为一次凭证，其来源于外部单位或个人，除具备《会计规范》规定的基本要素外，从外单位取得的原始凭证，必须盖有填制单位的公章；从个人取得的原始凭证，必须有填制人员的签名或盖章。这样可以保证外来原始凭证真实可靠，加强外部单位和本单位的相互稽核。如增值税专用发票、增值税普通发票、车船票、对外支付款项时取得的收据以及各种银行结算凭证等都是外来原始凭证（见图2－2）。

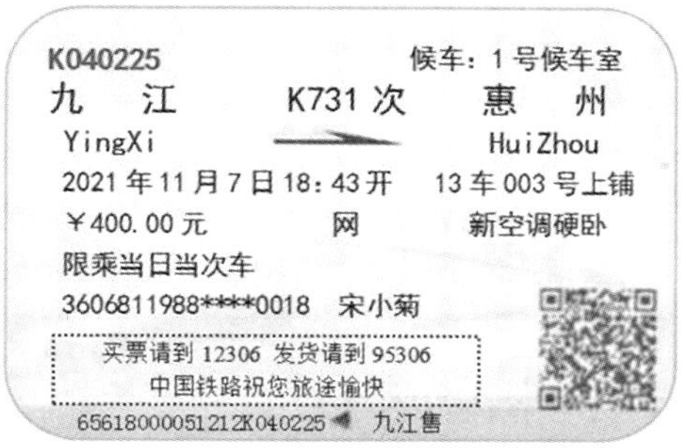
K040225　候车：1号候车室
九　江　K731次　惠　州
YingXi　HuiZhou
2021年11月7日18:43开　13车003号上铺
￥400.00元　网　新空调硬卧
限乘当日当次车
3606811988****0018　宋小菊
买票请到12306 发货请到95306
中国铁路祝您旅途愉快
65618000051212K040225　九江售

图2－2　外来原始凭证式样

小思考

你还能举出其他一些你见过的外来原始凭证吗？

（二）一次凭证、累计凭证和汇总原始凭证

原始凭证按其填制手续不同，又可分为一次凭证、累计凭证和汇总原始凭证。

1. 一次凭证。一次凭证是指只反映一项经济业务，或者同时反映若干项同类性质的经济业务，其填制手续是一次完成的会计凭证。例如，企业材料验收入库，仓库保管员填制的“收料单”；向仓库领用材料时，由各领料部门填制的“领料单”；发放工资时，由企业内部各车间、部门编制的“工资结算单”或“工资结算表”；报账时，由报销人员填制的，出纳人员据以付款的“费用报销凭单”等（见图2－3）。

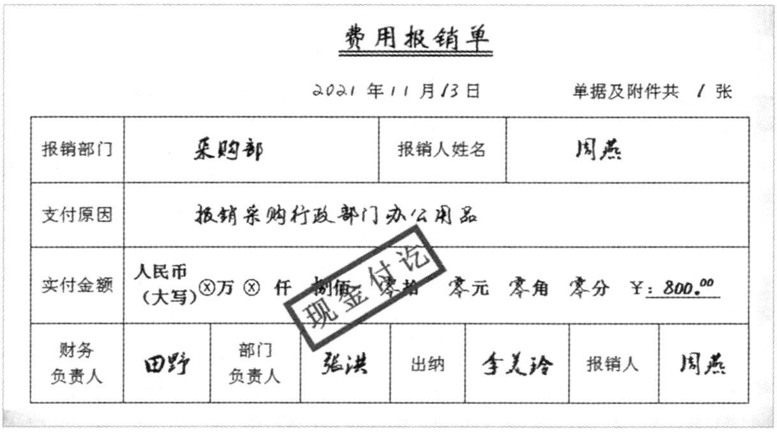
费用报销单

2021年11月13日　单据及附件共 1 张

报销部门	采购部			报销人姓名	周燕		
支付原因	报销采购行政部门办公用品						
实付金额	人民币（大写）⊗万 ⊗ 仟 捌佰 零拾 零元 零角 零分 ￥：800.00						
财务负责人	田野	部门负责人	张洪	出纳	李美玲	报销人	周燕

现金付讫

图2－3　费用报销单

2. 累计凭证。累计凭证是指在规定日期内，连续地记录若干个同类经济业务的凭证。其所填制的内容仅限于同类经济业务，且是分次登记的，这样做的目的是减少原始凭证的数量，简化核算手续。如限额领料单（见图 2－4）就是累计凭证。实际会计工作中应注意的是不同性质的会计事项不能登记在一张累计凭证上。与领料单相比，使用限额领料单，有利于控制材料消耗，加强成本管理；节约单据；方便材料耗用数据的汇总。

江西天华家具有限公司限额领料单

2021 年 11 月

领料部门：生产车间　　　　发料仓库：1 号仓库
用　　途：生产办公椅　　　　凭证编号：0181201

材料类别	材料编号	材料名称	计量单位	领料限额	实际领用	单价	金额	备注
原材料	001	密度板	张	500	450	205	92 250	
日期	请领		实发			限额结余	退库	
	数量	签章	数量	发料人	领料人		数量	退库单
2021-11-5	150		150	宋燕	陈宏	350		
2021-11-9	200		200	宋燕	陈宏	150		
2021-11-16	100		100	宋燕	陈宏	50		
合　计	450							

第二联　财务联

会计：田野　　领料部门负责人：李强　　发料人：宋燕　　领料人：陈宏

图 2－4　限额领料单

3. 汇总原始凭证。汇总原始凭证是指将一定时期内，若干份记录同类经济业务的原始凭证汇总编制一张凭证，用以集中反映某项经济业务总括发生情况的会计凭证。它是对原始凭证的汇总，是根据若干份原始凭证填制的，只能汇总同类经济业务，目的是简化记账凭证的编制工作。如“发料汇总表”“工资汇总表”“差旅费报销单”等（见图 2－5）都属于汇总原始凭证。

差旅费报销单

2021 年 11 月 10 日　　　　单据及附件共 8 张

姓名				宋小菊	所属部门	行政部	出差事由	考察	
出发		到达		起止地点		交通费	住宿费	伙食费	其他
月	日	月	日						
11	7	11	8	九江市——惠州市		215.00			
11	8	11	9	惠州市——惠州市		60.00	520.00	1 400.00	
11	9	11	10	惠州市——九江市		200.00			
小　计						￥475.00	￥520.00	￥1 400.00	
合　计				人民币（大写）贰仟叁佰玖拾伍元整				￥：2 395.00	
预支差旅费				￥：3000.00	退回金额	￥：605.00	补付金额	￥：	

总经理：张天华　　会计：田野　　出纳：李美玲　　部门经理：戴勇　　报销人：宋小菊

图 2－5　差旅费报销单

?小思考

累计凭证和汇总原始凭证的主要区别在哪里呢？

（三）通用凭证和专用凭证

原始凭证按格式不同，可分为通用凭证和专用凭证两大类。

1. 通用凭证。通用凭证在一定范围内具有统一的格式和使用方法，有些是全国范围内通用，有些则只是某局部地区或系统通用。如由国家税务总局统一监制的全国通用的增值税专用发票（见图2－6）。

江西增值税专用发票

3600184130　　№ 21540101　　3600184130　21540101

校验码 12410 66218 35412 35124　　此联不作报销、扣税凭证使用　　开票日期：2021年11月25日

购买方	名　　称：江西南翔百货有限公司 纳税人识别号：91360125164822471N 地址、电话：南昌市经开区枫林大道52号 0791-8830254 开户行及账号：中国建设银行昌北经开区支行 36001124574125632015	密码区	5*16<98*->532*-536//32<65<*32+6//62<65<*1 54+325-616<74>29312-8-35><56>>92+389-65<7 1-055-456<78>25613-8-53><20>+542+365-73<5 36<764>534//33-8-895><126>>37592+147-41<4

货物或应税劳务、服务名称	规格型号	单位	数量	单价	金额	税率	税额
*文化办公用设备*办公桌		张	200	190.00	38000.00	13%	4940.00
*文化办公用设备*办公椅		把	200	80.00	16000.00	13%	2080.00
合　计					¥54000.00		¥7020.00
价税合计（大写）	⊗陆万壹仟零贰拾圆整				（小写）¥61020.00		

销售方	名　　称：江西天华家具有限公司 纳税人识别号：91360420143510012N 地址、电话：九江市思贤中路158号 0792-8185467 开户行及账号：中国工商银行九江思贤支行 15285005481201230126	备注	

收款人：李美玲　　复核：田野　　开票人：李美玲　　销售单位：（章）

税总函[2017]523号 上海东港安全印制有限公司

第一联：记账联　销售方记账凭证

图2－6　增值税专用发票

2. 专用凭证。专用凭证指一些单位具有特定内容和专门用途的原始凭证，不同单位凭证格式不同。如领料单（见图2－7）、工资表、折旧计提表等。

江西天华家具有限公司领料单

2021年11月07日　　№ 2112003

领料部门	生产车间	领料用途	生产办公桌		领料日期	2021年11月07日
编号	存货名称及规格	单位	数量		实际价格	
			请领	实发	单价	金额
001	密度板	张	100	100	210.00	21,000.00
合　计						¥21,000.00

会计：田野　　领料部门负责人：李强　　发料人：宋燕　　领料人：陈宏

第二联　财务联

图2－7　领料单

⚠本节重难点

原始凭证的填制是会计核算工作的基础工作，其填制的内容及相关的要求都是本节内容的重点与难点。

第二节 原始凭证的填制

一、原始凭证的内容

原始凭证是在经济业务发生或完成时取得或填制的，用以证明经济业务的发生或完成情况的书面证明，它是会计核算的原始依据。原始凭证的合法、真实、准确与否决定整个会计核算的质量。

实际会计工作中的原始凭证种类繁多，格式不一。但它们的基本内容是大体一致的，主要包括：

1. 凭证的名称。名称是内容的概括反映，任何原始凭证都必须有名称，如“收料单”“借款单”都是原始凭证的名称。

2. 填制凭证的日期。原始凭证的日期一般是经济业务发生或完成的日期，如果因某种原因未能及时填制原始凭证的，应以实际填制日期为准。

?小思考

如果没有编号会出现什么问题?

3. 编号。有些原始凭证还要有编号，如银行业务回单等银行结算凭证。

4. 填制单位名称和公章或者填制人姓名。单位出具的原始凭证盖章后才有法律效力，个人出具的原始凭证签名后才有法律效力。

5. 经办人员的签名或者盖章。通过经办人员的签名或者盖章，可以明确经济责任。

6. 接受凭证单位名称。标明使用原始凭证的特定单位或个人，可以表明经济业务的来龙去脉。

7. 经济业务内容。经济业务内容主要是表明经济业务的项目、名称及有关附注说明。

8. 经济业务的数量、单位和金额。经济业务的数量、单位和金额是原始凭证的核心，是据以加工成会计信息的原始资料。

二、原始凭证的填制要求

原始凭证一般是在业务发生时由经办人员根据经济业务的内容直接填列，其填制方法简单，但为了保证会计凭证的真实、合法、准确，填制原始凭证时应注意以下几点要求：

（一）原始凭证填制的基本要求

原始凭证是具有法律效力的证明文件，是进行会计核算的重要原始依据，因此为了保证原始凭证能够正确、及时、清晰地反映经济业务的真实情况，原始凭证的填制必须符合以下基本要求：

1. 遵纪守法。经济业务的发生必须符合国家有关政策、法令、规章、制度的要求，不符合以上要求的，不得填制原始凭证。

2. 记录真实可靠。要求实事求是地填写经济业务，原始凭证上填制的日期、业务内容、数量、金额等必须与实际情况完全符合，确保凭证内容真实可靠。

3. 内容完整。原始凭证必须按规定的格式和内容逐项填写齐全，同时必须由经办业务的部门和人员签字盖章，对凭证的真实性和正确性负完全责任。

4. 填制及时。经济业务发生时，应当根据经济业务的执行和完成情况及时填制原始凭证，这对于正确如实地反映经济业务的内容，加强会计监督是非常重要的，同时也可以避免由于填制原始凭证不及时，导致事后记忆模糊、补办手续时易出现差错等情况。

5. 书写清楚。原始凭证上的文字和数字都要认真填写，要求字迹清楚，易于辨认，不得任意涂改、刮擦或挖补。一般凭证如果发生错误，应当按照规定方法更正。而有关现金、银行存款收支业务的凭证，如果填写错误，不能在凭证上更正，应加盖“作废”戳记，重新填写，以免错收错付。

（二）原始凭证填制的附加要求

1. 从外单位取得的原始凭证，必须加盖有填制单位的公章；从个人取得的原始凭证，必须有填制人员的签名或盖章。自制原始凭证必须有经办部门负责人或指定人员的签名或盖章。对外开出的原始凭证，必须加盖本单位的公章。所谓“公章”，应是具有法律效力和规定用途，能够证明本单位身份和性质的印鉴，如业务公章、财务专用章、发票专用章、收款专用章、结算专用章等。

2. 凡填有大小写金额的原始凭证，大写小写的金额必须相符。在我国，大小写金额不一致的原始凭证，不能作为经济业务的合法证明，也不能作为有效的会计凭证。

3. 填写凭证时文字、数字要规范。不得使用未经国务院公布的简化字，阿拉伯数字要逐个书写清楚，不得连笔书写；在阿拉伯数字前，应填写相应的货币符号，且之间不得留有空白。所有以元为单位的阿拉伯数字，除表示单价等情况外，一律写到角分，无角分的，角位和分位应写“0”；汉字大写金额数字一律用壹、贰、叁、肆、伍、陆、柒、捌、玖、拾、佰、仟、万、亿、元、角、分等。

4. 购买实物的原始凭证，必须有验收证明。实物购入以后，要按照规定办理验收手续，这有利于明确经济责任，保证账实相符，防止盲目采购，避免物资短缺和流失。实物验收工作应由有关人员负责办理，会计人员通过有关的原始凭证进行监督检查。需要入库的实物，必须填写入库验收单，由仓库保管人员按照采购计划或供货合同验证后，在入库验收单上如实填写实收数额，并签名或盖章。不需要入库的实物，由经办人员在凭证上签字或盖章

ⓘ相关链接

《中华人民共和国会计法》第四十三条：伪造、变造会计凭证、会计账簿，编制虚假财务会计报告，构成犯罪的，依法追究刑事责任。有前款行为，尚有前款行为，尚不构成犯罪的，由县级以上人民政府财政部门予以通报，可以对单位并处五千元以上 10 万元以下的罚款；对其直接负责的主管人员和其他直接责任人员，可以处 3 000 元以上 5 万元以下的罚款；属于国家工作人员的，还应当由其所在单位或者有关单位依法给予撤职直至开除的行政处分；对其中的会计人员，并由县级以上人民政府财政部门吊销会计资格证书。

ⓘ技能点

原始凭证具体书写要求。

以后，必须交由实物保管人员或使用人员进行验收，并由实物保管人员或使用人员在凭证上签名或盖章。经过购买人以外的第三者查证核实以后，会计人员才能据以报销付款并作进一步的会计处理。

5. 一式几联的原始凭证，必须注明各联的用途，并连续编号，并且只能以一联作报销凭证；一式几联的发票和收据，必须用双面复写纸套写，或本身具备复写功能的，作废时应加盖“作废”戳记，连同存根一起保存。

6. 发生销货退回及退款时，必须填制退货发票，附有退货验收证明和对方单位的收款收据，不得以退货发票代替收据。如果情况特殊，可先用银行的有关凭证，如银行业务回单等，作为临时收据，待收到收款单位的收款证明之后，再将其附在原付款凭证之后，作为正式的原始凭证。在实际工作中，有的单位发生销货退回时，对收到的退货没有验收证明，造成退回流失；办理退货时，仅以所开出的红字发票的副本作为本单位退款的原始凭证，既不经过对方单位盖章收讫，也不附对方单位的收款收据。这种做法漏洞很大，容易造成舞弊行为，应该予以纠正。

7. 职工公出借款的收据，必须附在记账凭证之后。职工公出借款时，应由本人按照规定填制借款单，由所在单位领导或其指定的人员审核，并签字或盖章，然后办理借款。借款收据是此项借款业务的原始凭证，是办理有关会计手续、进行相应会计核算的依据。在收回借款时，应当另开收据或退还借款收据的副本，不得退还原借款收据。因为借款和收回借款虽有联系，但又有区别，在会计上分别进行处理，如果将原借款收据退还给了借款人，就会损害会计资料的完整性，使其中一项业务的会计处理失去依据。

8. 经上级有关部门批准的经济业务，应当将批准文件作为原始凭证附件。如果批准文件需要单独归档的，应当在凭证上注明批准机关名称、日期和文件字号。

9. 发现原始凭证有错误的，应当由开出单位重开或更正，在更正处加盖开出单位的公章。原始凭证金额有错误的，应当由出具单位重开，不得在原始凭证上更正。

（三）原始凭证填制的注意事项

凭证的内容必须完整，书写清楚。为确保原始凭证内容完整、手续完备，实际会计工作中应注意以下几点：

1. 年、月、日必须填齐，单位名称或者填制人姓名必须使用全称，不得任意省漏。

2. 除一式几联的原始凭证必须用圆珠笔复写外，其他原始凭证填制要用黑色墨水的中性水笔，不得任意采用铅笔或红色墨水笔填写。

3. 大小写金额数字要符合规范要求，正确填写。银行结算制度规定的结算凭证、预算的缴款凭证、拨款凭证、企业的发票、收据、提货单、运单、合同、契约，以及其他规定需要填写大写金额的各种凭证，必须有大写金额，不得只填小写金额。

4. 除已预先印定编号的凭证外，各种凭证必须连续编号，以便查验。

ⓘ**技能点**
要求学生能够从不同的原始凭证中提取经济业务的关键信息。

三、工业企业常见经济业务原始凭证的识别

（一）筹资业务原始凭证的识别

1. 投资者投入资金（见图 2－8）。

ICBC 中国工商银行　　业务回单（收款）

日期：2021 年 12 月 01 日
回单编号：173550000001
付款人户名：叶江　　付款人开户行：工行九江南湖支行
付款人账号（卡号）：6298451002541015202l
收款人户名：江西天华家具有限公司　　收款人开户行：工行九江思贤支行
收款人账号（卡号）：15285005481201230126
金额：壹拾伍万元整　　小写：150 000.00 元
业务（产品）种类：结算业务凭证　凭证种类：000000000　凭证号码：00000000000000
摘要：投资款　用途：　币种：人民币
交易机构：0150602180　记账柜员：00023　交易代码：52093　渠道：其他
产品名称：
费用名称：
应收金额：150 000.00　实收金额：150 000.00　收费渠道：
本回单为第一次打印，注意重复　打印日期：2021 年 12 月 02 日　打印柜员：0　验证码：A981CCDB9006

图 2－8　银行业务回单（收款）

2. 向债权人（银行）借入资金（见图 2－9）。

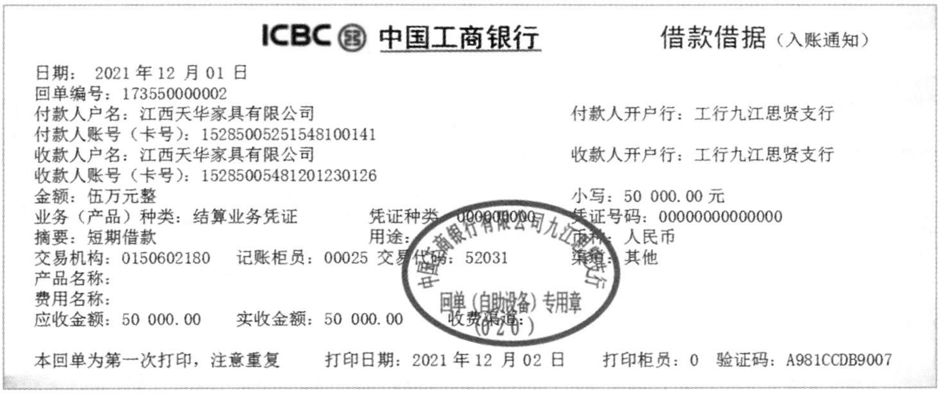
ICBC 中国工商银行　　借款借据（入账通知）

日期：2021 年 12 月 01 日
回单编号：173550000002
付款人户名：江西天华家具有限公司　　付款人开户行：工行九江思贤支行
付款人账号（卡号）：15285005251548100141
收款人户名：江西天华家具有限公司　　收款人开户行：工行九江思贤支行
收款人账号（卡号）：15285005481201230126
金额：伍万元整　　小写：50 000.00 元
业务（产品）种类：结算业务凭证　凭证种类：000000000　凭证号码：00000000000000
摘要：短期借款　用途：　币种：人民币
交易机构：0150602180　记账柜员：00025　交易代码：52031　渠道：其他
产品名称：
费用名称：
应收金额：50 000.00　实收金额：50 000.00　收费渠道：
本回单为第一次打印，注意重复　打印日期：2021 年 12 月 02 日　打印柜员：0　验证码：A981CCDB9007

图 2－9　银行借款借据（入账通知）

（二）供应过程业务原始凭证的识别

1. 购买材料（见图 2－10、图 2－11、图 2－12）。

注意：一般纳税人企业在购进环节取得增值税专用发票，增值税专用发

票一般一式三联（第一联为记账联，第二联为抵扣联，第三联为发票联），需要注意各联次的作用。其中，记账联是销售方用于记账而作为原始凭证附件；发票联是购买方用于记账而作为原始凭证附件；抵扣联是购买方用于进项税抵扣，但需要办理认证手续，才能进行增值税进项税额处理，该抵扣联不作为记账凭证附件，另行归档装订。为了节省篇幅，后面业务涉及的增值税专用发票抵扣联省略。

江西增值税专用发票

3600184130　　№ 12054214　　3600184130 12054214

校验码 12478 36541 25478 12547　　开票日期：2021 年 12 月 06 日

购买方	名　　称：江西天华家具有限公司 纳税人识别号：91360420148510012N 地 址、电 话：九江市思贤中路 158 号 0792-8185467 开户行及账号：中国工商银行九江思贤支行 15285005481201230126			密码区	6*16<98*->532*-536//32<65<*32+6//62<65<*3 12+325-616<74>29312-8-35><56>>92+389-65<8 7-055-456<78>25613-8-53><20>+542+365-73<6 32<764>534//33-8-895><126>>37592+147-41<3		
货物或应税劳务、服务名称	规格型号	单位	数量	单价	金额	税率	税额
*木制品*密度板		张	500	210.00	105000.00	13%	13650.00
合　计					¥105000.00		¥13650.00
价税合计（大写）	⊗壹拾壹万捌仟陆佰伍拾圆整				（小写） ¥118650.00		
销售方	名　　称：江西信阳商贸有限公司 纳税人识别号：91360411052548746N 地 址、电 话：九江市经济开发区城西港区路 28 号 0792-8183698 开户行及账号：工商银行九江经开区支行 15287465870015478481			备注	江西信阳商贸有限公司 91360411052548746N 发票专用章		

收款人：郝信华　　复核：李国立　　开票人：郝信华　　销售单位：（章）

第二联：抵扣联 购买方扣税凭证

税总函[2017]523 号 上海东港安全印刷有限公司

图 2 – 10　增值税专用发票（抵扣联）

江西增值税专用发票

3600184130　　№ 12054214　　3600184130 12054214

校验码 12478 36541 25478 12547　　开票日期：2021 年 12 月 06 日

购买方	名　　称：江西天华家具有限公司 纳税人识别号：91360420148510012N 地 址、电 话：九江市思贤中路 158 号 0792-8185467 开户行及账号：中国工商银行九江思贤支行 15285005481201230126			密码区	6*16<98*->532*-536//32<65<*32+6//62<65<*3 12+325-616<74>29312-8-35><56>>92+389-65<8 7-055-456<78>25613-8-53><20>+542+365-73<6 32<764>534//33-8-895><126>>37592+147-41<3		
货物或应税劳务、服务名称	规格型号	单位	数量	单价	金额	税率	税额
*木制品*密度板		张	500	210.00	105000.00	13%	13650.00
合　计					¥105000.00		¥13650.00
价税合计（大写）	⊗壹拾壹万捌仟陆佰伍拾圆整				（小写） ¥118650.00		
销售方	名　　称：江西信阳商贸有限公司 纳税人识别号：91360411052548746N 地 址、电 话：九江市经济开发区城西港区路 28 号 0792-8183698 开户行及账号：工商银行九江经开区支行 15287465870015478481			备注	江西信阳商贸有限公司 91360411052548746N 发票专用章		

收款人：郝信华　　复核：李国立　　开票人：郝信华　　销售单位：（章）

第三联：发票联 购买方记账凭证

税总函[2017]523 号 上海东港安全印刷有限公司

图 2 – 11　增值税专用发票（发票联）

江西信阳商贸有限公司销售单

购货单位：江西天华家具有限公司
纳税人识别号：91360420148510012N
地址和电话：九江市思贤中路158号 0792-8185467　　单据编号：2112001
开户行及账号：中国工商银行九江思贤支行 15285005481201230126　　制单日期：2021年12月6日

编号	产品名称及规格	单位	数量	含税单价	含税金额	备注
001	密度板	张	500	237.30	118,650.00	
合计	人民币（大写）壹拾壹万捌仟陆佰伍拾元整				¥118,650.00	

第二联　业务联

会计：顾霞　　销售部门负责人：李平　　发货人：童颜　　经办人：何英

图 2－12　销售单

2. 材料验收入库（见图 2－13）。

江西天华家具有限公司材料入库单

2021年12月06日　　№ 2112001

交来单位及部门	江西信阳商贸有限公司		验收仓库	一号仓库	入库日期	2021年12月06日
编号	存货名称及规格	单位	数量		实际价格	
			应收	实收	单价	金额
001	密度板	张	500	500	210.00	105,000.00
合计						¥105,000.00

第三联　财务联

会计：田野　　仓库主管：宋燕　　经办人：何凯　　制单人：郭小达

图 2－13　材料入库单

3. 支付前欠购货款（见图 2－14）。

中国工商银行　　业务回单（付款）

日期：2021年12月09日
回单编号：173550000003
付款人户名：江西天华家具有限公司　　付款人开户行：工行九江思贤支行
付款人账号（卡号）：15285005481201230126
收款人户名：赣昌万达商贸有限公司　　收款人开户行：工行赣昌章贡支行
收款人账号（卡号）：15024825464520015424
金额：壹拾贰万元整　　小写：120 000.00元
业务（产品）种类：结算业务凭证　　凭证种类：000000000　　凭证号码：00000000000000
摘要：货款　　用途：　　币种：人民币
交易机构：0150602248　　记账柜员：00025　　交易代码：52147　　渠道：其他
产品名称：
费用名称：
应收金额：120 000.00　　实收金额：120 000.00　　收费渠道：
本回单为第一次打印，注意重复　　打印日期：2021年12月10日　　打印柜员：0　　验证码：A981CCDB9008

中国工商银行有限公司九江思贤支行　回单（自助设备）专用章　（020）

图 2－14　银行业务回单（付款）

4. 购买设备（见图 2－15、图 2－16、图 2－17）。

江西天华家具有限公司产品入库单

验收部门：仓库部　　2021 年 12 月 6 日　　№2112001

固定资产名称	规格	单位	交库数量	实收数量	不含税金额	备　注
封边机	WK21	台	1	1	10000.00	生产车间使用
合　计					￥10000.00	

第三联 财务联

交货人：张洪　　会计：田野　　仓管：宋燕　　签收人：王小英

图 2－15　固定资产验收入库单

3600184130　　江西增值税专用发票　　№ 11025016　　3600184130　11025016

校验码 23433 77908 34225 09867　　开票日期：2021 年 12 月 05 日

购买方　名　　称：江西天华家具有限公司
纳税人识别号：913604201485100l2N
地 址、电 话：九江市思贤中路 158 号 0792-8185467
开户行及账号：中国工商银行九江思贤支行 15285005481201230126

密码区：
6*16<98*->532*-536//32<65<*32+6//62<65<*3
12+325-616<74>29312-8-35><56>>92+389-65<8
7-055-456<78>25613-8-53><20>+542+365-73<6
32<764>534//33-8-895><126>>37592+147-41<3

货物或应税劳务、服务名称	规格型号	单位	数　量	单　价	金　额	税率	税　额
*木材加工机械*封边机		台	1	10000.00	10000.00	13%	1300.00
合　　计					¥10000.00		¥1300.00

价税合计（大写）　⊗壹万壹仟叁佰圆整　　（小写）¥11300.00

销售方　名　　称：景溪佳乐机械设备有限公司
纳税人识别号：91360602091371220N
地 址、电 话：景溪市经济开发区胜利路 28 号 0701-3783258
开户行及账号：中国建设银行景溪经开区支行 36061696120012445487

备注：景溪佳乐机械设备有限公司 91360602091371220N 发票专用章

收款人：宋丽萍　　复核：张强平　　开票人：宋丽萍　　销售单位：（章）

税总函[2017]523 号 上海东港安全印刷有限公司

第三联：发票联 购买方记账凭证

图 2－16　增值税专用发票（发票联）

ICBC 中国工商银行　　业务回单（付款）

日期：2021 年 12 月 05 日
回单编号：173550000003
付款人户名：江西天华家具有限公司　　付款人开户行：工行九江思贤支行
付款人账号（卡号）：15285005481201230126
收款人户名：景溪佳乐机械设备有限公司　　收款人开户行：建设银行景溪经开区支行
收款人账号（卡号）：36061696120012445487
金额：壹万壹仟叁佰元整　　小写：11 300.00 元
业务（产品）种类：结算业务凭证　　凭证种类：000000000　　凭证号码：0000000000000
摘要：设备款　　用途：　　币种：人民币
交易机构：0150602248　　记账柜员：00025　　交易代码：52147　　渠道：其他
产品名称：
费用名称：
应收金额：11 300.00　　实收金额：11 300.00　　收费渠道：
本回单为第一次打印，注意重复　　打印日期：2021 年 12 月 06 日　　打印柜员：0　　验证码：A981CCDB9007

中国工商银行有限公司九江思贤支行 回单（自助设备）专用章 （020）

图 2－17　银行业务回单（付款）

（三）生产过程业务原始凭证的识别

1. 领用材料（见图 2－18、图 2－19）。

江西天华家具有限公司领料单

2021年12月04日 № 2112001

领料部门	生产车间	领料用途	生产办公桌	领料日期	2021年12月04日
编号	存货名称及规格	单位	数 量		实际价格
			请领	实发	单价	金额
001	密度板	张	600	600	205.00	123,000.00
002	打磨纸	卷	700	700	5.00	3,500.00
003	乳胶	升	1000	1000	1.00	1,000.00
合 计						￥127 500.00

会计：田野 领料部门负责人：李强 发料人：宋燕 领料人：陈宏

第三联 财务联

江西天华家具有限公司领料单

2021年12月04日 № 2112002

领料部门	生产车间	领料用途	生产办公椅	领料日期	2021年12月04日	
编号	存货名称及规格	单位	数 量		实际价格	
			请领	实发	单价	金额
001	密度板	张	300	300	205.00	61 500.00
002	打磨纸	卷	200	200	5.00	1 000.00
003	乳胶	升	500	500	1.00	500.00
合 计						￥63 000.00

会计：田野 领料部门负责人：李强 发料人：宋燕 领料人：陈宏

第三联 财务联

图 2－18 领料单

江西天华家具有限公司发料凭证汇总表

2021年12月31日 单位：元

材料名称	单价	生产办公桌		生产办公椅		车间一般耗用		管理部门耗用		合计	
		数量	金额	数量	金额	数量	金额	数量	金额	数量	金额
密度板	205	600	123 000	300	61500	—	—	—	—	900	184 500
打磨纸	5	700	3 500	200	1000	80	400	80	400	1060	5300
乳胶	1	1000	1 000	500	500	200	200	50	50	1750	1750
合 计			127 500		63000		600		450		

审核人：马明 制表人：田野

图 2－19 发料凭证汇总表

2. 分配职工薪酬（见图 2－20）。

江西天华家具有限公司职工薪酬分配表

2021 年 12 月 31 日 单位：元

车间、部门		应分配金额	备 注
生产车间	生产办公桌车间人员	8 000	
	生产办公椅车间人员	4 000	
	车间行政管理人员	6 000	
行政管理部门人员		20 000	
销售部门人员		10 000	
合 计		￥48 000	

审核人：马明 制表人：田野

图 2－20 职工薪酬分配表

3. 计提固定资产折旧（见图 2－21）。

江西天华家具有限公司折旧计提表

2021 年 12 月 31 日 单位：元

使用部门	固定资产类别	原值	预计净残值率	预计净残值	预计使用年限	年折旧额	月折旧额
生产车间	机器设备类	473 684.21	5%	23 684.21	10	45 000.00	3 750.00
行政部门	电子设备类	50 526.32	5%	2 526.32	4	12 000.00	1 000.00
合 计						￥57 000.00	￥4 750.00

审核人：马明 制表人：田野

图 2－21 折旧计提表

4. 支付并分配电费（见图 2－22、图 2－23、图 2－24）。

江西天华家具有限公司电费耗用统计及分配表

2021 年 12 月 31 日 单位：元

部门	耗用数量（度）	分配率	分配金额	备注
生产车间	1 200	1	1 200	
管理部	500		500	
销售部	300		300	
合计	2 000	1	2 000	

审核人：马明 制表人：田野

图 2－22 电费耗用统计及分配表

3600184130　江西增值税专用发票　№ 25147102　3600184130　25147102

发票联

校验码 25147 23251 25478 50001　开票日期：2021 年 12 月 16 日

购买方	名称：江西天华家具有限公司 纳税人识别号：91360420148510012N 地址、电话：九江市思贤中路 158 号 0792-8185467 开户行及账号：中国工商银行九江思贤支行 15285005481201230126				密码区	3*16<98*->532*-536//32<65<*32+6//62<65<*3 55+325-616<74>29312-8-35><56>>92+389-65<8 8-055-456<78>25613-8-53><20>+542+365-73<6 12<764>534//33-8-895><126>>37592+147-41<3	

货物或应税劳务、服务名称	规格型号	单位	数量	单价	金额	税率	税额
*供电*电费		度	2000	1.00	2000.00	13%	260.00
合计					¥2000.00		¥260.00
价税合计（大写）	ⓧ贰仟贰佰陆拾圆整				（小写）¥2260.00		

销售方	名称：九江市电力有限公司 纳税人识别号：91360425058464124N 地址、电话：九江市十里大道 128 号 0792-8189306 开户行及账号：工商银行九江十里支行 15281202510012457842	备注	九江市电力有限公司 91360425058464124N 发票专用章

收款人：应国庆　复核：蒋红梅　开票人：应国庆　销售单位：（章）

第三联：发票联　购买方记账凭证

税总函[2020]523 号 上海东港安全印刷有限公司

图 2－23　增值税专用发票（发票联）

ICBC 中国工商银行　业务回单（付款）

日期：2021 年 12 月 16 日
回单编号：173550000004
付款人户名：江西天华家具有限公司　付款人开户行：工行九江思贤支行
付款人账号（卡号）：15285005481201230126
收款人户名：九江市电力有限公司　收款人开户行：工行九江十里支行
收款人账号（卡号）：15281202510012457842
金额：贰仟贰佰陆拾元整　小写：2 260.00 元
业务（产品）种类：结算业务凭证　凭证种类：000000000　凭证号码：00000000000000
摘要：电费　用途：　币种：人民币
交易机构：0150602232　记账柜员：00026　交易代码：52148　渠道：其他
产品名称：
费用名称：
应收金额：2 260.00　实收金额：2 260.00

中国工商银行有限公司九江分行 回单（自助设备）专用章 收费渠道（020）

本回单为第一次打印，注意重复　打印日期：2021 年 12 月 17 日　打印柜员：0　验证码：A981CCDB9009

图 2－24　银行业务回单（付款）

5. 结转分配制造费用（见图 2－25）。

江西天华家具有限公司制造费用分配表

2021 年 12 月 31 日　单位：元

分配对象	分配标准	分配率	分配金额	备注
办公桌	8 000	$\frac{12000}{8000+4000}=1$	8 000	
办公椅	4 000		4 000	
合计	12 000	1	12 000	

审核人：马明　制表人：田野

图 2－25　制造费用分配表

6. 结转产品完工入库成本（见图2－26、图2－27）。

江西天华家具有限公司产品入库单

验收部门：仓库部　　2021年12月31日　　№2112001

产品名称	单位	交库数量	实收数量	单位成本	总成本	备　注
办公桌	张	1 000	1 000			
办公椅	台	1 500	1 500			
合　计						

第三联 财务联

交货人：李强　　会计：田野　　仓管：宋燕　　签收人：宋燕

图2－26　产品入库单

江西天华家具有限公司产品成本计算单

2021年12月31日　　单位：元

成本项目 / 产品名称	完工产品产量	完工产品总成本				完工产品单位成本
		直接材料	直接人工	制造费用	合计	
办公桌	1 000	127 500	8 000	8 000	143 500	143.00
办公椅	1 500	63 000	4 000	4 000	71 000	47.33
备注	完工产品单位成本保留两位小数。 本月投产产品本月全部完工，月末没有在产品。					

审核人：马明　　制表人：田野

图2－27　产品成本计算单

（四）销售过程业务原始凭证的识别

1. 销售产品确认收入（见图2－28、图2－29）。

3600184130　　**江西增值税专用发票**　　№ 21540101　　3600184130　21540101

此联不作报销、扣税凭证使用

校验码 12410 66218 35412 35124　　开票日期：2021年12月25日

购买方：
名　　称：江西南翔百货有限公司
纳税人识别号：91360125164822471N
地 址、电 话：南昌市经开区枫林大道52号 0791-8830254
开户行及账号：中国建设银行昌北经开区支行 36001124574125632015

密码区：
5*16<98*->532*-536//32<65<*32+6//62<65<*1
54+325-616<74>29312-8-35><56>>92+389-65<7
1-055-456<78>25613-8-53><20>+542+365-73<5
36<764>534//33-8-895><126>>37592+147-41<4

货物或应税劳务、服务名称	规格型号	单位	数　量	单　价	金　额	税率	税　额
*文化办公用设备*办公桌		张	200	190.00	38000.00	13%	4940.00
*文化办公用设备*办公椅		把	200	80.00	16000.00	13%	2080.00
合　　计					¥54000.00		¥7020.00
价税合计（大写）	⊗陆万壹仟零贰拾圆整				（小写）¥61020.00		

销售方：
名　　称：江西天华家具有限公司
纳税人识别号：91360420148510012N
地 址、电 话：九江市思贤中路158号 0792-8185467
开户行及账号：中国工商银行九江思贤支行 1528500548120123012 6

备注：

第一联：记账联　销售方记账凭证

税总函[2017]523号 上海东港安全印刷有限公司

收款人：李美玲　　复核：田野　　开票人：李美玲　　销售单位：（章）

图2－28　增值税专用发票（记账联）

江西天华家具有限公司销售单

购货单位：江西南翔百货有限公司
纳税人识别号：913601251648224 71N
地址和电话：南昌市经开区枫林大道 52 号 0791-8830254　　单据编号：2012001
开户行及账号：中国建设银行昌北经开区支行 36001124574125632015　　制单日期：2021 年 12 月 25 日

编号	产品名称及规格	单位	数量	含税单价	含税金额	备注
001	办公桌	张	200	214.70	42,940.00	
002	办公椅	把	200	90.40	18,080.00	
合计	人民币（大写）陆万壹仟零贰拾元整				¥61,020.00	

第三联　会计联

会计：田野　　销售部门负责人：郭平安　　发货人：宋燕　　经办人：丁杰

图 2-29　销售单

2. 收到客户偿还前欠销货款（见图 2-30）。

ICBC 中国工商银行　　**业务回单**（收款）

日期：2021 年 12 月 05 日
回单编号：173550000007
付款人户名：江西山川百货有限公司　　付款人开户行：工行九江南湖支行
付款人账号（卡号）：15225184556560232115
收款人户名：江西天华家具有限公司　　收款人开户行：工行九江思贤支行
收款人账号（卡号）：15285005481201230126
金额：玖仟陆佰元整　　小写：9 600.00 元
业务（产品）种类：结算业务凭证　　凭证种类：000000000　　凭证号码：00000000000000
摘要：货款　　用途：　　币种：人民币
交易机构：0150602258　　记账柜员：00012　　交易代码：52124　　渠道：其他
产品名称：
费用名称：
应收金额：9 600.00　　实收金额：9 600.00　　收费渠道：
本回单为第一次打印，注意重复　　打印日期：2021 年 12 月 06 日　　打印柜员：0　　验证码：A981CCDB9009

图 2-30　银行业务回单（收款）

3. 支付销售货物运费（见图 2-31、图 2-32）。

江西增值税专用发票
3600184130　　№ 25152101　3600184130　25152101
发票联
校验码 25415 32154 25478 12457　　开票日期：2021 年 12 月 27 日

购买方　名称：江西天华家具有限公司
纳税人识别号：91360420148510012N
地址、电话：九江市思贤中路 158 号 0792-8185467
开户行及账号：中国工商银行九江思贤支行 15285005481201230126

密码区：
1*16<98*->532*-536//32<65<*32+6//62<65<*1
52+325-616<74>29312-8-35><56>>92+389-65<2
9-055-456<78>25613-8-53><20>+542+365-73<3
65<764>534//33-8-895><126>>37592+147-41<4

货物或应税劳务、服务名称	规格型号	单位	数量	单价	金额	税率	税额
*物流辅助服务*运费			1	2000.00	2000.00	9%	180.00
合计					¥2000.00		¥180.00
价税合计（大写）	⊗贰仟壹佰捌拾圆整				（小写）¥2180.00		

销售方　名称：江西顺通物流有限公司
纳税人识别号：91360412450012145N
地址、电话：九江市滨江东路 115 号 0792-8183654
开户行及账号：建行银行九江金鸡坡支行 36067465870015471201

备注：发货人：江西天华家具有限公司
纳税人识别号：91360[illegible]42001411N
货物名称：办公桌、办公椅
起运地：九江　到达地：南昌

收款人：郑新明　　复核：张丽萍　　开票人：郑新明　　销售单位：（章）

第三联：发票联　购买方记账凭证

税总函[2017]523号　上海东港安全印刷有限公司

图 2-31　增值税专用发票（发票联）

ICBC 中国工商银行　　　　业务回单（付款）

日期：2021 年 12 月 27 日
回单编号：173550000008
付款人户名：江西天华家具有限公司　　　　付款人开户行：工行九江思贤支行
付款人账号（卡号）：15285005481201230126
收款人户名：江西顺通物流有限公司　　　　收款人开户行：建行九江金鸡坡支行
收款人账号（卡号）：36067465870015471201
金额：贰仟壹佰捌拾元整　　　　小写：2 180.00 元
业务（产品）种类：结算业务凭证　　凭证种类：000000000　　凭证号码：00000000000000
摘要：运费　　用途：　　币种：人民币
交易机构：0150602241　　记账柜员：00028　交易代码：52132　　渠道：其他
产品名称：
费用名称：
应收金额：2 180.00　　实收金额：2 180.00　　收费渠道：

中国工商银行九江思贤支行 回单（自助设备）专用章（020）

本回单为第一次打印，注意重复　　打印日期：2021 年 12 月 28 日　　打印柜员：0　验证码：A981CCDB9102

图 2－32　银行业务回单（付款）

4. 结转销售产品成本（见图 2－33、图 2－34）。

江西天华家具有限公司产品出库单

提货部门：销售部　发货部门：仓库部　　2021 年 12 月 31 日　　№2112001

产品名称	单位	应发数量	实发数量	单价	金额	备　注
办公桌	张	1 000	1 000			
办公椅	把	1 200	1 200			
合　计						

第三联　财务联

销售经理：郭平安　　会计：田野　　仓管：宋燕　　经办人：丁杰

图 2－33　产品出库单

江西天华家具有限公司销售产品成本计算单

2021 年 12 月 31 日　　单位：元

商品名称	期初库存		本期购入		加权平均单位成本	本月销售	
	数量	总金额	数量	总金额		数量	总金额
办公桌	300	45 000	1 000	14 3500	145	1 000	14 5000
办公椅	200	14 000	1 500	71 000	50	1 200	60 000
合　计							￥205 000

审核人：马明　　制表人：田野

图 2－34　销售产品成本计算单

（五）财务成果形成与分配业务原始凭证的识别

1. 结转当期损益（见图 2－35）。

江西天华家具有限公司当期损益结转计算表

2021 年 12 月 31 日　　　　单位：元

账户名称	本期发生额	账户名称	本期发生额
主营业务收入	296 000	主营业务成本	205 000
营业外收入	3 500	其他业务成本	20 500
其他业务收入	22 000	税金及附加	613.45
投资收益	54 751.90	管理费用	28 736
		财务费用	3 250
		销售费用	12 350
		信用减值损失	2 802.45
		营业外支出	3 000
当期收益小计	376 251.90	当期费用小计	276 251.90
当期损益（正数为盈利，负数为亏损）			￥100 000.00

审核人：马明　　制表人：田野

图 2－35　当期损益结转计算表

2. 计提所得税（见图 2－36）。

江西天华家具有限公司企业所得税计算表

2021 年 12 月 31 日　　　　单位：元

项目	会计利润总额	纳税调整		应纳税所得额	税率	应纳所得税额
		增加	减少			
	100 000.00	—	—	100 000.00	25%	25 000
备注：假设不存在纳税调整项目。						

审核人：马明　　制表人：田野

图 2－36　企业所得税计算表

⚠社会实践
请学生课后收集生活中的一些票据并写出相关的关键信息。

四、常见原始凭证的填制举例

（一）银行支票的填写

银行支票是出票人签发的，委托办理支票存取款业务的银行在见票时无条件支付确定金额给收款人或者持票人的票据。

支票结算方式是结算方式中应用比较广泛的一种。单位和个人在同一票据交换区域的各种款项结算，均可以使用支票。自 2007 年 6 月 25 日起支票实现了全国通用，异地之间也可以使用支票进行支付结算。支票由银行统一印制，支票上印有“现金”字样的为现金支票，现金支票只能用于支取现金。支票上印有“转账”字样的为转账支票，转账支票只能用于转账。支票上未印有“现金”或“转账”字样的为普通支票，普通支票既可以用于支取现金，也可以用于转账。在普通支票左上角划两条平行线的，为划线支票。划线支票只能用于转账，不得支取现金。

按《支付结算办法》（中国人民银行印发）的规定，签发支票应使用碳素墨水或墨汁填写，也可使用打印机打印，中国人民银行另有规定的除外。同时支票填写时还应注意以下几点：

一是阿拉伯小写金额数字前面，均应填写人民币符号“￥”。小写金额数字要认真填写，不得连写分辨不清。

二是票据的出票日期必须使用中文大写。为了防止变造票据的出票日期，在填写月、日时，月为壹、贰和壹拾的，日为壹至玖和壹拾、贰拾和叁拾的，应在其前面加“零”；日为拾壹至拾玖的，应在其前面加“壹”。如 1 月 15 日，应写成零壹月壹拾伍日。再如 10 月 20 日，应写成零壹拾月零贰拾日，票据出票日期使用小写填写的，银行不予办理。

三是收款人的填写。现金支票收款人可写为本单位名称也可以写个人姓名；转账支票收款人应填写为对方单位名称。

四是付款行名称、出票人账号的填写。即为本单位开户银行名称及银行账号，开户银行名称应填写全称，出票人账号应填写小写形式。

五是用途栏的填写。现金支票有一定限制，一般填写“备用金”“差旅费”“工资”“劳务费”等。转账支票没有具体规定，可填写如“货款”“代理费”等。

六是盖章说明。支票正面盖在开户银行留底的财务专用章和法人章，缺一不可，印泥为红色，印章必须清晰，印章模糊只能将本张支票作废，换一张重新填写、重新盖章。

【例 2－1】2021 年 11 月 5 日，江西天华家具有限公司从银行提取现金备用，签发现金支票一张，金额 2 000 元，请代出纳李美玲开具现金支票（见图 2－37）。

教学专用
中国工商银行
现金支票存根
30909320
03592920
附加信息
出票日期 2021年 11 月 05 日
收款人：李美玲
金额：￥2000.00
用途：备用金
单位主管　　会计

中国工商银行　现金支票
30909320
03592920
出票日期（大写）贰零贰壹 年 壹拾壹 月 零伍 日
付款行名称：工行九江思贤支行
收款人：江西天华家具有限公司
出票人账号：15285005481201230126
付款期限自出票之日起十天
人民币（大写）贰仟元整
亿 千 百 十 万 千 百 十 元 角 分
￥2 0 0 0 0 0
用途 备用金
密码 2312-2434-2321-2453
上列款项请从
我账户内支付
行号
出票人签章
江西天华家具有限公司 财务专用章
张天华印
复核　　记账

图 2－37　现金支票

【例 2－2】2021 年 11 月 11 日，江西天华家具有限公司通过开具转账支票方式支付前欠江西兴宁商贸有限公司货款 11 600 元，请代出纳李美玲开具转账支票（见图 2－38）。

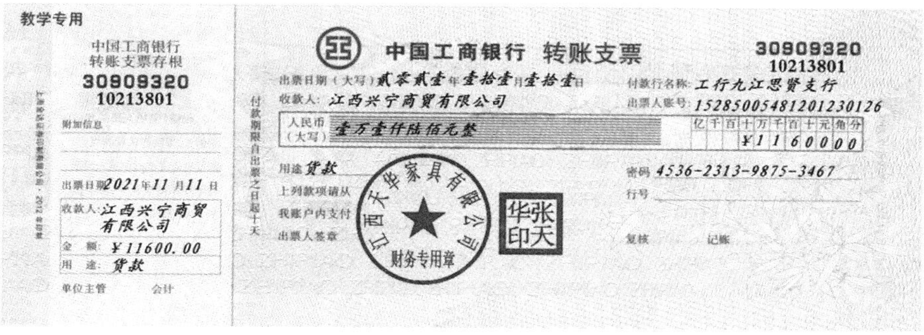

图 2－38　转账支票

（二）增值税专用发票的填写

增值税专用发票也是发票的一种，具有增值税一般纳税人资格的企业都可以到主管国税部门申请领购增值税专用发票，并通过防伪税控系统开具。具有增值税一般纳税人资格的企业可以凭增值税发票抵扣联来抵扣增值税。增值税专用发票是我国为了推行新的增值税制度而使用的新型发票。

增值税专用发票只能是机打的，不可以手写。企业的开票系统和税务局相连，并配有打印机。在开票时，双方的开票信息必须填写完整（公司名称、税号、账号、开户行名称、开户行号、公司地址、电话）。而且在开票时要把相关信息核实清楚，每张发票的金额不能超过税务局对本公司规定的最大金额度。待输入完毕后，再次进行核实后，确保没问题再打印。

ⓘ**技能点**

掌握常见原始凭证的填制工作。

【例 2－3】2021 年 11 月 25 日，江西天华家具有限公司向一般纳税人企业南昌鸿运商贸有限公司销售办公桌 100 张，每张含税单价 214.70 元，请代开票员李美玲开具增值税专用发票一份（见图 2－39）。

开具增值税发票在防伪税控系统中既可以开含税单价，也可以开不含税单价，但是打印出来的发票金额栏显示为不含税金额。

办公桌不含税价格 $= 214.70 \div (1 + 13\%) = 190$（元）

金额 $= 100 \times 190 = 19\,000$（元）

税额 $= 19\,000 \times 13\% = 2\,470$（元）

（三）领料单的填写

领料单是记录并据以办理材料领用和发出的一种原始凭证，属于自制一次性凭证。企业发生材料出库业务，由领用材料的部门及经办人和保管材料的部门填制，以反映和控制材料发出状况，明确经济责任。为了便于分类汇总，领料单一般“一料一单”填制，即一种原材料填写一张单据。其主要内容包括：领用部门、领用用途、领用材料名称、规格、数量、金额等。

江西增值税专用发票

3600184130　　此联不作报销、扣税凭证使用　　№ 21540098　3600184130　21540098

校验码 12321 34256 67543 12321　　开票日期：2021 年 11 月 25 日

购买方	名　　称：南昌鸿运商贸有限公司 纳税人识别号：91360120982283212N 地 址、电 话：南昌市西湖区阳明大道 17 号 0791-8129829 开户行及账号：中国建设银行南昌西湖支行 36001099982230483794	密码区	1*16<98*->532*-536//32<65<*32+6//62<65<*4 76+325-616<74>29312-8-35><56>>92+389-65<2 6-055-456<78>25613-8-53><20>+542+365-73<1 45<764>534//33-8-895><126>>37592+147-41<3

货物或应税劳务、服务名称	规格型号	单位	数　量	单　价	金　额	税率	税　额
*文化办公用设备*办公桌		张	100	190.00	19000.00	13%	2470.00
合　　计					¥19000.00		¥2470.00
价税合计（大写）	⊗贰万壹仟肆佰柒拾圆整				（小写）¥21470.00		

销售方	名　　称：江西天华家具有限公司 纳税人识别号：91360420148510012N 地 址、电 话：九江市思贤中路 158 号 0792-8185467 开户行及账号：中国工商银行九江思贤支行 15285005481201230126	备注	

收款人：李美玲　　复核：田野　　开票人：李美玲　　销售单位：（章）

第一联：记账联　销售方记账凭证

税总函[2017]523 号 上海东港安全印刷有限公司

图 2－39　增值税专用发票（记账联）

【例 2－4】2021 年 11 月 4 日，江西天华家具有限公司的生产车间领用 300 张密度板用于生产办公椅，单价每张 210 元，总金额为 63 000 元，请代生产车间管理员陈宏填写领料单（见图 2－40）。

江西天华家具有限公司领料单

2021 年 11 月 04 日　　№ 1812001

领料部门	生产车间	领料用途	生产办公椅		领料日期	2021年 11 月 04 日
编号	存货名称及规格	单位	数量		实际价格	
			请领	实发	单价	金额
001	密度板	张	300	300	210.00	63,000.00
合　计						¥63,000.00

会计：田野　　领料部门负责人：李强　　发料人：宋燕　　领料人：陈宏

第二联　财务联

图 2－40　领料单

（四）出库单的填写

出库单是对外销售产成品出库时填制的一种凭证。作为产品出库的依据，按要求逐项填写所有项目。

注意：在实际工作中，产品的销售按会计制度规定一般在月末进行结转成本。所以在日常销售业务发出产品时，因财务部门尚未计算出销售产品的成本，所以填出库单时可不填单位成本与金额，只需填列数量即可。

【**例2－5**】2021年11月30日，江西天华家具有限公司向江西凯旋商贸有限公司销售办公桌1 000张，货物发出，请代仓库管理员宋燕填制出库单办理出库手续（见图2－41）。

江西天华家具有限公司产品出库单

提货部门：销售部　发货部门：仓库部　　2021年11月30日　　№2112001

产品名称	单位	应发数量	实发数量	单价	金额	备　注
办公桌	张	1 000	1 000			
合　计						

销售经理：郭平安　　会计：田野　　仓管：宋燕　　经办人：丁杰

图2－41　产品出库单

第三节　原始凭证的审核

为了充分发挥会计的监督职能，企业接受的原始凭证必须经过财会人员的严格审核。只有审核无误的原始凭证，才能作为编制记账凭证和登记账簿的依据。因此，审核原始凭证是会计核算工作的第一步。

《会计法》第17条规定："会计机构、会计人员对不真实、不合法的原始凭证，不予受理；对记载不准确、不完整的原始凭证，予以退回，要求更正、补充。"由此可见，实际会计工作中，会计人员对取得或者填制的原始凭证必须加以严格审核，审核无误后才能据以记账。原始凭证的审核是一项严肃而细致的工作，它不但要求审核人员有熟练的业务水平，而且必须履行会计人员职责，坚持制度，坚持原则，严格把关。原始凭证审核主要包括以下几个方面：

一、原始凭证审核的基本要求

（一）真实性审核

审核原始凭证，首先是审核其真实性，所谓真实，就是说原始凭证上反映的应当是经济业务的本来面目，不得掩盖、歪曲和颠倒真实情况。具体包括：经济业务的双方当事单位和当事人必须是真实的；经济业务发生的时间、地点和填制日期必须是真实的；经济业务的内容必须是真实的；经济业务的量必须是真实的。

对于自制的原始凭证，如入库单、领料单、工资结算单等，应审查入库单所列材料是否确已验收入库；领料单所列领料用途是否虚构；工资结算单中姓名、出勤天数、加班天数是否真实等。

对于外来的原始凭证，应审查经济业务的双方当事单位和当事人的真实性，经济业务发生的时间、地点和填制日期的真实性等。

启智润心

党的二十大报告指出："腐败是危害党的生命力和战斗力的最大毒瘤，反腐败是最彻底的自我革命。只要存在腐败问题产生的土壤和条件，反腐败斗争就一刻不能停，必须永远吹冲锋号。"会计工作的腐败必须从根源抓起，所以原始凭证作为会计工作的起点，针对它的真实性、合理性、合法性等方面的审核工作就显得尤为重要。

（二）完整性审核

完整性审核主要是审核原始凭证各个项目是否填写齐全，数字是否正确；名称、商品规格、计量单位、数量单价、金额和填制日期的填写是否清晰，计算是否正确。对要求统一使用的发票，应检查是否存在伪造、挪用或用作废的发票代替等现象，凭证中应有的印章、签名是否齐全，审批手续是否健全等。特别应注意的是：

1. 外来的发票、收据等是否用复写纸套写？是否是"报销"一联？不属此例的不予受理。

2. 购买商品、实物的各种原始凭证，必须附有保管人的验单或其他领用者签名才能受理。

3. 对外支付款项的凭证应附有收款人的收款收据方能转账注销。

4. 自制的原始凭证附有原始单据的，要审核金额是否相符；无原始单据的是否有部门负责人的批准、签章。

（三）合法性审核

审核原始凭证的合法性，是对原始凭证进行实质性的审核，也是最重要的审核，具体来说：

1. 审核凭证内容是否符合国家的方针、政策、法令制度和计划。

2. 审核凭证本身是否具有"合法性"。对要求统一使用的发票，应检查是否存在伪造现象；发票上记载的经济业务是否与经办人所述一致；付款时间、单位、所购物品单价是否正常。

（四）正确性审核

正确性审核主要审查原始凭证的填制方法和数字的计算是否正确。例如，原始凭证中的数量乘以单价是否等于金额，该项金额之和是否等于合计金额。

（五）及时性审核

原始凭证的及时性是保证会计信息及时性的基础。原始凭证应在经济业务发生或完成时及时填制并及时传递。审核时应注意审查凭证的填制日期，尤其是支票、银行汇票、银行本票等时效性较强的原始凭证，更应该仔细验证其签发日期。

二、原始凭证的审核举例

【例 2 –6】 2021 年 11 月 6 日，江西天华家具有限公司从江西美佳商贸有限公司购买密度板 100 张，每张不含税单价 210 元，取得对方开具的增值税专用发票（抵扣联、发票联）（见图 2 –42），经本单位会计审核后，拒绝接受该增值税专用发票，要求对方重新开具，请分析原因。

ⓘ**技能点**
掌握原始凭证的审核工作。

江西增值税专用发票

3600184130　　№ 12054215　3600184130　12054215

校验码 12478 36541 25478 12547　　开票日期：2021 年 11 月 06 日

购买方　名　　称：江西天华家具有限公司
纳税人识别号：
地 址、电 话：
开户行及账号：

密码区：
6*16<98*->532*-536//32<65<*32+6//62<65<*3
12+325-616<74>29312-8-35><56>>92+389-65<8
7-055-456<78>25613-8-53><20>+542+365-73<6
32<764>534//33-8-895><126>>37592+147-41<3

货物或应税劳务、服务名称	规格型号	单位	数量	单价	金额	税率	税额
*木制品*密度板		张	100	210.00	21000.00	13%	2730.00
合　　计					¥21000.00		¥2730.00

价税合计（大写）　ⓧ贰万叁仟柒佰叁拾圆整　　（小写）¥23730.00

销售方　名　　称：江西信阳商贸有限公司
纳税人识别号：91360411052548746N
地 址、电 话：九江市经济开发区城西港区路 28 号 0792-8183698
开户行及账号：工商银行九江经开区支行 15287465870015478481

备注：

收款人：　复核：　开票人：管理员　销售单位：（章）

税总函[2017]523 号 上海东港安全印刷有限公司

第三联：发票联　购买方记账凭证

图 2 –42　增值税专用发票（发票联）

分析原因：

（1）增值税专用发票的购货单位信息没有填写齐全；

（2）收款人、复核、开票人、销货单位章等事项要填写齐全，开票人应为财务人员姓名，不能设置为管理员；

（3）发票联和抵扣联都一定要加盖发票专用章。

【例 2 –7】 2021 年 11 月 15 日，江西天华家具有限公司的出纳李美玲开具一张现金支票（见图 2 –43），去银行提取现金 10 000 元，准备发放上月工资，结果银行工作人员没有办理此项业务，请问为什么？

分析原因：

（1）出票日期应大写，应写成贰零贰壹年壹拾壹月壹拾伍日；

（2）金额大写应该紧靠人民币大写，不应留有空隙；

（3）小写金额前应书写“￥”封顶，避免修改；

（4）支票上应该同时加盖预留银行的财务专用章和法人章。

教学专用
中国工商银行
现金支票存根
30909322
03592922
附加信息
出票日期 2021年 11月 15日
收款人：江西天华家具有限公司
金 额：¥10000.00
用 途：提现备发工资
单位主管 会计

中国工商银行 现金支票 30909322 03592922
出票日期（大写） 2021 年 11 月 15 日 付款行名称：工行九江思贤支行
收款人：江西天华家具有限公司 出票人账号：152850054812012301 26
人民币（大写） 壹万元整 ¥1000000
用途 提现备发工资 密码 1221-2421-8735-6587
上列款项请从 行号
我账户内支付
出票人签章 复核 记账
付款期限自出票之日起十天
江西天华家具有限公司 财务专用章
华张印天

图 2－43　现金支票

【例 2－8】2021 年 11 月 30 日，江西天华家具有限公司收到江西新隆商贸有限公司预付购买办公椅的定金 7 200 元，开具“一式三联”的收据（见图 2－44）给对方，作为收取款项的证明，结果对方拒绝接受本单位开具的收据，要求重新开具，请问为什么？

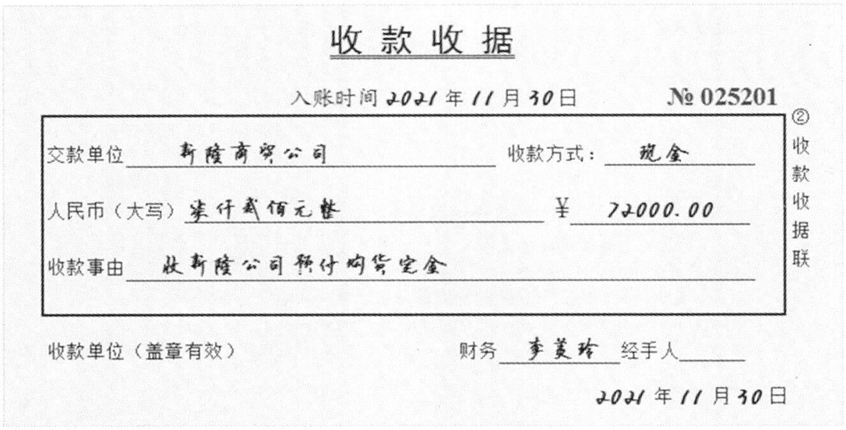
收款收据
入账时间 2021 年 11 月 30 日 № 025201
交款单位 新隆商贸公司 收款方式：现金
人民币（大写）柒仟贰佰元整 ¥ 72000.00
收款事由 收新隆公司预付购货定金
收款单位（盖章有效） 财务 李美玲 经手人
2021 年 11 月 30 日
②收款收据联

图 2－44　收款收据

小贴士

原始凭证常见 6 种造假形式

分析原因：

（1）金额的大小写不一致，应该重新开具；

（2）交款单位名称应该填写全称江西新隆商贸有限公司为佳；

（3）收据上应该加盖本公司财务专用章；

（4）收款收据相关经办人签名应该完善。

【本章小结】

经济业务发生时填制和取得的证明文件就是会计凭证。会计凭证是记录经济业务，明确经济责任，据以登记账簿的依据。

会计凭证按其填制的程序和作用，可以分为原始凭证和记账凭证两大类。原始凭证是在经济业务发生当时取得或填制的，据以载明经济业务完成情况，明确经济责任的书面证明，是记账的原始依据。原始凭证按其来源不同，可分为外来原始凭证和自制原始凭证；按填制手续的不同，分一次凭证、累计凭证和汇总原始凭证。

填制原始凭证应根据原始凭证的基本要素及填制要求，做到及时、准确、完整。对原始凭证的审核主要是对其真实性、完整性、合法性、正确性的审核。

【技能测试】

一、名词解释

1. 会计凭证　2. 原始凭证　3. 累计凭证
4. 外来原始凭证　5. 自制原始凭证

二、单项选择题

1. 发料凭证汇总表是一种（　　）。
A. 记账凭证　B. 外来原始凭证
C. 付款凭证　D. 汇总原始凭证

2. 工业企业的限额领料单是一种（　　）。
A. 一次凭证　B. 汇总原始凭证
C. 累计凭证　D. 转账凭证

3. 差旅费报销单属于（　　）。
A. 自制凭证　B. 外来凭证
C. 记账凭证　D. 累计凭证

4. 各种外来原始凭证，自制原始凭证中的收料单、领料单等，都属于（　　）。
A. 累计凭证　B. 一次凭证
C. 汇总凭证　D. 记账凭证

5. 填制会计凭证是（　　）的前提和依据。
A. 设置账户　B. 成本计算
C. 编制财务报表　D. 登记账簿

6. 凡填错的现金和银行存款收、付款原始凭证应（　　）。
A. 撕毁　B. 作废重填
C. 加盖“作废”戳记　D. 在凭证上改错

7. 原始凭证是进行会计核算的（　　）。
A. 原始依据　B. 内容
C. 结果　D. 方法

8. 会计人员审核原始凭证时，发现其金额有错误，应由（　　）。
A. 原填制单位重开　B. 经办人重开
C. 会计人员更正　D. 会计主管人员更正

9. 收到支票一张偿还前欠销货款，其原始凭证应为（　　）。

A. 支票　　B. 支票存根

C. 银行进账单回单　　D. 发票

10. 差旅费报销单属于（　　）。

A. 记账凭证　　B. 自制原始凭证

C. 外来原始凭证　　D. 原始凭证汇总表

11. 汇总原始凭证与累计原始凭证的主要区别是（　　）。

A. 填制的方法不同

B. 登记的经济业务内容不同

C. 会计核算工作的繁简程度不同

D. 填制时期不同

12. 原始凭证上小写金额为￥2 005.00，大写金额应为（　　）。

A. 人民币二千零五元　　B. 人民币贰千零伍元

C. 人民币二千零五元整　　D. 人民币贰仟零伍元整

三、多项选择题

1. 按照取得来源的不同，原始凭证可以分为（　　）。

A. 一次凭证　　B. 专用凭证

C. 自制原始凭证　　D. 外来原始凭证

2. 下列各项中，符合原始凭证填制要求的有（　　）。

A. 手续完备　　B. 连续编号

C. 记录真实　　D. 书写规范

3. 下列内容中属于审核原始凭证时应该审核的内容有（　　）。

A. 审核原始凭证的真实性　　B. 审核原始凭证的完整性

C. 审核原始凭证的正确性　　D. 审核原始凭证的合法性

4. 下列内容中属于审核原始凭证填制是否正确的有（　　）。

A. 会计科目是否符合会计准则和国家统一会计制度的要求

B. 金额的填写和计算是否正确

C. 接受原始凭证单位的名称是否正确

D. 更正是否正确

5. 下列内容中属于审核原始凭证填制是否完整的有（　　）。

A. 日期是否完整　　B. 数字是否清晰

C. 有关人员签章是否齐全　　D. 凭证联次是否正确

四、判断题

1. 会计凭证按照填制程序和用途分类可以分为原始凭证和记账凭证。（　　）

2. 原始凭证记载的信息是整个企业会计信息系统运行的起点，原始凭证的质量将影响会计信息的质量。（　　）

3. 对于不真实、不合法的原始凭证，会计人员有权不予接受。　(　　)

4. 原始凭证是由会计人员在经济业务发生或完成时填制或取得的，用于证明经济业务的发生、明确经济责任、作为记账依据的书面证明。　(　　)

5. 外来原始凭证都是一次凭证。　(　　)

6. 原始凭证都是以实际发生或完成的经济业务为依据而填制的。(　　)

7. 外来原始凭证是由外单位填制的，而自制原始凭证则是由本单位财会人员填制的。　(　　)

8. 各种凭证要连续编号，以便查考。对于事先印制了编号的重要凭证，如填错作废时，应加盖“作废”戳记，全部联次完整保管，不得撕毁。

(　　)

9. 对于真实、合法但填写有错误的原始凭证，会计人员有权不予接受。

(　　)

10. 限额领料单属于典型的累计凭证。　(　　)

【实训操作】

1. 训练目的：掌握并学会各类原始凭证的填制。

2. 训练资料：九江市科远有限公司 2021 年 10 月发生下列经济业务，填制相应的会计凭证。该公司地址：九江市滨湖路 35 号；电话：0792－8186127；税务登记账号：92360000125283872K；开户行及账号：工商银行湖滨路支行 1200838705111920320；法人代表：张科远；会计：江林；出纳员：陈红；会计主管：孙健。

3. 训练要求：根据资料填写有关原始凭证。

(1) 10 月 5 日，从银行提取现金 12 000 元以备发放工资（见图 2－45）。

中国工商银行（赣）
现金支票存根联
BN 02 06591204
附加信息：
出票日期　年　月　日
收款人：
金　额：
用　途：
单位主管　会计

本支票付款期限为十天

中国工商银行　现金支票（赣）实习　BN 02 06591204
出票日期（大写）　年　月　日　付款行名称：
收款人：　出票人帐号：

人民币（大写）	亿	千	百	十	万	千	百	十	元	角	分

用途
上列款项请从
我账户内支付
出票人签章　复核　记账

图 2－45　现金支票

(2) 10 月 8 日，上月从南昌市钢铁厂购入钢材 5 吨，单价 3 600 元，运杂费 1 200 元，已验收入 2 号库。发票号码：3601504 ，材料类别：主材料 02，规格为 16mm，现办理验收入库手续，填制收料单（见图 2－46）。

九江市科远有限公司收料单

№3091201

供货单位：______________

发票号码：______________ 年 月 日 收货仓库：________

材料类别	名称及规格	计量单位	数量		买价		运杂费	其他	金额合计
			应收	实收	单价	金额	金额	金额	
备注									

仓库主管： 收料： 制单：

第三联 财务记账联

图 2－46 收料单

（3）10 月 12 日，销售给青岛柴油机厂机床 1 200 台，不含税单价 750 元，增值税税率 13%。山东济南油机厂地址：山东省青岛市前进路 680 号；电话：0532－53142768；纳税登记号：25804567215875689K；开户行及账号：建设青岛分行前进分理处 3011626520974890230（见图 2－47）。

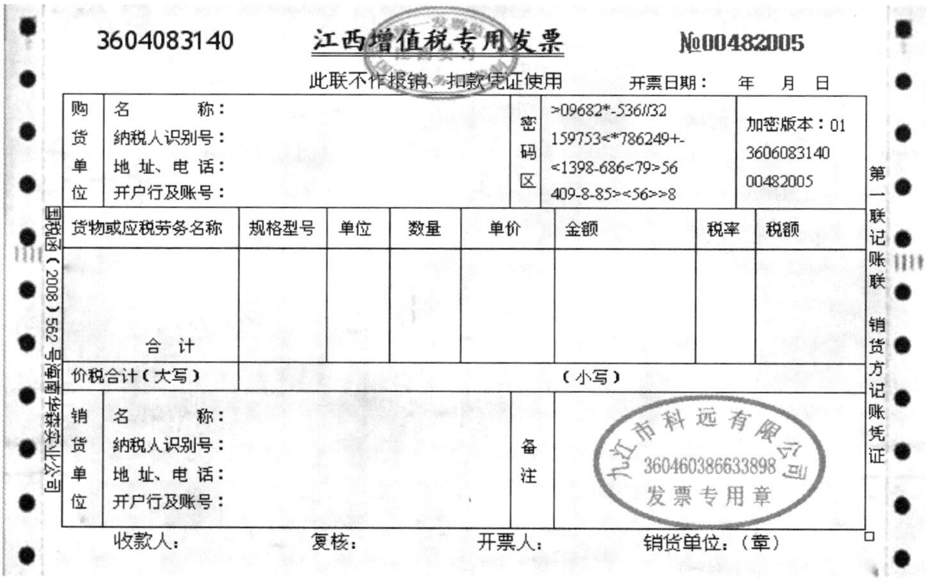
3604083140 江西增值税专用发票 №00482005

此联不作报销、扣款凭证使用 开票日期： 年 月 日

购货单位	名称： 纳税人识别号： 地址、电话： 开户行及账号：	密码区	>09682*-536//32 159753<*786249+- <1398-686<79>56 409-8-85><56>>8	加密版本：01 3606083140 00482005

货物或应税劳务名称	规格型号	单位	数量	单价	金额	税率	税额
合计							
价税合计（大写）					（小写）		

销货单位	名称： 纳税人识别号： 地址、电话： 开户行及账号：	备注	九江市科远有限公司 360460386633898 发票专用章

收款人： 复核： 开票人： 销货单位：（章）

第一联 记账联 销货方记账凭证

国税函（2008）562 号海南华森实业公司

图 2－47 增值税专用发票（记账联）

参考答案

第三章
填制和审核记账凭证

学习目标

通过本章学习，要求学生在了解记账凭证的意义与种类的基础上，理解会计科目、会计账户及复式记账法的原理，从而掌握记账凭证的填制与审核。

能力目标

通过本章学习，使学生能认知、读懂各种记账凭证，且根据原始凭证判断经济业务内容，正确填制记账凭证，最后对记账凭证进行审核。

素养目标

通过本章学习，使学生通过根据审核无误的原始凭证来开展下一环节的会计工作——填制记账凭证时，明白事物之间是相互联系、相互影响的，所谓一步错、步步错，所以需要更加严谨！

导　　例

小故事来看会计分录的趣用

趣味问题：有 3 个人去投宿，三人房一晚 30 元，三人每人掏了 10 元，凑够 30 元交给老板，后来老板说今天优惠只要 25 元就够了，拿出 5 元让伙计退还给他们，伙计偷藏了 2 元，然后把剩下 3 元给了那三个人，每人分到 1 元，这样一开始每人掏了 10 元，现在又退回 1 元，每人只花了 9 元，3 个人每人 9 元，$3 \times 9 = 27$ 元，再加上伙计藏的 2 元为 29 元，还有 1 元去了哪里？我们可以用分录来解释：

如果把3人当作会计主体，那么：

（1）交房费时：

借：房租费用 30

　　贷：库存现金 30

（2）退还3元房费时：

借：库存现金 3

　　贷：房租费用 3

此时，借方余额=库存现金3元+房租费用27元，贷方余额=库存现金30元，借贷平了；而伙计私藏的2元已经包含在27元之内。

如果把老板和伙计当作会计主体，那么：

（1）收房租费用：

借：库存现金 30

　　贷：租房收入 30

（2）退还房屋费用总共是3元：

借：租房收入 3

　　贷：库存现金 3

此时，借方余额=现金27元，贷方余额=租房收入27元，借贷相等。

我们注意到：现金27元=老板25元+伙计2元，为什么会出现29元和30元的差异呢？答案就是，把3人当作会计主体，伙计的现金2元代替3人的现金3元记入了3人的借方；而事实上这2元应该记入贷方之中（现金25元+2元+3元）。30元的去向是，3人的3元+老板25元+伙计2元。

【本章知识结构导图】

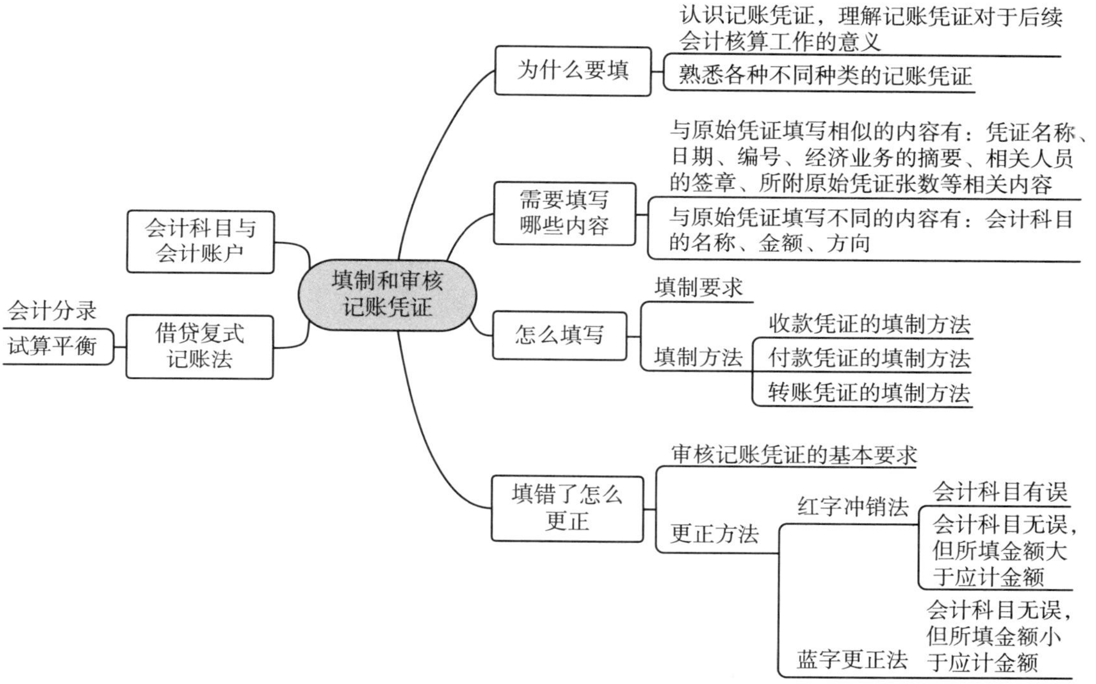
填制和审核记账凭证
为什么要填
认识记账凭证，理解记账凭证对于后续会计核算工作的意义
熟悉各种不同种类的记账凭证
需要填写哪些内容
与原始凭证填写相似的内容有：凭证名称、日期、编号、经济业务的摘要、相关人员的签章、所附原始凭证张数等相关内容
与原始凭证填写不同的内容有：会计科目的名称、金额、方向
怎么填写
填制要求
填制方法
收款凭证的填制方法
付款凭证的填制方法
转账凭证的填制方法
填错了怎么更正
审核记账凭证的基本要求
更正方法
红字冲销法
会计科目有误
会计科目无误，但所填金额大于应计金额
蓝字更正法
会计科目无误，但所填金额小于应计金额
会计科目与会计账户
借贷复式记账法
会计分录
试算平衡

⚠本节重难点
理解记账凭证在会计核算工作中的实际意义，并能够识别不同类别的记账凭证。

第一节 认识记账凭证

一、记账凭证的概念及意义

记账凭证是会计人员根据审核无误后的原始凭证或汇总原始凭证填制的，用以记载经济业务的简要内容，确定会计分录，并作为记账依据的一种会计凭证。

记账凭证又称分录凭证，或称记账凭单。实际会计工作中，填制记账凭证的工作量大，但作用显著。原始凭证只是证明了经济业务的发生或完成情况，是反映经济业务的原始依据，这种反映是零星、分散的。为全面、系统地反映经济业务，必须通过账簿记录来进行，而登记账簿的直接依据则是记账凭证。记账凭证是根据审核无误的原始凭证或汇总原始凭证填制的，根据业务内容，确定账户名称、记账方向和金额，是对经济业务的进一步反映。

二、记账凭证的种类

记账凭证按不同分类标准可分为不同种类。

（一）专用记账凭证和通用记账凭证

记账凭证按其适用的经济业务不同，可分为专用记账凭证和通用记账凭证两类。

1. 专用记账凭证。专用记账凭证是用来专门记录某一类经济业务的记账凭证。规模较大、业务量较多的单位一般采用专用记账凭证。由于会计事项有三种类型：收款事项、付款事项和不涉及现金与银行存款收付的转账事项，因此，专用记账凭证又可分为三种：收款凭证、付款凭证和转账凭证。

（1）收款凭证。收款凭证是用来反映现金及银行存款等货币资金收入业务的凭证，一般包括现金收款凭证和银行存款收款凭证两种。它是出纳人员根据审核无误后的现金和银行存款收款业务的原始凭证填制的记账凭证（格式见图3－1）。

（2）付款凭证。付款凭证是用来反映现金和银行存款等货币资金支付业务的凭证。一般包括现金付款凭证和银行存款付款凭证两种。现金与银行存款之间的划转通常编制付款凭证。它是出纳人员根据审核无误后的现金和银行存款付款业务的原始凭证填制的记账凭证。其格式如图3－2所示。

收款凭证

借方科目＿＿＿＿＿＿　　年　月　日　　字第　号

摘要	贷方总账科目	明细科目	√	金额									
				千	百	十	万	千	百	十	元	角	分
合计													

附单据　张

财务主管　记账　出纳　审核　制单

图 3－1　收款凭证

付款凭证

贷方科目＿＿＿＿＿＿　　年　月　日　　字第　号

摘要	借方总账科目	明细科目	√	金额									
				千	百	十	万	千	百	十	元	角	分
合计													

附单据　张

财务主管　记账　出纳　审核　制单

图 3－2　付款凭证

ⓘ技能点

找出不同类别的记账凭证的主要不同点。

（3）转账凭证。转账凭证是用来反映与现金和银行存款收付无关的转账业务的凭证。它是会计人员根据审核无误后的转账业务原始凭证填制的记账凭证。转账凭证的会计科目均设置在表格栏内，其会计科目栏与金额栏应同行。其格式如图 3－3 所示。

转账凭证

年　月　日　　字第　号

摘要	总账科目	明细科目	√	借方金额										√	贷方金额									
				千	百	十	万	千	百	十	元	角	分		千	百	十	万	千	百	十	元	角	分
合计																								

附单据　张

财务主管　记账　出纳　审核　制单

图 3－3　转账凭证

2. 通用记账凭证。通用记账凭证是指以一种格式记录全部经济业务的凭证。主要适用于经济业务比较简单的单位，所有业务都采用一种格式的凭证加以记录，可以简化凭证。其格式如图 3－4 所示。

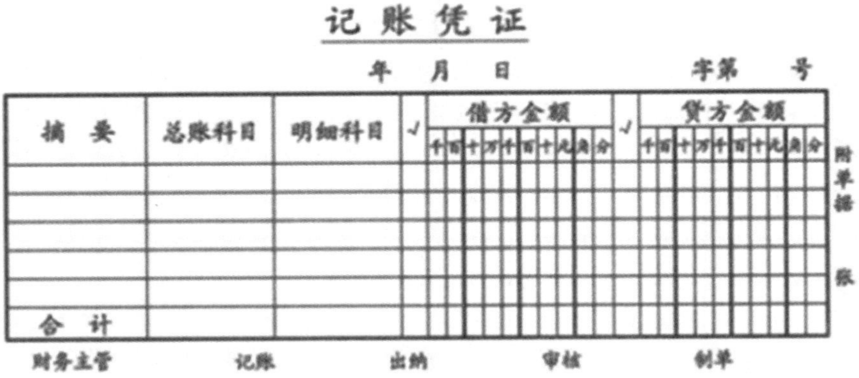

记账凭证

年　月　日　　　　字第　号

摘要	总账科目	明细科目	√	借方金额										√	贷方金额									
				千	百	十	万	千	百	十	元	角	分		千	百	十	万	千	百	十	元	角	分
合计																								

附单据　张

财务主管　　记账　　出纳　　审核　　制单

图 3－4　通用记账凭证

专用记账凭证的优点是方便了现金、银行存款日记账的记账，而通用记账凭证则便于检查每一笔业务的借贷平衡关系。它们在本质上没有区别，只是形式有点不同，企业可以根据需要自行选择其中的一种。

（二）复式记账凭证和单式记账凭证

记账凭证按其包括的会计科目是否单一，分为复式记账凭证和单式记账凭证。

1. 复式记账凭证。复式记账凭证，是指某项经济业务所涉及的全部会计科目均集中填制在一张记账凭证上。根据新会计制度的规定，我国通用的记账方法是借贷复式记账法，反映同一笔经济业务必须运用两个或两个以上相互关联的账户分别登记在账户的借方或贷方，复式记账凭证正好与借贷记账法相吻合。因此，在我国实际会计工作中，几乎所有单位的记账凭证均采用复式记账凭证。

2. 单式记账凭证。单式记账凭证，是指某项经济业务所涉及的会计科目分别填制在两张或两张以上的记账凭证上。也就是说，一笔经济业务涉及几个会计科目，就必须填制几张记账凭证，每张记账凭证只填列一个会计科目。如我国金融企业会计核算中，除现金收付业务采用复式记账凭证外，其余转账业务均采用单式记账凭证。由于一笔业务要分别填制几张记账凭证，因而单式记账凭证的编号一般采用分数形式。借方会计科目应填列在“借项记账凭证”上，贷方会计科目应填列在“贷项记账凭证”上。其原因是金融企业的业务往往需要经过很多部门和环节，采用单式记账凭证可以加快经济业务的处理速度，也方便分工记账。单式记账凭证实质是把复式记账凭证拆开填制，因此仍然遵守借贷记账法的规则，但不能在一张凭证上反映一笔经济业务和会计分录的全貌，不方便检查和核对。

（三）一般记账凭证和汇总记账凭证

记账凭证按其是否经过汇总，可以分为一般记账凭证和汇总记账凭证两种。

1. 一般记账凭证。一般记账凭证是指没有经过汇总的记账凭证。前述的所有记账凭证均为一般记账凭证。

2. 汇总记账凭证。汇总记账凭证是根据一般记账凭证按照一定的方法汇总填制的记账凭证。它包括汇总收款凭证、汇总付款凭证、汇总转账凭证以及科目汇总表四种。

（1）汇总收款凭证，分别根据现金收款凭证和银行存款收款凭证汇总填制，它汇总了一定时期的现金收入数和银行存款收入数。

（2）汇总付款凭证，分别根据现金和银行存款的付款凭证汇总填列，它汇总了一定时期的现金和银行存款的付出数。

（3）汇总转账凭证，是指按转账凭证中每一贷方科目分别设置的，用来汇总一定时期内转账业务的汇总记账凭证。

（4）科目汇总表，是根据一定时期内的全部记账凭证，按科目进行归类编制。科目汇总表可以根据单位业务的多少，定期汇总编制。

第二节　会计科目与会计账户

一、会计科目

原始凭证和记账凭证是对经济业务最初始反映的会计资料，也是会计核算最基本的证据，凭证正确与否，影响着整个会计信息。实际会计工作中，加强凭证的审核和管理，至关重要。通过本章第一节内容的学习，我们知道，为了反映一笔经济业务的发生，我们需要将两个或两个以上相互关联的账户在记账凭证中填制相应的借方或贷方科目及金额，因此，在学习记账凭证的具体填制方法前，我们将先学习会计科目与会计账户的相关内容。

（一）会计科目的含义

会计要素及其增减变动情况是会计核算和监督的对象。每类会计要素又都包含许多具体的内容。为了全面、系统地反映和监督企业所发生的各项经济活动，为企业经济管理提供所需的会计核算资料，需要设置会计科目。

> **小思考**
> 会计科目与六要素之间有什么联系和区别呢？

会计科目是对会计要素的具体内容进行分类核算的项目。它是对每一个会计要素所包括的具体内容再按其一定的特点和管理要求进行的进一步分类。例如，我们将企业资产中的机器设备、房屋和建筑物等劳动手段归为一类，设置“固定资产”会计科目；将生产产品用的原材料、辅助材料等劳动对象归为一类，设置“原材料”会计科目。

（二）会计科目的设置

1. 设置会计科目应遵循的原则。为了正确进行会计核算，以便为企业的投资者、债权人以及企业的经营管理者等提供他们各自所需的会计信息，因此，设置会计科目一般应遵循以下原则：

（1）必须依据会计对象的特点，全面、系统地反映会计对象的内容。会计科目的设置应当能够全面、系统地反映会计对象的全部内容，不能有任何遗漏。由于各行各业资金运动的每一个具体环节不完全相同，而会计科目作为对会计对象的具体内容在按照会计要素分类的基础上进一步分类的项目或名称，必须在会计准则的统一指导下，结合各行各业会计对象的特点，设置全面反映该行业资金运动每一个具体环节的会计科目。

（2）结合加强内部经营管理的需要，满足对外提供会计信息的要求。会计作为一种以提供会计信息为主的管理活动，首先，应满足企业内部加强经营管理并提高经济效益的需要，要求会计尽可能提供详细、具体的资料；其次，还要满足政府部门加强宏观调控并制定方针政策的需要，满足投资人、债权人及有关方面对企业经营和财务状况作出准确判断的需要。因此，会计科目的设置应能够满足对外提供会计信息的要求。

（3）做到适应性与稳定性相结合。适应性是指会计科目的设置要随着社会经济环境和本单位经济活动的变化而变；稳定性是指会计科目的设置为便于会计资料的汇总及在不同时期的对比分析，应保持相对的稳定。这就要求在设置会计科目时，要具有前瞻性并留有余地，以此来保证会计科目的适应性和稳定性。

（4）做到统一性和灵活性相结合。统一性是指会计科目要按照《企业会计准则》和国家统一的会计制度所规定的会计科目名称及其涵盖的范围和内容来设置；灵活性是指会计科目的设置要在国家统一会计制度规定的前提下，可以根据本单位的具体情况和经济管理要求对国家统一会计制度规定的会计科目进行必要的增设、删减或合并，以此来保证会计核算指标在一个部门，乃至全国范围内综合汇总以及满足本单位经营管理的需要。

（5）会计科目名称要言简意赅，并进行适当的分类和编号。言简意赅是指每一会计科目所涵盖的范围和内容要有明确的界定，其名称要名副其实并具有高度的概括性；适当的分类和编号是指为便于把握会计科目所反映的经济业务内容和满足会计电算化的需要，将会计科目按其经济内容的分类和项目的流动性或主次以及级次进行编号。

2. 企业会计科目的编号。会计科目除要有系统的排列外，还应将其科学地编号。实践证明，在使用电脑记账的条件下，会计科目的编号不但可使账户作有系统的排列，同时也是实施财务资讯及会计电算化的先决条件。

会计科目编号无论用何种方法与方式，都应符合以下基本要求：

（1）会计科目的编号应按一定规律，分别先后的顺序，力求简单明了，系统清晰；

（2）会计科目编号力求固定统一，同一行业应统一编号，不能任意变更，以免发生混乱；

（3）会计科目编号的位数要考虑会计科目分类层次分明的需要，不能太少，也不能过多；

（4）要有相当弹性，为适应以后企业发展的需要，应预留一部分编号，以便容纳以后新增的会计科目。

我国财政部统一规定的会计科目表中，总账会计科目的编号通常采用四位数字。从左到右，第一位数字表示会计科目的大类别，如一般在工业企业，1 表示资产类科目，2 表示负债类科目，4 表示所有者权益类科目等；第二位数字表示某一大类会计科目下的各个小类，如在资产类科目中，0 表示货币资金类，1 表示应收账项和金融资产类，4 表示各种形式的存货资产，6 表示固定资产等；第三、第四位数字表示各小类下的各会计科目的序号，其中某些会计科目之间可能留有空号，以满足今后增加科目的需要。如果还需要表示明细分类科目，则应在右边增设二位数字。

3. 具体会计科目。我国目前具体使用的会计科目见表 3－1。

表 3－1　　工业企业常用会计科目表

序号	编号	会计科目名称	序号	编号	会计科目名称
		一、资产类	15	1404	材料成本差异
1	1001	库存现金	16	1405	库存商品
2	1002	银行存款	17	1471	存货跌价准备
3	1012	其他货币资金	18	1531	长期应收款
4	1101	交易性金融资产	19	1601	固定资产
5	1121	应收票据	20	1602	累计折旧
6	1122	应收账款	21	1603	固定资产减值准备
7	1123	预付账款	22	1604	在建工程
8	1131	应收股利	23	1605	工程物资
9	1132	应收利息	24	1606	固定资产清理
10	1221	其他应收款	25	1701	无形资产
11	1231	坏账准备	26	1702	累计摊销
12	1401	材料采购	27	1703	无形资产减值准备
13	1402	在途物资	28	1711	商誉
14	1403	原材料	29	1801	长期待摊费用

续表

序号	编号	会计科目名称	序号	编号	会计科目名称
30	1901	待处理财产损溢	48	4104	利润分配
		二、负债类			五、成本类
31	2001	短期借款	49	5001	生产成本
32	2201	应付票据	50	5101	制造费用
33	2202	应付账款	51	5201	劳务成本
34	2203	预收账款			六、损益类
35	2211	应付职工薪酬	52	6001	主营业务收入
36	2221	应交税费	53	6051	其他业务收入
37	2231	应付利息	54	6101	公允价值变动损益
38	2232	应付股利	55	6111	投资收益
39	2241	其他应付款	56	6301	营业外收入
40	2501	长期借款	57	6401	主营业务成本
41	2502	应付债券	58	6402	其他业务成本
42	2701	长期应付款	59	6403	税金及附加
		三、共同类（略）	60	6601	销售费用
		四、所有者权益类	61	6602	管理费用
43	4001	实收资本	62	6603	财务费用
44	4002	资本公积	63	6701	资产减值损失
45	4003	其他综合收益	64	6702	信用减值损失
46	4101	盈余公积	65	6711	营业外支出
47	4103	本年利润	66	6801	所得税费用

（三）会计科目的分类

不同的行业由于具体经济业务内容不同，国家规定了不同的会计科目。每个行业或每个企业各个会计科目并非彼此孤立，而是相互联系、相互补充地组成一个完整的会计科目体系，用来全面、系统、分类地核算和管理每个行业或企业会计对象的具体内容，提供经营管理所需要的一系列会计资料。为了正确地运用会计科目，明确各个会计科目的性质、作用及其相互关系，便于分析企业的资产、负债和所有者权益的状况，可以按下列标准对会计科目进行分类。

1. 按照经济内容分类。企业的会计科目按其反映的经济内容，可以划分为以下六大类：

（1）资产类科目。资产类科目是指为核算资产的增减变动情况及其结果而设置的会计科目。如“库存现金”“银行存款”“固定资产”“无形资产”“应收账款”“材料采购”等均属资产类科目。详见表3－1。

（2）负债类科目。负债类科目是指为核算负债增减变动情况及其结果而设置的会计科目。如“其他应付款”“应付职工薪酬”“短期借款”“长期借款”“应付债券”“应交税费”等均属负债类科目。详见表3－1。

（3）共同类科目。共同类科目是指既有资产性质，又有负债性质，这样有共性的科目。共同类科目的特点需要从其期末余额所在方向界定其性质，共同类多为金融、保险、投资、基金等公司使用，包括清算资金往来、货币兑换、衍生工具、套期工具、被套期项目等。对于此类科目，本教材中不予详述。

（4）所有者权益类科目。所有者权益类科目是指为核算所有者权益的增减变动情况及其结果而设置的会计科目。如“实收资本”“资本公积”“盈余公积”“利润分配”“其他综合收益”等均属所有者权益类科目。详见表3－1。

（5）成本类科目。成本类科目是指为核算和监督各项生产费用的发生情况，正确计算产品成本而设置的会计科目。如“制造费用”“生产成本”“劳务成本”等均属成本类科目。详见表3－1。

（6）损益类科目。损益类科目是指为了核算收入、费用以及计入损益的利得和损失的增减变动情况及结果而设置的会计科目。如“主营业务收入”“主营业务成本”“营业外收入”“营业外支出”“税金及附加”“销售费用”“管理费用”“财务费用”等均属损益类科目。详见表3－1。

2. 按照提供核算指标的详细程度分类。会计科目按其提供核算指标的详略程度，可以分为以下两类：

（1）总分类科目。总分类科目亦称总账科目或一级科目，它是对会计要素的具体内容进行总括分类的科目。一般按会计要素的科目分别设置。如“库存现金”“原材料”“固定资产”“短期借款”“实收资本”“管理费用”等科目，就是总分类科目。

（2）明细分类科目。明细分类科目是对总分类科目所含内容进行进一步分类所设置的科目，提供较总分类科目更加详细、具体的信息。如“应付账款”这个总分类科目下，可按各个供应单位设置明细科目。

为了满足企业经济管理的需要，有些总分类科目下需要设置的明细分类科目很多，此时，有必要在总分类科目和明细科目之间增设二级科目（也称子目），在二级科目下再设三级科目（也称细目）。二级科目是介于总分类科目和细目之间的科目，它提供的核算指标较总分类科目详细，较细目概括。如“原材料”科目的明细账的设置可见表3－2。

表 3 - 2 会计科目

总分类科目（一级科目）	明细分类科目	
	二级科目（子目）	三级科目（细目）
原材料	原料及主要材料	密度板
		打磨纸
	辅助材料	螺丝
		油漆
	燃料	煤炭
		燃气

在实际工作中，各行业的总分类科目由财政部统一规定；明细分类科目则由各企业根据生产经营与管理的实际需要自行规定。

二、会计账户

企业生产经营活动中发生的任何一项经济业务都将引起各项相关会计要素的具体内容在数量上发生增减变动，会计科目的设置为会计对各个会计要素具体内容进行核算和管理提供了依据。但是，会计科目只是对各个会计要素具体内容进行分类的基础上形成的一个名称，虽然这一名称代表着某一特定的经济内容，但通过它本身还不能将其代表的某一特定的经济内容数量方面的增减变化情况及其结果反映出来。为此，需引入会计账户的概念。

小思考

为什么有了会计科目，还需要会计账户呢？

（一）会计账户的含义与作用

1. 会计账户的含义。会计账户是根据会计科目开设的，具有一定结构和格式，用来分类、连续地记录各会计要素增减变化情况及其结果的载体。每一个账户反映一个特定会计科目的内容，会计科目只是会计账户的名称，它界定了每一个账户核算的内容。会计账户则是会计科目在会计核算中的进一步运用。

2. 会计账户的作用。

（1）账户是分类、记录、整理和汇总原始数据和其他会计资料的手段。企业每天都会发生数以千计的必须通过会计进行记录的数据，账户可以把单个的、大量重复的数据进行分类、归并、汇总、整理和加工，使之井然有序，并达到了压缩数量、提高质量的作用。

（2）账户是分类反映会计要素增减变动情况及其结果的载体。为了进行会计核算，各企业单位都必须根据所设置的会计科目开设会计账户，对各项经济业务发生后所引起的各个会计要素数量方面的增减变化情况予以及时地记录，这就是所谓的记账。

（3）账户是记账的基础。离开了会计账户，会计就无法对经济活动过程及其结果进行反映与控制。因此，企业单位根据会计科目开设会计账户，在整个会计核算中具有十分重要的意义。设置会计账户是会计核算的重要方法之一。

3. 会计账户与会计科目的联系与区别。

（1）相互联系。会计科目就是会计账户的名称，会计账户根据会计科目设置，是会计科目的具体运用。二者反映的经济内容（会计要素）相同。没有会计科目，会计账户便失去了设置的依据；没有会计账户，便无法发挥会计科目的作用。

（2）相互区别。会计科目仅仅是会计账户的名称，不存在结构；而会计账户具有一定的结构和格式，能够反映会计要素的增减变动情况。

（二）会计账户的结构

1. 账户的基本结构。企业在生产经营过程中发生的各项经济业务所引起的各个会计要素的变化，虽然错综复杂，但从数量上看，不外是增加和减少两种情况。因此，用以分类记录经济业务的账户在结构上也相应地划分为两个部分，一部分记录资金的增加数，另一部分记录资金的减少数。这样，就可以使账户所反映的经济业务发生的情况和由此引起的资金增减变化一目了然。

在实际工作中，为了记录有关的资料，账户往往按需要分为若干栏次。一般情况下，任何一种账户，通常应包括以下内容：（1）账户的名称，即会计科目；（2）日期，即在账户中记录经济业务的日期；（3）凭证号数，即记账凭证的编号，用以说明账户记录的资料来源；（4）摘要，即对经济业务内容的概括说明；（5）金额，即本期发生的增加金额、减少金额和一定时点上的余额。

下面以一张应付账款的总账账页为例介绍账户包括的各项内容（见图3－5）。

⚠小提示

会计账户作为会计核算工作中的重要会计工具，其结构原理大家必须认真掌握。

应付账款总账

总第　　页
分第　　页

科目代码：

2021年		凭证	摘要	√	借方										贷方										借或贷	余额									
月	日	号数			千	百	十	万	千	百	十	元	角	分	千	百	十	万	千	百	十	元	角	分		千	百	十	万	千	百	十	元	角	分
11	1		期初余额																						贷			3	2	5	0	0	0	0	0
	5	转02	购料款未付														8	5	0	0	0	0	0	0	贷			4	1	0	0	0	0	0	0
	9	付07	偿还前欠款					2	0	0	0	0	0	0											贷			3	9	0	0	0	0	0	0
	30	转08	购料款未付															6	0	0	0	0	0	0	贷			3	9	6	0	0	0	0	0
			本月合计					2	0	0	0	0	0	0			9	1	0	0	0	0	0	0	贷			3	9	6	0	0	0	0	0

图3－5　应付账款的总账账页

为了便于说明，可将上列账户格式简化为“T”字形账户，如图3－6所示。账户分为左右两方，一方记增加额，另一方记减少额。至于哪一方记增加金额，哪一方记减少金额，则取决于账户的性质及其反映的经济内容，后续我们再详细说明。账户左、右两方金额相抵后的差额，称为账户的余额。

借方	账户名称（会计科目）	贷方

图 3－6　“T”字形账户

账户中所记录的金额有以下四种：(1) 期初余额。期初余额是指本期期初账户的金额，在数量上等于上期期末余额，本期期末余额就是下期期初余额；(2) 本期增加额。本期增加额是指一定时期（月度、季度或年度）内账户所登记的增加金额的合计，也称为本期增加发生额；(3) 本期减少额。本期减少额是指一定时期（月度、季度或年度）内账户所登记的减少金额的合计，也称为本期减少发生额；(4) 期末余额。期末余额是指本期增加发生额和本期减少发生额相抵后的差额和期初余额按一定的公式计算出来的数额，即月末、季末、年末计算出来的账户余额。

2. 账户金额四要素的关系。以上四项金额的关系，可用下列等式表示：

期末余额＝期初余额＋本期增加发生额－本期减少发生额

需要指出的是，上述账户的基本格式是手工记账条件下通常采用的，在电脑记账情况下，账户的格式则不像上述账户所示那样明显，但仍然要按照其格式的内容提供有关核算资料。

（三）会计账户的分类

1. 按其反映的经济内容分类。账户按其反映的经济内容分类，就是按账户所反映的会计对象的具体内容分类，一般分为资产类账户、负债类账户、共同类账户、所有者权益类账户、成本类账户及损益类账户六大类。

(1) 资产类账户。资产类账户是用来核算和监督各种资产（包括各种财产、债权和其他权利）增减变动和结果的账户，如“库存现金”“银行存款”“在途物资”“原材料”“固定资产”“无形资产”等账户。

(2) 负债类账户。负债类账户是用来核算和监督各种负债的增减变动及其结果的账户，如“短期借款”“应付账款”“应付票据”“应付职工薪酬”“应交税费”“长期借款”等账户。

(3) 共同类账户。共同类账户是既有资产性质又有负债性质的账户，如“清算资金往来”“货币兑换”“套期工具”等账户。

(4) 所有者权益类账户。所有者权益账户是用来核算和监督所有者权益增减变动及其结果的账户，如“实收资本”“资本公积”“盈余公积”等账户。

(5) 成本类账户。成本类账户是用来核算企业为生产产品、提供劳务等所发生的生产成本的账户，表明了由此发生的企业经济资源的耗费，如“生产成本”“制造费用”等账户。

(6) 损益类账户。损益类账户是用来核算企业收入、费用以及计入损益的利得和损失的增减变动情况及结果的账户，如“主营业务收入”“税金及附加”“营业外支出”“销售费用”“管理费用”等账户。

2. 按其提供核算指标的详细程度分类。由于账户是根据会计科目设置的，既然会计科目有总分类科目和明细分类科目，那么账户也可分为总分类账户和明细分类账户。

（1）总分类账户。总分类账户是根据总分类科目设置的，用以对会计要素具体内容进行总括分类核算的账户，简称总账账户或一级账户，也称总账。总分类账户只能用货币计量，是所属明细分类账户的统驭账户，是总括地核算各项会计要素的账户。因此，对各项经济业务通过总分类账户进行核算，称为总分类核算。例如，根据“原材料”科目开设“原材料”总分类账户，用以提供原料及主要材料、燃料等所有材料的收发、领退和结存的总括分类核算价值指标。

（2）明细分类账户。明细分类账户是根据明细分类科目设置的，用以对会计要素具体内容进行进一步明细分类核算的账户，简称明细账户。按二级科目设置的账户称为二级账户，按三级科目设置的账户称为三级账户。

明细分类账户除了用货币计量外，有些账户还可以辅以实物计量（如件、台、千克等）。明细分类账是详细核算各项会计要素增减变动情况的账户，它能提供较总分类账户更为详细的会计信息。对各项经济业务通过明细分类账户进行核算，称为明细分类核算。

3. 按照用途和结构分类。账户的用途是指通过账户记录能够提供什么核算指标，即设置和运用账户的目的是什么。账户的结构是指在账户中如何记录经济业务，以取得各种必要的核算指标。具体是指账户的借方核算什么内容，贷方核算什么内容，期末余额在哪一方，具体表示什么内容。

账户按用途和结构分类的实质是账户在会计核算中所起的作用和账户在使用中能够反映的什么样的经济指标进行的分类。账户按照用途和结构可以分为盘存类账户、结算类账户、资本和资本增值类账户、暂记类账户、跨期摊提类账户、成本计算类账户、收入类账户、费用类账户、财务成果类账户和调整类账户十类。

（1）盘存类账户。盘存类账户是用来反映和监督各项财产物资和货币资金增减变动及其结存数的账户。盘存类账户的基本结构如图3－7所示。

借　　　　盘存类账户　　　　贷

期初余额：财产物资或货币资金的期初结存数	
发生额：财产物资或货币资金的本期增加数	发生额：财产物资或货币资金本期减少数
期末余额：财产物资或货币资金的期末结存数	

图3－7　盘存类账户

属于盘存类账户的有“库存现金”“银行存款”“原材料”“固定资产”等账户。

盘存类账户的主要特点：第一，盘存类账户可以通过财产清查的方法，如实地盘点和核对账目的方法来确定其实存数与账存数是否相等。第二，盘存类账户除“库存现金”“银行存款”“固定资产”等账户外，均设有明细分类账户，都可以同时也有必要进行双重计量，均提供实物数量和货币金额两种指标。

（2）结算类账户。结算类账户是用来反映和监督企业与其他单位和个人之间债权、债务结算情况的账户。

由于用途和结构的不同，此类账户可以分为：

① 债权结算类账户。债权结算类账户是用来反映和监督企业与其他单位和个人之间债权结算情况的账户。账户结构如图 3 – 8 所示。

借　　　　债权结算类账户	贷
期初余额：债权的期初结存数 发生额：债权的本期增加数	发生额：债权的本期减少数
期末余额：债权的期末结存数	

图 3 – 8　债权结算类账户

属于债权结算类账户的有“应收账款”“应收票据”“应收股利”“应收利息”“其他应收款”“预付账款”等账户。

②债务结算类账户。债务结算类账户是用来反映和监督企业与其他单位和个人之间债务结算情况的账户。账户结构如图 3 – 9 所示。

借	债务结算类账户　　　　贷
发生额：债务的本期减少数	期初余额：债务的期初结存数 发生额：债务的本期增加数
	期末余额：债务的期末结存数

图 3 – 9　债务结算类账户

属于债务结算类账户的有“应付账款”“应付票据”“预收账款”“应付债券”“应付职工薪酬”“应付股利”“应交税费”“其他应付款”等账户。

③债权债务结算类账户。债权债务结算类账户又称往来结算账户，是用来反映和监督企业与其他单位和个人之间往来情况的账户。

债权债务结算类账户借方登记企业债权的增加数和债务的减少数；贷方登记企业债务的增加数和债权的减少数；期末余额可能在借方也可能在贷方，若在借方表示企业尚未收回的债权大于尚未偿付的债务的差额，若在贷方则表示尚未偿付的债务大于尚未收回的债权的差额（见图 3 – 10）。

借	债权债务类结算账户　贷
期初余额：期初债权大于债务的差额	期初余额：期初债务大于债权的差额
发生额：本期债权的增加额或本期债务的减少额	发生额：本期债权的减少额或本期债务的增加额
期末余额：期末债权大于债务的差额	期末余额：期末债务大于债权的差额

图 3－10　债权债务类结算账户

如果企业不单独设置"预付账款"账户，而用"应付账款"账户同时核算企业应付账款和预付账款的增减变动情况和结果，则此时的"应付账款"账户就是一个债权债务结算账户。

相应地，如果企业不单独设置"预收账款"账户，而用"应收账款"账户同时核算企业应收账款和预收账款的增减变动情况和结果，则此时的"应收账款"账户就是一个债权债务结算账户。

在借贷记账法下，企业也可设置"其他往来"账户，用来核算其他应收款和其他应付款的增减变动和结果，则"其他往来"账户也是一个债权债务结算账户。

结算类账户的特点：第一，应按照发生结算业务的对方单位或个人设置明细分类账户，以便及时进行结算和核对账目。第二，结算类账户只提供金额指标。

（3）资本和资本增值类账户。资本和资本增值类账户是用来反映和监督企业所有者权益增减变动及其结余情况的账户。

资本和资本增值类账户贷方登记资本的增加额，借方登记资本的减少额，余额在贷方，反映期末各种资本的实有额（见图 3－11）。

借	资本和资本增值类账户　贷
	期初余额：期初资本的实有数
发生额：本期资本的减少数	发生额：本期资本的增加数
	期末余额：期末资本的实有数

图 3－11　资本和资本增值类账户

属于资本和资本增值类账户的有"实收资本""资本公积""盈余公积"等账户。

资本和资本增值类账户的主要特点：第一，资本和资本增值类账户按照投资人或资本形成渠道设置明细账，以便反映企业资本形成的具体情况。第二，资本和资本增值类账户是反映投资人对企业净资产的所有权，因此资本账户的总账和明细账只能提供货币信息。第三，在正常情况下，所有者权益账户应有贷方余额。

（4）暂记类账户。暂记类账户是指用以核算和监督企业尚未确定处理意见的财产物资的盘盈、盘亏和毁损的账户。在会计实务中，有些事项的发生到最终结果的处理，需要一定的时间。如工业企业生产过程中财产物资在盘点清查过程中所确认的盈亏要经过有关部门的审核批准，才能按一定手续核销；固定资产出售、报废或毁损等过程中发生的收入和费用的处理也有一个过程。

常见的暂记类账户有“待处理财产损溢”账户。其账户结构如图 3－12 所示。

借 “待处理财产损溢”账户	贷
期初余额：期初尚未批准转账的财产物资盘亏、毁损数减去盘盈数的净损失	期初余额：期初尚未批准转账的财产物资盘盈数减去盘亏、毁损数的净溢余
本期发生额：本期发生财产物资的盘亏、毁损数；报经批准转账的财产物资盘盈数	本期发生额：本期发生财产物资的盘盈数；报经批准转账的财产物资盘亏、毁损数
期末余额：期末尚未批准转账的财产物资盘亏、毁损数减去盘盈数的净损失	期末余额：期末尚未批准转账的财产物资盘盈数减去盘亏、毁损数的净溢余

图 3－12 “待处理财产损溢”账户

暂记类账户的特点：属于过渡性质的账户，账户借贷方均可能存在余额。全部报经批准处理转账后，账户无余额。

（5）跨期摊提类账户。跨期摊提类账户是用来反映和监督应由几个会计期间共同负担的费用，并将这些费用在各个会计期间进行摊配以便正确计算各期盈亏的账户。跨期摊提类账户的结构如图 3－13 所示。

借 跨期摊提类账户	贷
期初余额：已支付但尚未摊销的费用期初结存数	期初余额：已预提但尚未支付的费用的期初结存数
发生额：待摊销费用（或预提费用）的本期摊销数（预提数）	发生额：待摊销费用（或预提费用）的本期发生（支付）数
期末余额：已支付但尚未摊销的费用的期末结存数	期末余额：已预提但尚未支付的费用的期末结存数

图 3－13 跨期摊提类账户

属于此类账户的有“长期待摊费用”账户。

跨期摊提类账户的特点：具有过渡性质，该账户金额应由几个会计期间共同负担。分摊结束，该账户无余额。

（6）成本计算类账户。成本计算类账户是用来反映和监督企业生产经营过程中某一阶段所发生的，应计入成本的全部费用，并确定各个成本计算对象的实际成本的账户。成本计算类账户的基本结构如图 3－14 所示。

借　　成本计算类账户	贷
期初余额：尚未完工的成本计算对象的期初实际成本	
发生额：加工成本计算对象各项费用的本期发生额	发生额：成本计算对象完工结转的实际成本
期末余额：尚未完工的成本计算对象的期末实际成本	

图 3－14　成本计算类账户

属于成本计算类账户的有“生产成本”和“制造费用”等账户。

成本计算类账户的特点：第一，成本计算类账户按成本对象设置明细账，并按成本项目设置专栏进行明细分类核算。第二，成本计算明细分类账户除了提供货币信息外，还能提供实物耗费和劳动耗费的信息。第三，成本计算类账户有时又是盘存账户，该类账户的期末余额反映期末在产品、在途材料、在建工程的实际成本。

（7）收入类账户。收入类账户是用来反映和监督企业在一定会计期间内所取得的各种收入和利得的账户。收入类账户的基本结构如图 3－15 所示。

借　　收入类账户	贷
发生额：收入或利得的本期减少数及期末结转到“本年利润”账户的收入数	发生额：收入或利得的本期增加数

图 3－15　收入类账户

属于收入类账户的有“主营业务收入”“其他业务收入”“营业外收入”“投资收益”等账户。

收入类账户的特点：由于本期发生的全部费用将在期末转入“本年利润”账户，期末结转后一般无余额。

（8）费用类账户。费用类账户是用来反映和监督企业在一定会计期间内所发生的应计入当期损益的各种费用和损失的账户。费用类账户的基本结构如图 3－16 所示。

借　　费用类账户	贷
发生额：费用的本期增加数	发生额：费用的本期减少额及期末结转到“本年利润”账户的费用数

图 3－16　费用类账户

属于费用类账户的有“主营业务成本”“税金及附加”“其他业务成本”“销售费用”“管理费用”“营业外支出”和“所得税费用”账户。

费用类账户的特点：由于本期发生的全部费用将在期末转入“本年利润”账户，期末结转后一般无余额。

（9）财务成果类账户。财务成果类账户是用来反映和监督企业在一定会计期间内全部生产经营活动的最终成果，并据以确定企业利润或亏损数额的账户。

财务成果类账户借方登记期末从各费用账户中转入的各项费用和损失；贷方登记期末从各收入类账户中转入的各项收入和利得；期末余额若在借方，表示企业到本期末发生的累计亏损；期末余额若在贷方，表示企业到本期末实现的累计利润（见图3－17）。

借　　　　财务成果类账户	贷
发生额：应计入本期损益的各项成本费用	发生额：本期实现的各项收入和收益额
期末余额：发生的亏损总额	期末余额：实现的利润总额

图3－17　财务成果类账户

属于财务成果类账户的有“本年利润”等账户。

财务成果类账户的主要特点：第一，年终结算前，这类账户都有余额，借方余额为亏损，贷方余额为利润，年终决算结转后无余额。第二，财务成果类账户的总账和明细账只提供货币信息。

（10）调整类账户。调整类账户是用来调整被调整账户的账面余额，以便计算被调整账户的实际余额的账户。

调整类账户按照其调整方式的不同，可以进一步分为：

①备抵调整账户。备抵调整账户是指用来抵减被调整账户余额，以取得被调整账户余额的账户。备抵调整账户按照被调整账户性质的不同又可以分为资产类备抵调整账户和权益类备抵调整账户。

资产类备抵调整账户与其被调整的资产类账户的运用方向相反，而同于负债类账户。例如，“累计折旧”账户是“固定资产”账户的备抵调整账户。同一性质的账户还包括“本年利润”和“利润分配”账户，“应收账款”和“坏账准备”账户等。

②附加调整账户。附加调整账户是指用来增加被调整账户余额的账户。附加调整账户与其被调整的账户的运用方向相同。

③备抵附加调整账户。备抵附加调整账户是指既具有备抵又具有附加调整功能的账户。比较典型的备抵附加调整账户是“材料成本差异”账户。

调整类账户的特点是：第一，调整账户与被调整账户所反映的经济内容相同，被调整账户反映会计要素的某个项目的原始金额，而调整账户反映对同一项目原始金额的调整金额。第二，调整的方式是原始金额加上或减去调整金额，借以求得具有特定含义的金额。第三，调整账户不能离开被调整账户而独立存在，有调整账户就有被调整账户。

4. 会计账户的其他分类方法。账户除按上述标准进行分类以外，还可以按其他标准进行分类，如按有无期末余额分为实账户和虚账户等。

研究账户的分类，是为了从相互联系的账户中探求其相互区别，认识所设置和运用的账户的规律性。借助于账户的分类，可以揭示账户的特点，有利于加深对账户的结构与用途的认识。

⚠本节重难点

借贷复式记账法是会计核算工作最基本的方法，作为本节内容的重点与难点内容，大家需要认真掌握，否则后续会计工作无法展开！

第三节　借贷记账法

一、记账方法的含义与分类

（一）记账方法的含义

设置账户是会计核算的一种专门方法，为记录经济业务提供了空间场地，要把经济业务记入到账户中去，还必须运用科学的记账方法。

所谓记账方法，是指会计核算中在账户上记录经济业务的具体手段，即根据一定的原理和原则，运用一定的记账符号和记账规则，采用一定的计量单位，利用文字和数字记录经济业务的一种专门的方法。一般来说，一种科学记账方法的内容应包括以下几个方面：

（1）反映交易或事项登记入账方向的“记账符号”；

（2）对于交易或事项的反映方式，即“账户的设置及其结构”；

（3）交易或事项登记入账所应遵循的“记账规则”；

（4）用以检查账户记录是否正确的“试算平衡方法”等。

会计科目和账户的设置，只是对会计内容，即各项交易或事项预先作出了具体的分类、提供了核算和监督的载体。为了具体地把各项交易或事项所引起的资金增减变动情况及其结果，既完整、准确又相互联系、简明扼要地反映到账户之中，就必须解决记账方法的问题。

（二）记账方法的分类

记账方法按经济业务记录方式的不同，可分为两类：一是单式记账法，二是复式记账法。复式记账法是随着经济的发展在单式记账法基础上不断完善、发展起来的一种记账方法。

1. 单式记账法。单式记账法是指对发生的每项经济业务，只在一个账户中进行记录的记账方法。其一般只对货币资金的收付、债权、债务的增减变动予以记录，对其他业务则忽略不予登记。因此，一般只设置“库存现金”“银行存款”“应收账款”“应付账款”等账户。例如，以银行存款 10 000 元购买材料，在单式记账法下，只记“银行存款”账户减少 10 000 元，不记原材料的变化。

单式记账法曾在人类发展历史上相当长的时间内被广泛采用。直至19世纪后半叶，德国的一些企业仍然采用单式记账法。单式记账法使用简便，但存在以下严重缺陷：

（1）不能全面、完整地反映经济活动的全貌和经济业务的来龙去脉。由于单式记账法对于除现金、银行存款收支业务及往来结算业务外的经济业务都只在一个账户中登记，或根本不登记，因而这种方法对经济活动过程的反映是不完整、不全面的。

（2）账户设置不完整。在单式记账法下，一般只设置"库存现金""银行存款""应收账款""应付账款"等账户，不设置其他账户，账户之间互不联系，账户体系不完整。

随着商品经济的发展，需要会计核算和监督的经济活动越来越多，单式记账法已不能适应经济管理的要求而被淘汰，取而代之的是复式记账法。

2. 复式记账法。

（1）复式记账法的概念。复式记账法是指对发生的每一项经济业务，都以相等的金额，在相互联系的两个或两个以上账户中同时进行登记的一种记账方法。

任何一项经济业务的发生，都会引起资产、负债、所有者权益中的至少两个项目发生增减变动，而且涉及这些项目的变动金额必须相等。为全面、完整地把这些经济业务记录下来，反映经济业务的来龙去脉，必须进行复式记账。例如，以银行存款10 000元购买材料。在复式记账法下，不仅记"银行存款"账户减少10 000元，同时还要记"原材料"账户增加10 000元（假设不考虑相关税费）。

（2）复式记账法的特点。

①复式记账法能够完整地反映每一项经济业务的来龙去脉，能够反映经济活动的全貌。因为复式记账法对每一笔经济业务都以相等的金额在两个或两个以上的有关账户中相互联系地进行登记，可清楚而全面地反映出经济活动的情况，也便于管理人员了解经济业务全貌，以加强资金管理。

②在复式记账法下，由于每一项经济业务都涉及两个或两个以上相关账户，能使账户之间形成相互对应和平衡的关系。利用这种对应关系，可以检查记账的正确性，便于核对、检查账目。

（3）复式记账法的种类。从单式记账法发展到复式记账法，是会计发展史上的重要里程碑。复式记账法现已被世界各国广泛采用，主要有借贷记账法、收付记账法、增减记账法三种。其中，借贷记账法是世界各国通用的一种复式记账方法。在我国，工业企业一般采用借贷记账法，事业单位曾采用资金收付记账法，金融业曾采用现金收付记账法，商业企业曾采用增减记账法。随着我国市场经济的成熟与发展，统一记账方法成为规范会计工作和及时准确反映会计信息的实务之需，为此，《中华人民共和国企业会计准则》规定“会计记账采用借贷记账法”，从而使借贷记账法成为我国各行各业统一采用的复式记账方法（见表3－3）。

表3－3　复式记账法的三种方式

复式记账	增减记账法	现在已经逐渐地被淘汰了
	收付记账法	
	借贷记账法	全世界范围内通用的记账方法。我国1993年7月1日开始实施的《中华人民共和国企业会计准则》中已经明确规定采用借贷记账法

（4）复式记账法的理论基础。复式记账法的理论基础是“资产＝负债＋所有者权益”的平衡关系。

企业所发生的各项交易或事项的双重性（即每一笔交易或事项的发生，一定会引起资金的两个或两个以上项目的增减变动）这一事实，是复式记账法的客观基础。当人们按照这一客观规律记账后，发现其“结果”是：所有的财产物资与其相应的权益之间存在着自然的平衡关系。一般将复式记账的结果加以理论抽象，概括出了“资产＝负债＋所有者权益”的平衡关系式。这一平衡关系式反过来用以指导人们的会计实践，便成为复式记账法的理论基础。它不仅要求人们在进行记账时必须按照各项交易或事项的双重性，对每一笔交易或事项都以相等的金额同时在两个或两个以上相互联系的账户中进行登记，而且账户的设置、资产负债表的设置与编制都必须以这一等式为基础，否则就会破坏这一平衡关系。

?小思考
复式记账法的理论基础为什么是基本恒等式呢？大家可以回忆之前学过的账户结构内容。

（5）复式记账法的基本内容。作为科学的复式记账法，其基本内容应当包括科学明确的记账符号、健全的账户体系及合理的账户结构、科学的记账规则和试算平衡方法等。

①记账符号。记账符号是指明确记账方向的标号，记账者或用账者通过它标明或辨别每笔会计记录的方向。为了达到会计记录既明确又一目了然，必须选择两个恰如其分的、既对立又统一的行为动词作为记账符号，这不仅是记账方向标号本身的问题，而且是一种科学记账方法的问题。

②账户的设置及结构。会计的本质是核算与监督财务状况和经营成果，复式记账则正是为了反映各项交易或事项所引起的财务状况和经营成果的变化及其结果。因此，须设置能够全面反映财务状况和经营成果的科学的账户体系，否则便不可能作出相互联系的会计记录。同时，每一账户必须设有两个基本部分，以分别反映资金的增减变化。

③记账规则。记账规则是指采用复式记账法记账时所应遵守的法则。每一笔科学、正确的会计记录，都必须有明确的记账符号和会计内容以及与内容相一致的金额。这些也正是各项交易或事项所引起的资金变化的规律，将这一规律用会计语言简明扼要地加以概括即记账规则，以其作为约束记账者进行会计记录时必须遵循的法则。

④试算平衡。试算平衡是指利用资产与权益的平衡关系及相关的平衡原理检查账户记录是否正确的一种方法。采用复式记账法并依据记账规则进行记账，账户记录应自然形成一种平衡关系。利用这种平衡关系对账户记录及其结果进行自我检验，如果不平衡，则说明账户记录一定有记录或计算错误。

?小思考

与单式记账法相对比，你能体会到复式记账法好在哪里吗？试举例说明。

二、借贷记账法概述

借贷记账法是以“借”“贷”二字作为记账符号，运用复式记账的原理，反映会计要素增减变动情况及其结果的一种复式记账方法。

（一）借贷记账法的产生和发展

借贷记账法产生于12世纪资本主义商品经济发展较早的意大利，它是适应十二三世纪商业资本和借贷资本经营管理的需要而产生的。

借贷记账法最初为单式记账，主要应用于银行金融业，借、贷两字的最初含义是从借贷资本家的角度来解释的。“借”表示“欠”，“贷”表示“有”（含有取得之意）。随着商品经济的进一步发展，经济活动内容日益复杂，借贷记账法也被推广应用到其他行业中去，并由单式记账法发展为复式记账法。

借贷记账法在其近两百年的逐渐发展成熟的过程中，经历了佛罗伦萨阶段、热那亚阶段和威尼斯阶段。19世纪，由于资本主义国家侵入中国，借贷记账法也随之传入我国，一些比较大的工商企业、银行以及政府机关开始采用这种记账方法。新中国成立以后不少行业仍然继续沿用下来。目前，借贷记账法已成为我国各单位广泛使用的一种复式记账方法。

（二）借贷记账法的记账符号

记账符号是指在会计核算中，用以指明记账方向，用来表示会计要素的增减变动情况的符号标记。

?小思考

“借”和“贷”两个字本身有没有任何含义呢？为什么？

借贷记账法以“借”“贷”二字作为记账符号，用以指明应记入账户的方向，反映会计要素的变化。

“借”和“贷”作为纯粹的记账符号，既不单纯的代表增加，也不单纯的代表减少。对于一个账户而言，借方和贷方究竟哪方记增加，哪方记减少，则取决于账户的性质及其反映的经济内容。

（三）借贷记账法的账户结构

明确账户结构，是记账的前提条件。借贷记账法下，账户的基本结构是：左方为借方，右方为贷方（用“T”字形账户表示格式如图3-6所示），分别用来登记金额的相反变化，即一方登记增加金额，另一方登记减少金额。至于哪一方登记增加金额，哪一方登记减少金额，则应取决于账户的性质。

账户的性质是由各账户所反映的经济内容决定的。

在借贷记账法下，账户按其反映的经济内容不同分为：资产类、负债类、所有者权益类、成本类和损益类等。下面分别介绍这几类常用账户的结构。

1. 资产类账户。资产类账户的结构是：借方登记资产的增加额，贷方登记资产的减少额，若有期末（期初）余额，其期末（期初）余额一般在借方，表示期末（期初）资产的实有数额（见图 3－18）。

借方		资产类账户	贷方
期初余额	×××		
本期增加额	×××	本期减少额	×××
	×××		×××
本期借方发生额	×××	本期贷方发生额	×××
期末余额	×××		

图 3－18　资产类账户

资产类账户的期末余额可根据下列公式计算：

借方期末余额＝借方期初余额＋借方本期发生额－贷方本期发生额

2. 负债类账户。负债是企业资产的来源之一，负债类账户的结构是：贷方登记负债的增加额，借方登记负债的减少额，期末（期初）若有余额，其期末（期初）余额一般在贷方，表示期末负债的实有数额（见图 3－19）。

借方		负债类账户	贷方
		期初余额	×××
本期减少额	×××	本期增加额	×××
	×××		×××
本期借方发生额	×××	本期贷方发生额	×××
		期末余额	×××

图 3－19　负债类账户

负债类账户的期末余额可根据下列公式计算：

贷方期末余额＝贷方期初余额＋贷方本期发生额－借方本期发生额

3. 所有者权益类账户。所有者权益是企业资产的来源之一，所有者权益类账户的结构与负债类账户的结构相同，贷方登记所有者权益的增加额，借方登记所有者权益的减少额，期末（期初）若有余额，其期末（期初）余额一般在贷方，表示期末所有者权益的实有数额（见图 3－20）。

所有者权益类账户的期末余额可根据下列公式计算：

贷方期末余额＝贷方期初余额＋贷方本期发生额－借方本期发生额

借方	所有者权益类账户		贷方
		期初余额	×××
本期减少额	×××	本期增加额	×××
	×××		×××
本期借方发生额	×××	本期贷方发生额	×××
		期末余额	×××

图3－20　所有者权益类账户

4. 成本类账户。成本类账户在基本结构上与资产类账户是一致的，所不同的是作为成本类账户，其成本的发生最终将转化为企业资产的增加，因而在期末时，对已形成企业资产的成本费用要从成本账户中转到有关资产账户，以表示资产的增加，所以其账户结构与核算内容与资产账户相比有一定的区别。

成本类账户的结构是：借方登记成本的增加额，贷方登记成本的转出额。在每一个会计期末，用借方发生额与贷方发生额相比较，如果已发生的所有的成本均转为资产，则成本类账户期末没有余额，如果尚有一部分成本没有转为资产，则会有借方差额，称为期末借方余额，表示期末尚未转为资产的成本数额（见图3－21）。

借方	成本类账户		贷方
期初余额	×××		
本期增加额	×××	本期减少额	×××
本期借方发生额	×××	本期贷方发生额	×××
期末余额	×××		

图3－21　成本类账户

成本类账户的期末余额可根据下列公式计算：

借方期末余额＝借方期初余额＋借方本期发生额－贷方本期发生额

5. 损益类账户。反映各项损益的账户称为损益类账户。损益类账户按反映的具体内容不同，又可分为反映各项收入的账户和反映各项费用支出的账户。企业在生产经营过程中会不断地取得各种收入，而为了取得收入，就要发生各种费用支出。将一定期间的收入与费用相配比，就可以计算出企业实现的利润。利润是企业资产的一个来源，在未分配前可以看作是企业所有者权益的增加。因为收入的增加意味着利润的增加，其结构应与所有者权益类账户基本相同；而费用的增加则意味着利润的减少，所以其结构应与所有者权益类账户相反，与资产类账户结构相同。

收入和费用作为反映企业损益的账户，从其设置目的而言，是一个分类核算企业经营过程中各项损益的过渡性账户。为了在期末对收入和费用进行配比以计算当期利润，在期末时，要将所有本期实现的收入从收入账户转出，转入反映利润的有关账户，表示所有者权益的增加；而所有本期发生的费用，也要从费用账户转出，转入反映利润的账户，表示所有者权益的减少。因而损益类账户的特征是：期末结转利润后，损益类账户一般没有余额。

收入类账户的结构是：贷方登记收入的增加额，借方登记收入的减少额和转出额。在每一个会计期末，将收入的发生额从借方转出，期末结转后收入类账户无余额（见图 3 – 22）。

借方	收入类账户		贷方
本期减少额	×××	本期增加额	×××
及转出额	×××		×××
本期借方发生额	×××	本期贷方发生额	×××

图 3 – 22　收入类账户

费用类账户的结构是：借方登记费用支出的增加额，贷方登记费用的减少额和转出额。在每一个会计期末，将费用支出的发生额从贷方转出，期末结转后费用类账户无余额（见图 3 – 23）。

借方	费用类账户		贷方
本期增加额	×××	本期减少额	×××
	×××	及转出额	×××
本期借方发生额	×××	本期贷方发生额	×××

图 3 – 23　费用类账户

为了使同学们更好地理解借贷记账法账户结构，我们将借贷记账法账户结构及账户金额指标的计算公式总结如表 3 – 4 所示。

表 3 – 4　借贷记账法下各类账户结构

<table>
<tr><th>账户类别</th><th>借方</th><th>贷方</th><th>余额</th><th>计算公式</th></tr>
<tr><td>资产类账户</td><td>+</td><td>–</td><td>借方</td><td rowspan="2">期末余额 = 期初余额 + 本期借方发生额 – 本期贷方发生额</td></tr>
<tr><td>成本类账户</td><td>+</td><td>–</td><td>借方</td></tr>
<tr><td>费用类账户</td><td>+</td><td>–</td><td>一般无余额</td><td>期末结转本年利润账户，结转后无余额</td></tr>
<tr><td>负债类账户</td><td>–</td><td>+</td><td>贷方</td><td rowspan="2">期末余额 = 期初余额 + 本期贷方发生额 – 本期借方发生额</td></tr>
<tr><td>所有者权益类账户</td><td>–</td><td>+</td><td>贷方</td></tr>
<tr><td>收入类账户</td><td>–</td><td>+</td><td>一般无余额</td><td>期末结转本年利润账户，结转后无余额</td></tr>
<tr><td colspan="5">注：备抵账户的结构与所调整账户的结构正好相反。</td></tr>
</table>

⚠小提示

这张表大家要好好理解并记住哦！

【巧记】

会计等式：资产 + 费用 = 负债 + 所有者权益 + 收入。

等式左边：资产、费用（成本类、损益支出类）增加在借方，减少在贷方；

等式右边：负债、所有者权益、收入增加在贷方，减少在借方。

（四）借贷记账法的记账规则

记账规则是指采用某种记账方法登记具体经济业务时应当遵循的规律。借贷记账法的记账规则是“有借必有贷，借贷必相等”。即对于企业发生的每一笔经济业务，都要在两个或两个以上相互联系的账户的借方和贷方进行登记，并且借方和贷方登记的金额要相等。具体来说，就是指对于每一项经济业务事项，如果在一个账户中登记了借方，必须同时在另一个或几个账户中登记贷方；或者反过来说，在一个账户中登记了贷方，必须在另一个或几个账户中登记借方。而且登记在借方的合计数与贷方的合计数金额必须相等。借贷记账法的记账规则举例解释如图 3－24 所示。

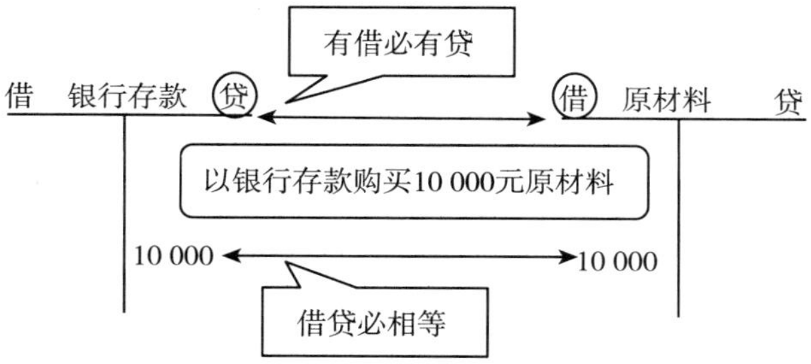

图 3－24　借贷记账法的记账规则解释（假设不考虑相关税费）

运用借贷记账法的记账规则登记经济业务时，一般按以下步骤进行：首先，分析经济业务中所涉及的账户名称，并判断账户的性质；其次，判断账户中所涉及的资金数量是增加还是减少；最后，根据账户的结构确定记入账户的方向。

【例 3－1】 2021 年 11 月 2 日，江西天华家具有限公司接受某外商投资 300 000 元人民币存入银行存款账户。

这一经济事项使企业资产类账户“银行存款”和所有者权益类账户“实收资本（或股本）”同时增加 300 000 元。其账务处理如图 3－25 所示。

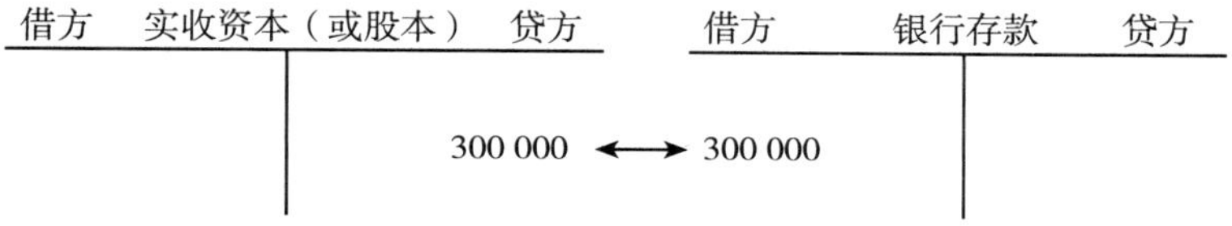

图 3－25　“T”字形账户结转

【**例 3 –2**】2021 年 11 月 5 日，江西天华家具有限公司以银行存款偿还所欠四海公司货款 6 000 元。

这一经济事项使企业资产类账户“银行存款”和负债类账户“应付账款”同时减少 6 000 元。其账务处理如图 3 –26 所示。

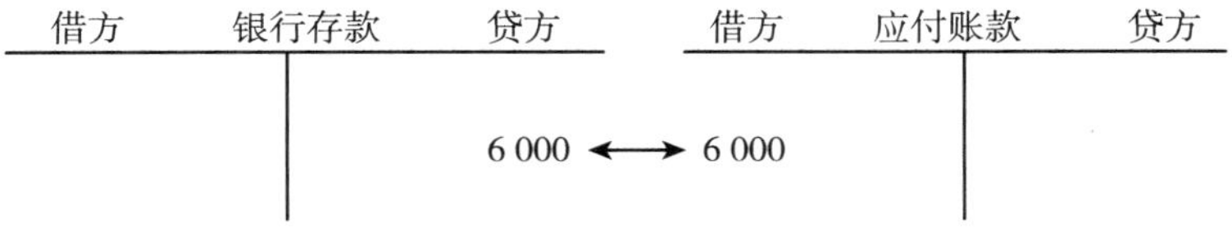

图 3 –26　“T”字形账户结转

【**例 3 –3**】2021 年 11 月 9 日，江西天华家具有限公司向银行借入三个月期限的短期借款 20 000 元存入银行存款账户。

这一经济事项使企业资产类账户“银行存款”和负债类账户“短期借款”同时增加 20 000 元。其账务处理如图 3 –27 所示。

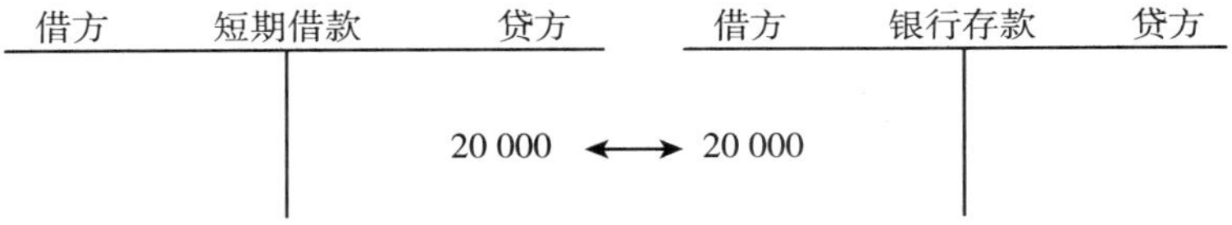

图 3 –27　“T”字形账户结转

【**例 3 –4**】2021 年 11 月 12 日，江西天华家具有限公司与债权人（供应单位）协商并经有关部门批准，将所欠债权人的 100 000 元债务转为资本（债权人对企业的投资）。

这一经济事项使江西天华家具有限公司所有者权益类账户“实收资本（或股本）”增加 100 000 元，负债类账户“应付账款”减少 100 000 元。其账务处理如图 3 –28 所示。

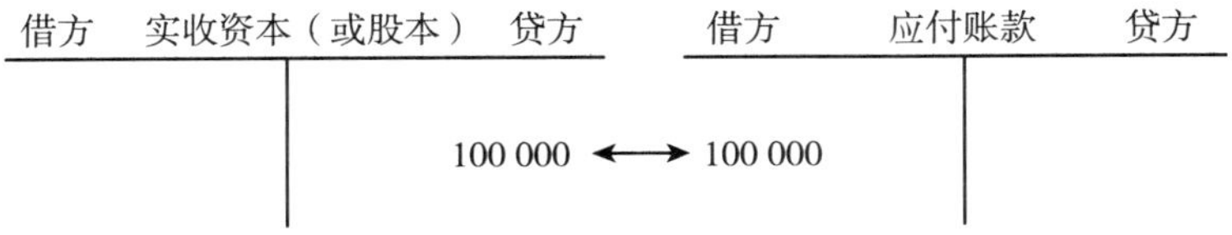

图 3 –28　“T”字形账户结转

【**例 3 –5**】2021 年 11 月 3 日，江西天华家具有限公司向乙公司购入密度板材料 60 000 元，打磨纸材料 30 000 元，增值税税率为 13%，增值税税额为 11 700 元，材料已入库，款项已转账支付。

这一经济事项使企业资产类账户“原材料”增加 90 000 元，负债类账户“应交税费”减少 11 700 元，资产类账户“银行存款”减少 101 700 元。其账务处理如图 3 –29 所示。

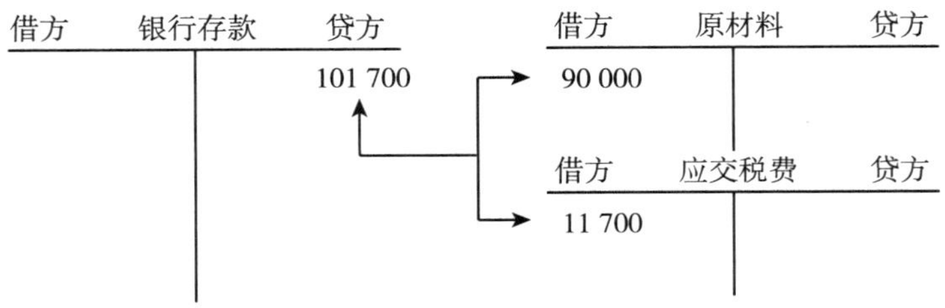

图 3-29 "T"字形账户结转

应当指出的是，由于每一笔会计记录都是有借必有贷，且借贷的金额相等，一定会计期间所有账户的借方发生额合计数必然等于贷方发生额合计数，也就是说发生额相互平衡。

（五）会计分录

1. 会计分录的含义。会计分录简称分录，是指对发生的交易或事项，指明其应记入的账户名称、记账方向和记账金额的记录。一笔会计分录应包括三个要素，即账户名称（会计科目）、记账方向（借方或贷方）和记账金额。账户名称用来反映交易或事项的内容，记账方向用以反映交易或事项引起资金增减变动的方向，记账金额则反映资金变动的数额（见图 3-30）。在实际工作中，应根据已审核的原始凭证，在记账凭证中编制。会计分录记载于记账凭证中。

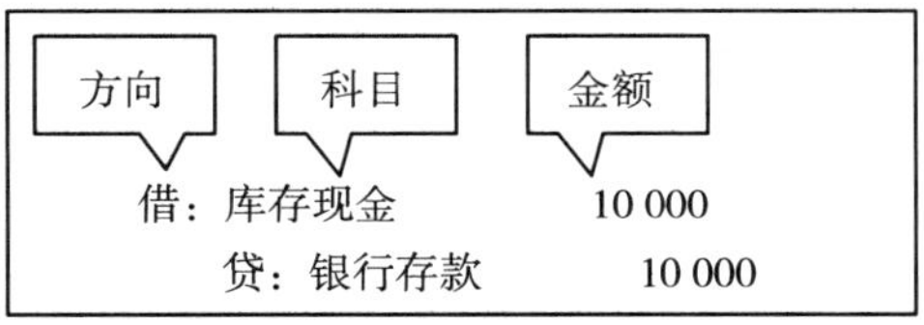

图 3-30 会计分录举例解释

2. 会计分录的分类。会计分录按其所涉及账户的多少不同，可分为简单会计分录和复合会计分录两种。简单会计分录是指只涉及两个账户的会计分录，又称一借一贷的会计分录。复合会计分录是指涉及两个以上（不包括两个）账户的会计分录。可以说复合会计分录是由简单会计分录复合而成的会计分录。但需要指出的是，一笔交易或事项的发生，是编制简单会计分录还是编制复合会计分录，应以能否清楚地反映交易或事项内容和账户对应关系，以及满足会计核算要求为原则。不可将无关的简单会计分录合并为复合会计分录。

3. 会计分录的书写格式。

（1）先写借方科目，后写贷方科目，借贷要分行书写，借贷方合计金额要相等；

（2）贷方的文字和数字都要比借方后退两格书写；

（3）在一借多贷或一贷多借和多借多贷的情况下，借方或贷方的文字、金额要对齐。如图 3－31 所示。

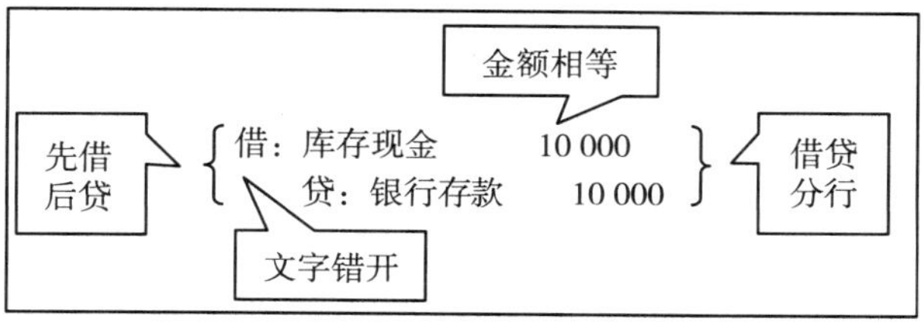

图 3－31　会计分录书写格式举例解释

4. 会计分录的编制方法。会计分录编制对于初学会计者而言是一个重点、难点问题，为了更好地帮助初学会计者理解、掌握会计分录的编制方法，可以对会计分录编制方法进行提炼，按“五步法”来进行分析经济业务、编制会计分录。

第一步，定科目：确定经济业务事项的发生涉及哪些会计科目；

第二步，找类别：分析所涉及的会计科目属于哪类账户结构；

第三步，明方向：确定所涉及科目增加、减少情况和应记的借贷方向；

第四步，算金额：确定借贷方的金额；

第五步，编分录：检查会计科目、金额是否正确，并编制会计分录。

在遇有复杂的经济业务时，需考虑登记一个账户的借方和几个账户的贷方或几个账户的借方和一个账户的贷方，但借贷双方的金额都必须相等。

⚠**小提示**

作为分录初学者，写分录时一定不要着急，请严格按照左边的五步走模型一步一步完成每一笔分录。

仍以【例 3－1】~【例 3－5】为例，编写会计分录。

【例 3－1】

借：银行存款	300 000	
贷：实收资本		300 000

【例 3－2】

借：应付账款——四海公司	6 000	
贷：银行存款		6 000

【例 3－3】

借：银行存款	20 000	
贷：短期借款		20 000

【例 3－4】

借：应付账款	100 000	
贷：实收资本		100 000

【例 3－5】

借：原材料——密度板	60 000	
——打磨纸	30 000	
应交税费——应交增值税（进项税额）	11 700	
贷：银行存款		101 700

在上述例子中，【例3－1】~【例3－4】为简单会计分录，【例3－5】为复合会计分录。

5. 账户的对应关系。通过上例可以看到，每一笔会计分录，都以两个或两个以上相互联系的账户来记录或反映某项经济业务，在有关账户之间就形成了应借、应贷的相互关系，这种关系称为账户对应关系。发生对应关系的账户称为对应账户。

?小思考

账户对应关系的产生不就是因为借贷复式记账法的原理吗?

以【例3－1】为例，这项经济业务涉及“银行存款”“实收资本”两个账户，“银行存款”增加（借方）的同时，“实收资本”也增加（贷方），这两个账户之间就形成了应借、应贷的账户对应关系，因而“银行存款”和“实收资本”就是对应账户。

（六）试算平衡

一定时期内，企业发生的经济业务，根据借贷记账法的原理均在相关的账户中进行了登记。为了保证账户记录的正确性，需要在一定时期终了时，对账户记录的正确性进行检查，进行试算平衡。

借贷记账法下的试算平衡，就是根据“资产＝负债＋所有者权益”的平衡关系以及借贷记账法的记账原理和记账规则，来检查和验证账户记录是否正确的一种方法。

试算平衡按其检查和验证的对象不同分为发生额试算平衡法和余额试算平衡法两种。

1. 发生额试算平衡法。在借贷记账法下，每笔经济业务都是根据“有借必有贷，借贷必相等”的记账规则进行记账的，这就使得根据每一项经济业务所编制的会计分录，借贷两方的发生额必然是相等的；将一定时期内（一般为1个月）反映全部经济业务的所有会计分录，都记入有关账户后，全部账户的借方本期发生额合计数与全部账户的贷方本期发生额合计数就必然相等。借贷记账法下发生额试算平衡公式如下：

全部账户本期借方发生额合计＝全部账户本期贷方发生额合计

这一试算平衡法，主要用来检查会计处理过程及结计的本期发生额的正确性。

2. 余额试算平衡法。根据上述同样的道理，一定时期“全部账户借方余额合计数等于全部账户贷方余额合计数”。根据余额的时点不同又可分为期初余额试算平衡和期末余额试算平衡。其平衡公式如下：

全部账户期初借方余额合计＝全部账户期初贷方余额合计

全部账户期末借方余额合计＝全部账户期末贷方余额合计

这一试算平衡法，主要用来检查和验证期末余额的正确性。

为了保证财务报表提供的会计信息真实、可靠，必须定期进行试算平衡，检查和验证账户记录是否正确，以便及时发现错误、查明原因，并予以更正。

必须指出，试算平衡只是通过借贷金额是否平衡来检查账户的记录是否正确。如果借贷不平衡，可以肯定账户的记录、计算有错误。如果借贷平衡，并不能肯定记账没有错误，因为有些错误并不影响借贷双方的平衡。例如，某项经济业务在有关账户中全部被错记、漏记或重记，并不能通过试算平衡发现。这表明只根据试算平衡结果，并不足以说明账户的记录没有错误。因此，需要对一切会计记录进行日常或定期的复核，以保证账户记录的正确性。

试算平衡工作通常是通过编制试算平衡表来完成的。该表一般是在月末结算出各账户的本期发生额和期末余额以后，再据其编制的。编制试算平衡表时，可以分别编制"总分类账户期末余额试算平衡表"和"总分类账户本期发生额试算平衡表"，也可以只编制一张"总分类账户本期发生额及余额试算平衡表"。"总分类账户本期发生额及余额试算平衡表"格式如表 3－5 所示。

表 3－5　　总分类账户本期发生额及余额试算平衡表

××××年××月　　单位：元

账户名称	期初余额		本期发生额		期末余额	
	借方	贷方	借方	贷方	借方	贷方
合计						

表 3－5 中若去掉"期初余额"栏和"期末余额"栏，就是"总分类账户本期发生额试算平衡表"的格式；若去掉"期初余额"栏和"本期发生额"栏，就是"总分类账户期末余额试算平衡表"的格式。

试算平衡表的编制方法：

（1）将涉及的所有账户名称填入试算平衡表的"账户名称"栏。

（2）根据上期试算平衡表"期末余额"栏的数字，按原来借贷方向，填入本期试算平衡表中"期初余额"栏对应各账户的相应"借"或"贷"栏。

（3）根据分类账各账户本期借方发生额合计数、本期贷方发生额合计数，填入本期试算平衡表中"本期发生额"栏对应各账户的相应"借"或"贷"栏。

(4) 根据分类账各账户期末借方余额、贷方余额，填入本期试算平衡表中“期末余额”栏对应各账户的相应“借”或“贷”栏。

(5) 加计“期初余额”“本期发生额”“期末余额”各大栏中的借贷小栏的合计数，核对各大栏中各自“借”栏合计数与“贷”栏合计数是否相等，若相等，则计算工作正确，试算平衡表编制工作完成。

【例3-6】假设2021年11月江西天华家具有限公司相关账户的期初余额如表3-6所示，仍以【例3-1】~【例3-5】五项经济业务为例，编制总分类账户本期发生额及余额试算平衡表，见表3-7。

表3-6 江西天华家具有限公司相关账户期初余额

2021年11月1日 单位：元

账户名称	期初余额	
	借方	贷方
银行存款	420 000	
原材料——密度板	30 000	
原材料——打磨纸	20 000	
短期借款		100 000
应付账款		154 200
应交税费		45 800
实收资本		170 000
合计	470 000	470 000

小思考
为什么试算后最终要求平衡呢？又为什么有余额试算平衡和发生额试算平衡？请回忆借贷复式记账法和账户结构原理的相关内容。

表3-7 总分类账户本期发生额及余额试算平衡表

2021年11月30日 单位：元

账户名称	期初余额		本期发生额		期末余额	
	借方	贷方	借方	贷方	借方	贷方
银行存款	420 000		320 000	107 700	632 300	
原材料	50 000		90 000		140 000	
短期借款		100 000		20 000		120 000
应付账款		154 200	106 000			48 200
应交税费		45 800	11 700			34 100
实收资本		170 000		400 000		570 000
合计	470 000	470 000	527 700	527 700	772 300	772 300

三、总分类账户与明细分类账户

由于经营管理的需要，不但要求会计提供总括核算指标，而且还要求会计提供具体的明细核算指标，所以在设置账户时，既要设置总分类账户，还要设置明细分类账户。

（一）总分类账户和明细分类账户的关系

账户按提供会计指标详细程度不同分类，可分为总分类账户和明细分类账户。

总分类账户简称总账，是根据一级会计科目设置的，用以提供总括的核算资料和指标的账户。在总分类账中，只使用货币计量单位反映经济业务。

明细分类账户简称明细账，是根据明细会计科目设置的，用以提供详细核算资料和指标的账户。在明细账中，除用货币计量单位反映经济业务外，必要时还要使用实物量或劳动量单位从数量或时间上来反映经济业务，以满足经营管理的需要。

总分类账户与其所属的明细分类账户有着密切的联系。它们所记录的经济内容是相同的，登记的依据（即会计凭证）也是相同的，所提供的核算资料是相互补充的。总分类账户提供的总括核算资料是对其所属明细分类账户资料的综合，明细分类账户提供的明细核算资料是对其总分类账户资料的具体化。所以，总分类账户对其所属的明细分类账户起着统驭作用，而明细分类账户对其总分类账户起着补充和说明的作用。总分类账户是明细分类账户的统驭账户，而明细分类账户则是统驭账户的从属账户。

⚠小提示

正如我们之前所讲的，大家应该越来越能体会到会计工作是一套相互联系的系统性工作。

（二）总分类账户和明细分类账户的平行登记

1. 平行登记的概念。前已述及，总分类账户和明细分类账户所记录的经济内容是相同的，登记的依据（即会计凭证）也是相同的，所提供的核算资料是相互补充的，两者既总括又详细地反映同一会计事项，因此，总分类账户和明细分类账户应当平行地进行登记。

所谓平行登记，就是指对每一项经济业务，都要根据会计凭证在总分类账户中进行总括登记和在明细分类账户进行详细登记的一种记账方法。

2. 平行登记的要点。总分类账户和明细分类账户平行登记，归纳起来，要点如下：

（1）同依据登记。在记账凭证账务处理程序下，对每一项经济业务，在总分类账户中进行总括登记和在明细分类账中进行详细登记的依据是相同的。

（2）同期间登记。对于每项经济业务，都要在同一会计期间（如 1 个月内）进行登记，一方面要在有关总分类账户中进行总括的登记，另一方面要在有关明细分类账户进行明细登记。

（3）同方向登记。无论本期发生额在借方或贷方，总分类账与其所属明细分类账户的登记方向是一致的。如果总分类账在借方登记，所属明细分类账也在借方登记；如果总分类账在贷方登记，那么所属明细分类账也应在贷方登记。

（4）同金额登记。记入某一总分类账的金额（称为总金额），要同记入所属的几个明细分类账户的金额之和相等。

（三）总分类账户和明细分类账户的核对

总分类账户和明细分类账户的核对是检查总分类账户和明细分类账户登记是否正确、完整的一种方法。因为总分类账户和明细分类账户是采用平行登记的方法，因而，必然会形成以下数量关系：

$$\frac{\text{总分类账户本期借方}}{\text{（或贷方）发生额合计数}} = \frac{\text{所属明细分类账户本期借方}}{\text{（或贷方）发生额合计数之和}}$$

总分类账户期初余额 = 所属明细分类账户期初余额之和

总分类账户期末余额 = 所属明细分类账户期末余额之和

根据总分类账户和明细分类账户的相应数字必然相等的关系，可以检查账簿记录资料是否正确、完整。如果相应数字不相等，即表明核算资料必有差错，必须查明原因，加以更正。核对时，可采用编制“明细分类账户本期发生额及余额明细表”的方法进行。

【例 3－7】仍以前述经济业务为例，登记原材料总分类账户及明细分类账。如图 3－32、图 3－33、图 3－34 所示。

原材料总账

总第　　页

科目代码：　　　　　　　　分第　　页

2021年 月	日	凭证号数	摘要	√	借方（千百十万千百十元角分）	贷方（千百十万千百十元角分）	借或贷	余额（千百十万千百十元角分）
11	1		期初余额				借	5000000
	3		购料付款		9000000			
	30		本月合计		9000000		借	14000000

图 3－32　原材料总分类账

原材料明细账

产地：______ 牌号：______ 包装：______

最高存量：______ 最低存量：______ 计量单位：______

货号		页次		总次	
货名	打磨纸		计划单价		
规格	10#		类别		

2021年 月	日	凭证号数	摘要	单价	收入（借方）金额	发出（贷方）金额	结存金额	√
11	1		期初余额	1000.00			2000000	
	3	付05	购料付款	1000.00	3000000			
			本月合计		3000000		5000000	

图 3－33　原材料明细账

原材料明细账

产地：______ 牌号：______ 包装：______

最高存量：______ 最低存量：______ 计量单位：______

货号		页次		总次	
货名	密度板		计划单价		
规格	φ12mm		类别		

2021年 月	日	凭证号数	摘要	单价	收入（借方）金额	发出（贷方）金额	结存金额	√
11	1		期初余额	1500.00			3000000	
	3	付03	购料付款	1500.00	6000000			
			本月合计		6000000		9000000	

图 3－34　原材料明细账

第四节　记账凭证的填制

本节重难点

分类记账凭证的选择和填制工作。

一、记账凭证的填制内容

通过上节内容的介绍，我们已经了解到，记账凭证是会计人员根据审核无误后的原始凭证或者汇总原始凭证填制的凭证，是登记账簿的依据。实际会计工作中，常用的记账凭证主要采用专用凭证和通用凭证两种格式，当然，有些特殊经济业务，还可直接以自制的原始凭证或者汇总原始凭证代替记账凭证记账。无论哪种形式的记账凭证，其作用一致，具备的内容也大体相同。记账凭证的主要内容有：（1）填制凭证的日期；（2）记账凭证的名称；（3）记账凭证的编号；（4）经济业务摘要；（5）会计科目的名称、金

小思考

记账凭证与原始凭证填写的内容关键有哪些不同呢？

额、方向；（6）所附原始凭证张数；（7）制证、审核、记账、会计主管等有关人员的签章。收款和付款记账凭证还应当由出纳人员签名或者盖章。

二、记账凭证的填制要求

记账凭证是根据审核无误的原始凭证或者汇总原始凭证填制。记账凭证填制正确与否，直接影响到整个会计核算过程。记账凭证的填制与原始凭证的填制有很多共同之处。例如，记录真实，内容完整，手续完备，书写清楚、规范，填制及时等。填制记账凭证时，应遵循如下基本要求：

1. 正确、简明填写“摘要”栏。摘要应与原始凭证内容一致，能正确反映经济业务的主要内容，表述简短精炼，应能使阅读的人通过摘要就能了解该项经济业务的性质、特征，判断出会计分录的正确与否，一般不必再去翻阅原始凭证或询问有关人员。

2. 填制记账凭证时，应对记账凭证连续编号。记账凭证上的编号一般是分月按自然数 1，2，3，…的顺序连续编号，不得跳号、重号、漏号。记账凭证编号时，万一发生漏号，应补填一张漏号的空白记账凭证插入，摘要写明编号，金额划销。万一发生重号，只能作为某一号的副号。如果一项经济业务涉及的会计科目较多，一张记账凭证填写不下，需填写 2 张或 2 张以上记账凭证时，应在原编号后用分数的形式表示。例如，第 6 号记账凭证的会计事项需要编制 3 张记账凭证，则第 1 张为 $6\frac{1}{3}$，第 2 张为 $6\frac{2}{3}$，第 3 张为 $6\frac{3}{3}$。但不得把不同类型的经济业务合并填制一张记账凭证，混淆账户的对应关系。

记账凭证的编号方法有三种：（1）将全部记账凭证不分类别统一编号。这种方法用于通用记账凭证。（2）将记账凭证分为收款、付款和转账三类分别编号。（3）将记账凭证分为现金收款、银行存款收款、现金付款、银行存款付款和转账五类分别编号。采用何种编号方法由企业财务部门根据实际需要自行确定，但在一个会计年度内不得任意更改。

小思考

为什么记账凭证除特殊情况下必须附有原始凭证：提醒大家，回忆可靠性原则。

3. 必须附有原始凭证（特殊情况除外）。除结账和更正错误的记账凭证可以不附原始凭证外，其他记账凭证必须附有原始凭证。如果一张原始凭证涉及几张记账凭证，可以把原始凭证附在一张主要的记账凭证后面，并在其他记账凭证上注明附有该原始凭证的记账凭证的编号或附原始凭证复印件。并且记账凭证的内容和金额，应和所附的原始凭证一致。

4. 金额栏数字的填写。记账凭证的金额必须与原始凭证的金额相一致。在填写金额数字时，应注意以下几点：

（1）阿拉伯数字书写要规范，应平行对准借贷栏次和科目栏次，防止错栏串行。

（2）金额数字要填写到分位。

（3）在合计数前面要填写货币符号“￥”，不是合计数，不填写货币符号，货币符号与数字之间不得留有空距。

（4）记账凭证填制完经济事项后，如有空行，应自金额栏最后一笔金额数字下的空行处至合计数的空行处划线注销。

5. 记账凭证的日期要正确填写。填写日期一般以财会部门受理会计事项，填制记账凭证的当天日期为准，也可以根据管理要求，填写经济业务发生的日期或月末日期。年、月、日应写全。填写日期的具体要求是：

（1）现金收付款记账凭证填写办理收付现金日期，不得填写发货票等原始凭证的日期。

（2）银行收款转账业务的记账凭证，应填写银行进账单的戳记日期，以便于银行对账。如果实际收到的进账单日期与银行戳记日期相隔较远，则以财会部门实际办理转账业务的日期填写。

（3）银行付款转账业务的记账凭证，一般以财会部门开出银行付款单据的日期或承付的日期填写。

（4）报告期终了，关于调整项目、成本计算、财产清查、结账等事项，在结账期间，均按月终（或年终）日期填写。

6. 填制凭证，字迹必须清晰、工整，并符合相关要求。

（1）阿拉伯数字应当按规范书写，不得连笔。数字前面应当书写货币币种符号或货币名称简写。币种符号与阿拉伯数字之间不得留有空白。凡阿拉伯数字前写有币种符号的，数字后面不再写货币单位。

（2）所有以元为单位的阿拉伯数字，除表示单价等情况外，一律填写到角分；无角分的，角位和分位可写“00”，或者用符号“—”代替；有角无分的，分位写“0”，不得用符号“—”代替。

（3）汉字大写数字金额，一律按规定用正楷或者行书字体书写；不得任意自造简化字。大写数字到元或者角为止的，在“元”或“角”字之后应当写“整”字或“正”字；大写金额数字有分的，分字后面不写“整”字或“正”字。

7. 填制记账凭证时如果发生错误，应当重新填制。已经登记入账的记账凭证当年内发现错误的，可以用相应的更正法进行更正。

8. 实行会计电算化的单位，其机制记账凭证应当符合对记账凭证的一般要求，并应认真审核。应做到会计科目使用正确，数字准确无误。打印出来的机制记账凭证上，要加盖制单人员、审核人员、记账人员和会计主管人员印章或者签字，以明确责任。

9. 正确编制记账凭证并保证借贷平衡。必须根据国家统一会计制度的规定和经济业务的内容，正确使用会计科目和编制会计分录，记账凭证借、贷方的金额必须相等，合计数须计算正确。

10. 只涉及现金和银行存款之间收入或付出的经济业务，应以付款业务为主，只填制付款凭证，不填制收款凭证，以免重复。记账凭证的填制方法因记账凭证的种类和记账方法的不同而不同。

三、记账凭证的填制方法

（一）专用记账凭证的填制方法

专用记账凭证包括收款凭证、付款凭证和转账凭证三种。

1. 收款凭证的填制方法。收款凭证应由出纳人员填制，其填制依据是审核无误的现金或银行存款等货币资金收款业务的原始凭证或汇总原始凭证。“日期”栏填制收款凭证编制的日期；“编号”栏按现金或银行存款收款业务的顺序编号；“借方科目”在凭证的左上方，应填列“库存现金”或“银行存款”科目；“贷方科目”在凭证的表格栏内，填列与借方科目相对应的科目；“摘要”栏是经济业务的说明，填制时要求言简意明；“账页”栏为该账户在账簿中的页码，“金额”栏填列相对应科目的金额数，“一级科目”中的金额数应与“贷方科目”栏中的一级科目同行；“二级或明细科目”中的金额数应与“贷方科目”栏中相对应的二级或明细科目同行，且二级或明细科目的金额之和应与一级科目的金额相等。

【例3－8】2021年11月13日，江西天华家具有限公司通过银行转账收到江西万达商贸公司前欠货款10 000元。根据这项经济业务的原始凭证（银行收款回单）填制收款凭证。

根据审核无误的原始凭证（见图3－35），编制的收款凭证如图3－36所示。

中国工商银行　　　业务回单（收款）

日期：2021年11月13日
回单编号：173550000009
付款人户名：江西万达商贸有限公司　　付款人开户行：工行九江南湖支行
付款人账号（卡号）：15285100254103547811
收款人户名：江西天华家具有限公司　　收款人开户行：工行九江思贤支行
收款人账号（卡号）：15285005481201230126
金额：壹万元整　　小写：10 000.00元
业务（产品）种类：结算业务凭证　　凭证种类：000000000　　凭证号码：0000000000000
摘要：货款　　用途：　　币种：人民币
交易机构：0150602180　　记账柜员：00023　　交易代码：52093　　渠道：其他
产品名称：
费用名称：
应收金额：10 000.00　　实收金额：10 000.00　　收费渠道：
本回单为第一次打印，注意重复　　打印日期：2021年11月13日　　打印柜员：0　　验证码：A981CCDB9124

图3－35　银行业务回单（收款）

收款凭证

借方科目：银行存款　　2021年11月13日　　收字第 1 号

摘要	贷方总账科目	明细科目	√	金额（千百十万千百十元角分）
收到货款	应收账款	江西万达公司		10000000
合计				¥10000000

附单据 1 张

财务主管　　记账　　出纳　　审核　　制单 田野

图 3-36　收款凭证

2. 付款凭证的填制方法。付款凭证与收款凭证相比，格式基本相同。应由出纳人员根据审核无误的现金或银行存款等付款业务的原始凭证或汇总原始凭证填制。应注意的是，在付款凭证中，“贷方科目”在凭证的左上方，应填列“库存现金”或“银行存款”科目，“借方科目”在凭证的表格栏内，填列与贷方科目相对应的科目；“编号”栏根据现金或银行存款的付款业务顺序编号，其他栏目的填制方法与收款凭证的填制方法一致。

【例 3-9】 2021 年 11 月 17 日，江西天华家具有限公司以现金支付采购员周俊峰预借差旅费 2 000 元。根据这项经济业务的原始凭证（借款单）填制付款凭证。

根据审核无误的原始凭证（见图 3-37），编制的付款凭证如图 3-38 所示。

借款单

资金性质：现金　　2021年11月17日

借款部门	江西天华家具有限公司　采购部	
借款理由	去武汉出差借支差旅费	
借款金额	人民币（大写）贰仟元整	¥：2 000.00
本单位负责人意见	现金付讫	借款人（签章）周俊峰
领导批示：同意支付！张天华 2021年11月17日	会计主管人员核批：田野	付款记录：年 月 日以第 号 李美玲 支票或现金支出凭单付给

图 3-37　借款单

付款凭证

贷方科目 库存现金　　2021年11月17日　　付字第 1 号

摘要	借方总账科目	明细科目	√	金额（千百十万千百十元角分）
周俊峰预借差旅费	其他应收款	周俊峰		200000
合计				¥200000

附单据 1 张

财务主管　　记账　　出纳　　审核　　制单 田野

图 3－38　付款凭证

3. 转账凭证的填制方法。转账凭证的会计科目均设置在凭证的表格栏内。转账凭证是会计人员根据有关转账业务的原始凭证或者汇总原始凭证填列。“借方金额”栏的数字应与借方科目同行；“贷方金额”栏的数字应与贷方科目同行，“编号”栏应根据转账业务的顺序编号，其他内容与收款、付款凭证的填制方法相同。

【例 3－10】2021 年 11 月 26 日，江西天华家具有限公司生产车间生产办公椅领用原材料密度板 100 张，金额 21 000 元。根据这项经济业务的原始凭证（领料单）填制转账凭证。

根据审核无误的原始凭证（见图 3－39），编制的转账凭证如图 3－40 所示。

实际会计工作中，记账凭证如采用专用凭证的格式，在编制记账凭证时，不能填制多借多贷的会计分录，只能填制一借多贷或多借一贷的会计分录，因为多借多贷的会计分录不能清晰地反映各账户之间的对应关系，不利于查对账目。

江西天华家具有限公司领料单

2021 年 11 月 26 日　　№ 1812005

领料部门	生产车间	领料用途	生产办公椅		领料日期	2021年 11月 26 日
编号	存货名称及规格	单位	数量		实际价格	
			请领	实发	单价	金额
001	密度板	张	100	100	210.00	21,000.00
合计						¥21,000.00

第三联 财务联

会计：田野　　领料部门负责人：李强　　发料人：宋燕　　领料人：陈宏

图 3－39　领料单

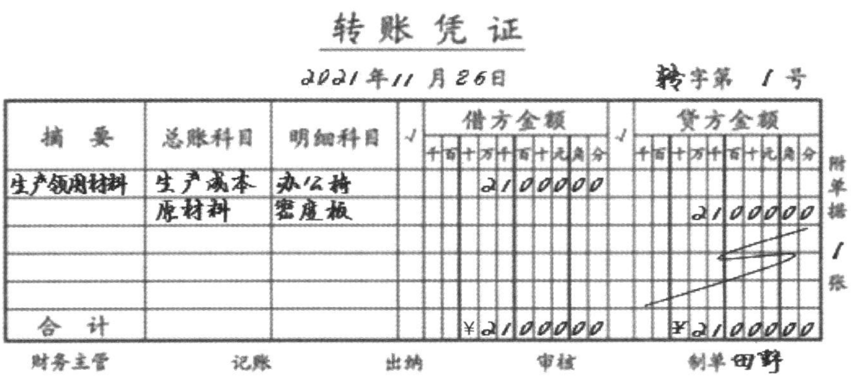

转账凭证

2021年11月26日　　转字第 1 号

摘要	总账科目	明细科目	√	借方金额	√	贷方金额
生产领用材料	生产成本	办公椅		2100000		
	原材料	密度板				2100000
合计				￥2100000		￥2100000

附单据 1 张

财务主管　记账　出纳　审核　制单 田野

图 3－40　转账凭证

（二）通用记账凭证的填制方法

采用通用记账凭证的经济单位，不再根据经济业务的内容分别设置收款凭证、付款凭证和转账凭证，而是将所有的经济业务填制在一种统一格式的记账凭证上。所有涉及现金和银行存款等货币资金收、付业务的记账凭证由出纳人员根据审核无误的原始凭证收付款后填制；涉及转账业务的记账凭证，由会计人员根据审核无误的有关转账业务的原始凭证或者汇总原始凭证填制。

在通用记账凭证中，经济业务所涉及的所有会计科目全部填列在凭证内。在借贷记账法下，借方科目在先，贷方科目在后，其填制方法与前述转账凭证的填制方法一致。

【例 3－11】2021 年 11 月 5 日，江西天华家具有限公司的出纳李美玲开具现金支票一张从银行提取现金 2 000 元备用。根据该项经济业务的原始凭证（现金支票存根联）填制通用记账凭证。

根据审核无误的原始凭证（见图 3－41），编制的通用记账凭证如图 3－42 所示。

> ?小思考
> 不同类别的记账凭证在填写方法上的主要区别是什么？

教学专用
中国工商银行
现金支票存根
30909320
03592920
附加信息
出票日期 2021 年 11 月 05 日
收款人：李美玲
金　额：￥2 000.00
用　途：备用金
单位主管　会计

图 3－41　现金支票存根联

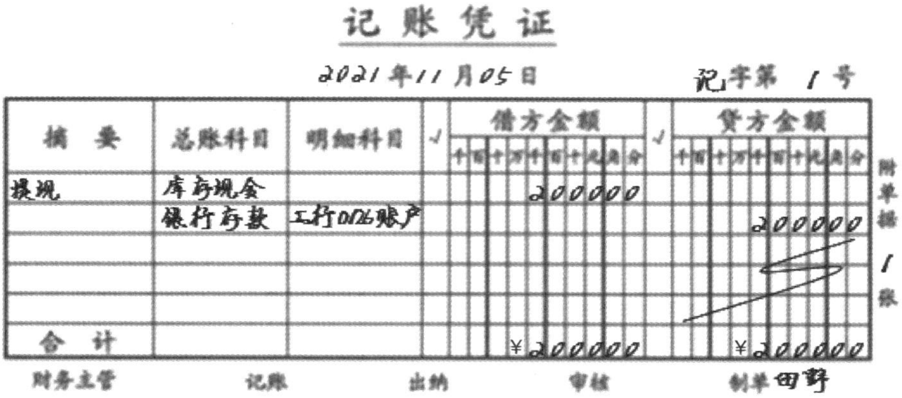

记 账 凭 证

2021年11月05日　　记字第 1 号

摘要	总账科目	明细科目	√	借方金额	√	贷方金额
提现	库存现金			200000		
	银行存款	工行0126账户				200000
合计				¥200000		¥200000

附单据 1 张

财务主管　记账　出纳　审核　制单 田野

图 3 - 42　记账凭证

ⓘ**技能点**

掌握不同类别的记账凭证的正确填写工作。

第五节　记账凭证的审核

一、记账凭证的审核内容

记账凭证是账簿登记的直接依据，对记账凭证进行审核，可以确保账簿记录和报表内容真实、准确，保证会计核算的质量。另外，由于记账凭证是根据审核无误的原始凭证填制的，对记账凭证进行审核，也是对原始凭证的复核。

记账凭证的审核内容主要有以下几个方面：

1. 填制依据的真实性。记账凭证必须附有原始凭证（特殊情况除外），审核所附原始凭证是否手续健全符合规定，记账凭证的内容与所附原始凭证的内容是否一致；汇总原始凭证的内容是否与记账凭证的内容一致。

2. 填写项目的齐全性。审核记账凭证的各项目是否填写齐全，如填制凭证的日期、摘要、会计科目的名称、金额、凭证编号、附件数、有关人员签章等。

3. 使用会计科目的正确性。填写总账科目、明细科目必须准确，其名称要用全称而且保持前后一致，以保证登记账簿的正确。

4. 金额计算的正确性。审核反映经济业务内容的计量单位、数量、单价，计算其金额；加计各项经济业务的金额，审核其汇总金额。

5. 书写的清晰性。凭证的文字和数字，除复写凭证外按规定使用蓝或黑色墨水的钢笔书写。书写要正确、清晰，不能污染、抹擦、刀刮和挖补。

在审核过程中若发现错误，应查明原因，及时更正。只有经过审核无误的记账凭证，才能作为登账的依据。

?**小思考**

为什么一定要审核记账凭证？与原始凭证的审核工作相比，记账凭证的审核工作主要有哪些不同呢？

二、记账凭证的审核范例

（一）收款凭证的审核范例

【例3-12】 2021年11月18日，江西天华家具有限公司通过银行转账收到鹰潭亚太商贸有限公司货款10 000元，取得一张银行业务回单的收账通知（见图3-43），根据该项经济业务的原始凭证填制了一张收款凭证（见图3-44），请你审核该收款凭证的填制是否符合填制的要求。

ICBC 中国工商银行　　业务回单（收款）

日期：2021年11月18日
回单编号：173550000011
付款人户名：江西亚太商贸有限公司　　付款人开户行：工行鹰潭四海支行
付款人账号（卡号）：15285344298479347902
收款人户名：江西天华家具有限公司　　收款人开户行：工行九江思贤支行
收款人账号（卡号）：15285005481201230126
金额：壹万元整　　小写：10 000.00元
业务（产品）种类：结算业务凭证　　凭证种类：000000000　　凭证号码：0000000000000
摘要：货款　　用途：　　币种：人民币
交易机构：0150602180　　记账柜员：00023　　交易代码：52093　　渠道：其他
产品名称：
费用名称：
应收金额：10 000.00　　实收金额：10 000.00　　收费渠道：
本回单为第一次打印，注意重复　　打印日期：2021年11月18日　　打印柜员：0　　验证码：A981CCDB9124

中国工商银行股份有限公司九江思贤支行 回单（自助设备）专用章（020）

图3-43　银行业务回单（收款）

收款凭证

借方科目　银行存款　　2021年11月18日　　记字第1号

摘要	贷方总账科目	明细科目	✓	金额（千百十万千百十元角分）
收到货款	应收账款	鹰潭亚太公司		1000000
合计				10000000

附单据　　张

财务主管　　记账　　出纳　　审核　　制单　田野

图3-44　收款凭证

审核分析：该收款凭证的填制不符合记账凭证的填制要求。

（1）凭证字号填写错误，收款凭证应该填写收字第几号。

（2）经济业务发生金额与合计金额不一致，需进一步查看原始凭证来确定发生金额。

（3）记账凭证科目填制完毕后，如有空行应将金额栏划斜线注销，本张凭证没有划线注销。

ⓘ技能点
掌握记账凭证的审核工作。

（4）填制记账凭证时要求在合计数前面填写货币符号“￥”，而本张凭证没有填写。

（5）填制记账凭证时要求在记账凭证上填写所附原始凭证张数，而本张凭证没有填写。

（二）付款凭证的审核范例

【例 3－13】 2021 年 11 月 22 日，江西天华家具有限公司从九江蓝猫文具店购买办公用品，以现金的方式支付款项 200 元给销货方，取得对方开具的一张增值税普通发票（见图 3－45）。根据该项经济业务的原始凭证填制了一张付款凭证（见图 3－46），请你审核该付款凭证的填制是否符合填制的要求。

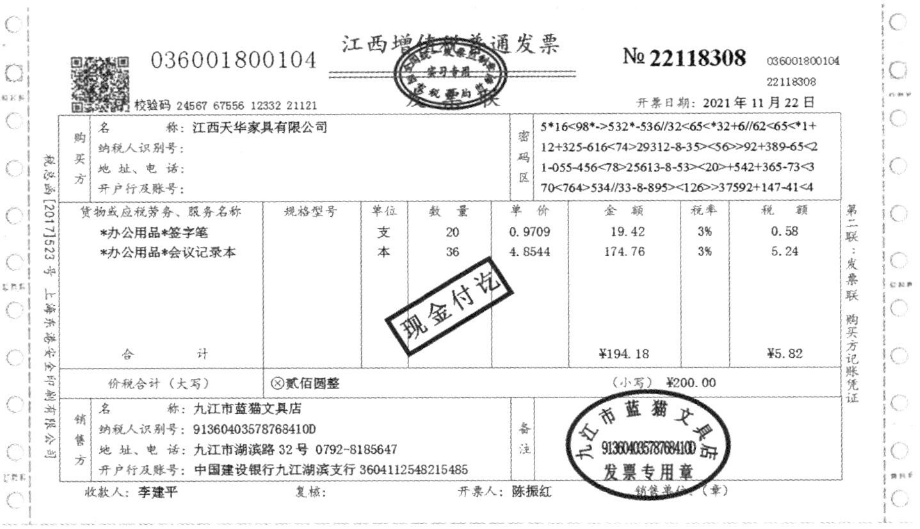
江西增值税普通发票 036001800104 № 22118308 036001800104 22118308
校验码 24567 67556 12332 21121 开票日期：2021 年 11 月 22 日

购买方	名称：江西天华家具有限公司 纳税人识别号： 地址、电话： 开户行及账号：				密码区	5*16<98*->532*-536//32<65<*32+6//62<65<*1+ 12+325-616<74>29312-8-35><56>>92+389-65<2 1-055-456<78>25613-8-53><20>+542+365-73<3 70<764>534//33-8-895><126>>37592+147-41<4	
货物或应税劳务、服务名称	规格型号	单位	数量	单价	金额	税率	税额
*办公用品*签字笔		支	20	0.9709	19.42	3%	0.58
*办公用品*会议记录本		本	36	4.8544	174.76	3%	5.24
合计					￥194.18		￥5.82
价税合计（大写）	⊗贰佰圆整				（小写）￥200.00		
销售方	名称：九江市蓝猫文具店 纳税人识别号：91360403578768410D 地址、电话：九江市湖滨路 32 号 0792-8185647 开户行及账号：中国建设银行九江湖滨支行 3604112548215485				备注		

收款人：李建平 复核： 开票人：陈振红 销售单位：（章）

图 3－45 增值税普通发票（发票联）

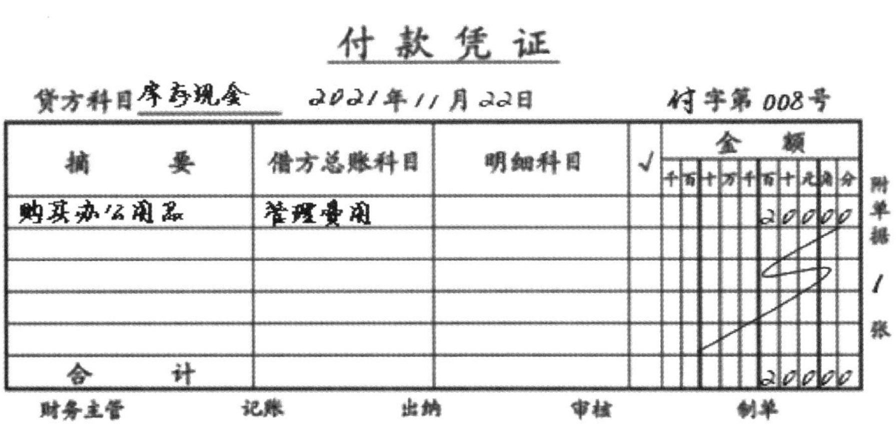
付款凭证

贷方科目：库存现金 2021 年 11 月 22 日 付字第 008 号

摘要	借方总账科目	明细科目	√	金额
购买办公用品	管理费用			20000
合计				20000

附单据 1 张

财务主管 记账 出纳 审核 制单

图 3－46 付款凭证

审核分析：该付款凭证的填制不符合记账凭证的填制要求。

（1）该经济业务发生时取得的原始凭证填制不规范，销货方在开具发票时没有把购货方信息（纳税人识别号）填写完整，属于不符合原始凭证填制规范的凭证，故不能作为记账凭证的附件。

（2）假设该原始凭证属于审核无误的凭证，允许编制记账凭证，该记账凭证填制也没有填制齐全，管理费用二级明细账办公费没有填写完整，记账凭证填制完成后，需要由有关会计人员签名或盖章，而该凭证没有任何会计人员签章。

（3）填制记账凭证时要求在合计数前面填写货币符号“￥”，而本张凭证没有填写。

（三）转账凭证的审核范例

【例 3－14】 2021 年 11 月 27 日，江西天华家具有限公司生产车间领用材料密度板 100 张，单价每张 210 元，用于生产办公桌（见图 3－47）。根据该项经济业务的原始凭证填制了一张转账凭证（见图 3－48），请你审核该转账凭证的填制是否符合填制的要求。

江西天华家具有限公司领料单

2021 年 11 月 27 日　　　　№ 1812006

领料部门	生产车间	领料用途	生产办公椅	领料日期	2021年 11月 27 日

编号	存货名称及规格	单位	数量		实际价格	
			请领	实发	单价	金额
001	密度板	张	100	100	210.00	21,000.00
合　计						￥21,000.00

第三联 财务联

会计：田野　　领料部门负责人：李强　　发料人：宋燕　　领料人：陈宏

图 3－47　领料单

转账凭证

2021年11月27日　　　　字第　　号

摘　要	总账科目	明细科目	√	借方金额	√	贷方金额
生产领用材料	原材料	密度板				2100000
	生产成本			2100000		
合　计				￥2100000		￥2100000

附单据　张

财务主管　　记账　　出纳　　审核　　制单 田野

图 3－48　转账凭证

（1）根据复式记账法原理“有借必有贷，借贷必相等”以及账户结构（左边表示借方，右边表示贷方）等知识，我们在填制转账凭证时，一般遵循的规则为：先写借方科目及金额，再写贷方科目及金额；从转账凭证横向来看借方科目及金额写在左边，贷方科目及金额写在右边，从转账凭证纵向来看借方科目及金额写在上方，贷方科目及金额写在下方。而该记账凭证先写贷方科目及金额了，不符合转账凭证的填制要求。

（2）凭证字号填写错误，转账凭证应该填写转字第几号。

（3）记账凭证科目填制完毕后，如有空行应将金额栏划斜线注销，而本张凭证没有划斜线注销。

（4）填制记账凭证时要求在记账凭证上填写所附原始凭证张数，而本张凭证没有填写。

（5）“生产成本”账户没有填写明细科目“办公桌”。

【本章小结】

记账凭证是根据审核无误的原始凭证或原始凭证汇总表编制的，用来确定会计分录，作为记账依据的一种会计凭证。记账凭证按其记录的经济业务与现金和银行存款的收付关系分为收款凭证、付款凭证和转账凭证。凡涉及现金、银行存款收入、支出的业务用收款、付款凭证，凡不涉及现金、银行存款收付的业务用转账凭证。业务量少的单位也可用一种通用的记账凭证记账。

设置会计科目与账户是会计核算的专门方法之一，而熟悉账户的分类和结构是掌握复式记账法的前提和基础。本章介绍了账户的分类及结构以及借贷记账法的基本原理，其中借贷记账法的记账符号、账户结构、记账规则、会计分录和试算平衡是我们学习的重点。

填制记账凭证应根据不同记账凭证的基本要素及填制要求，做到及时、准确、完整。记账凭证审核的主要内容是审核记账凭证是否附有原始凭证，记账凭证所反映的经济业务内容是否与所附原始凭证的内容相符；审核应借、应贷的会计科目和金额是否正确，账户的对应关系是否正确；审核填制手续是否完备，项目填写是否完整，有关人员签章是否齐全等。

【技能测试】

一、名词解释

1. 记账凭证　2. 收款凭证　3. 付款凭证　4. 转账凭证
5. 会计科目　6. 账户　7. 会计分录　8. 复式记账法

二、单项选择题

1. 会计科目是指对（　　）的具体内容进行分类核算的项目。

A. 经济业务　　B. 会计要素

C. 会计账户　　D. 会计信息

2. 会计科目按其所（　　）不同，分为总分类科目和明细分类科目。

A. 反映的会计对象

B. 反映的经济业务内容

C. 归属的会计要素

D. 提供信息的详细程度及其统驭关系

3.（　　）不是设置会计科目的原则。

A. 重要性原则　　B. 合法性原则

C. 相关性原则　　D. 实用性原则

4.（　　）原则，是指所设置的会计科目应符合单位自身特点，满足单位实际需要。

A. 合法性　　B. 相关性

C. 谨慎性　　D. 实用性

5. 会计科目是（　　）的名称。

A. 账户　　B. 会计凭证

C. 财务报表　　D. 会计要素

6. 对会计要素具体内容进行总括分类、提供总括信息的会计科目称为（　　）。

A. 总分类科目　　B. 明细分类科目

C. 二级科目　　D. 备查科目

7. 二级科目是介于（　　）之间的科目。

A. 总分类科目和明细分类科目　　B. 总账与明细账

C. 总分类科目　　D. 明细分类科目

8. 会计科目按其所（　　）不同，分为资产类、负债类、共同类、所有者权益类、成本类、损益类六大类。

A. 反映的会计对象

B. 反映的经济内容

C. 归属的会计要素

D. 提供信息的详细程度及其统驭关系

9. “资本公积”科目按其所归属的会计要素不同，属于（　　）类科目。

A. 资产　　B. 负债

C. 所有者权益　　D. 损益

10. “资产 = 负债 + 所有者权益”不是（　　）。

A. 设置账户的理论依据

B. 复式记账的理论依据

C. 设置资产负债表的理论依据

D. 总分类账户与明细分类账户平行登记的理论依据

11. 会计科目和账户之间的联系是（　　）。

A. 结构相同　　B. 格式相同

C. 内容相同　　D. 互不相关

12. 账户是根据（　　）设置的，具有一定格式和结构，用于分类反映会计要素增减变动情况及其结果的载体。

A. 会计要素　　B. 会计对象

C. 会计科目　　D. 会计信息

13. 一个账户的增加发生额与该账户的期末余额一般都应在该账户的（　　）。

A. 借方　　B. 贷方

C. 相同方向　　D. 相反方向

14. 根据明细分类科目设置的，用来对会计要素具体内容进行明细分类核算的账户称为（　　）。

A. 总账账户　　B. 明细账户

C. 备查账户　　D. 综合账户

15. 下列账户中，期末一般无余额的是（　　）账户。

A. 管理费用　　B. 生产成本

C. 利润分配　　D. 应付账款

16. 下列有关账户的表述中不正确的是（　　）。

A. 账户是根据会计科目设置的，它没有格式和结构

B. 设置账户是会计核算的重要方法之一

C. 账户哪一方登记增加，哪一方登记减少，取决于记录的经济业务内容和账户的性质

D. 账户中登记的本期增加金额及本期减少金额统称为本期发生额

17. 具有一定格式和结构，用于分类反映会计要素增减变动的情况及其结果的载体是（　　）。

A. 账户　　B. 会计对象

C. 会计科目　　D. 会计分录

18. 账户的基本结构是指（　　）。

A. 账户的具体格式　　B. 账户登记的方向

C. 账户登记的日期　　D. 账户中登记增减金额等的栏次

19. 如果某一账户的左方登记增加，右方登记减少，期初余额在左方，而期末余额在右方，则表明（　　）。

A. 本期增加发生额超过本期减少发生额的差额小于期初余额

B. 本期增加发生额超过本期减少发生额的差额大于期初余额

C. 本期增加发生额低于本期减少发生额的差额小于期初余额

D. 本期增加发生额低于本期减少发生额的差额大于期初余额

20. 某账户的期初余额为500元，期末余额为3 000元，本期减少发生额为800元，则本期增加发生额为（　　）元。

A. 4 300　　B. 2 200

C. 1 700　　D. 3 300

21. 我国的法定记账方法是（　　）。

A. 借贷记账法　　B. 增减记账法

C. 收付记账法　　D. 单式记账法

22. 下列公式不是借贷记账法试算平衡公式的是（　　）。

A. 全部账户借方本期发生额合计 = 全部账户贷方本期发生额合计

B. 全部账户借方期初余额合计 = 全部账户贷方期初余额合计

C. 资产类账户借方本期发生额 = 资产类账户贷方本期发生额

D. 全部账户借方期末余额合计 = 全部账户贷方期末余额合计

23. 总分类账户和明细分类账户平行登记要点不包括（　　）。

A. 同时登记　　B. 同向登记

C. 同人登记　　D. 等额登记

24. 采购员因公出差暂借差旅费，在财务处理时应借记（　　）。

A. 应收账款　　B. 其他应收款

C. 预付账款　　D. 管理费用

25. 下列账户中，借方登记减少额的是（　　）。

A. 应收账款　　B. 制造费用

C. 实收资本　　D. 管理费用

26. 在借贷记账法下，账户哪一方记增加，哪一方记减少，是根据（　　）。

A. 核算方法决定的

B. 会计等式决定的

C. 借方记增加、贷方记减少的规则决定的

D. 账户所反映的经济内容决定的

27. 一般来说，负债账户的期末余额应（　　）。

A. 在账户的借方　　B. 在账户的贷方

C. 在借方或贷方　　D. 没有余额

28. 借贷记账法试算平衡的方法是（　　）。

A. 发生额平衡法　　B. 总分类账及明细账余额平衡法

C. 余额平衡法　　D. 发生额平衡法和余额平衡法

29. 下列不属于审核记账凭证内容是否真实的是（　　）。

A. 记账凭证是否附有原始凭证

B. 记账凭证所附的原始凭证手续是否健全

C. 内容是否与原始凭证内容一致

D. 应借应贷的方向和金额是否正确

30. 下列属于审核记账凭证填制是否正确的是（　　）。

A. 所使用的会计科目是否符合会计准则和国家统一会计制度的要求

B. 应借应贷的方向和金额是否正确

C. 记账凭证所附的原始凭证是否齐全

D. 文字书写是否按规定使用蓝黑墨水或碳素墨水书写

31. 发现记账凭证的填制有差错或者填列不完整，签章不齐全的会计处理中错误的是（　　）。

A. 更正　　B. 补充

C. 重填　　D. 涂改更正

32. 按照记账凭证的审核要求，下列内容中不属于记账凭证审核内容的是（　　）。

A. 会计科目使用是否正确

B. 凭证所列事项是否符合有关的计划和预算

C. 凭证的金额与所附原始凭证的金额是否一致

D. 凭证项目是否填写齐全

33. 审核记账凭证时，一般不审核（　　）。

A. 记账凭证是否附有原始凭证，原始凭证内容是否与记账凭证内容相符

B. 经济业务发生的合理性和合法性

C. 根据原始凭证所作的会计分录是否正确

D. 记账凭证中规定的项目是否已填列齐全

34. 甲公司会计部门第 9 号记账凭证的会计事项需要编制 3 张记账凭证，则这三张凭证的编号为（　　）。

A. 7、8、9

B. 8、9、10

C. 9（1/3）、9（2/3）、9（3/3）

D. 1/9、2/9、3/9

35. 将记账凭证分为收款凭证、付款凭证、转账凭证的依据是（　　）。

A. 凭证填制的手续　　B. 凭证的来源

C. 凭证所反映经济业务内容　　D. 所包括的会计科目是否单一

36. 记账凭证是（　　）根据审核无误的原始凭证填制的。

A. 会计人员　　B. 经办人员

C. 主管人员　　D. 复核人员

37. 记录库存现金和银行存款收入业务的专用记账凭证是（　　）。

A. 收款凭证　　B. 付款凭证

C. 转账凭证　　D. 单式记账凭证

38. 企业从银行提取现金或将现金存入银行时需要填制的凭证是（　　）。

A. 只填收款凭证　　B. 只填付款凭证

C. 只填转账凭证　　D. 既填收款凭证，又填付款凭证

三、多项选择题

1. 下列项目中属于会计科目设置原则的有（　　）。
   A. 相关性原则　　B. 真实性原则
   C. 合法性原则　　D. 实用性原则
2. 下列会计科目中属于资产类科目的有（　　）。
   A. 预收账款　　B. 预付账款
   C. 原材料　　D. 短期借款
3. 下列会计科目中属于负债类科目的有（　　）。
   A. 短期借款　　B. 应收账款
   C. 应付账款　　D. 应交税费
4. 下列会计科目中属于所有者权益类科目的有（　　）。
   A. 实收资本　　B. 盈余公积
   C. 利润分配　　D. 主营业务收入
5. 下列会计科目中属于成本类科目的有（　　）。
   A. 生产成本　　B. 主营业务成本
   C. 制造费用　　D. 销售费用
6. 下列会计科目中属于损益类科目的有（　　）。
   A. 主营业务收入　　B. 主营业务成本
   C. 管理费用　　D. 财务费用
7. 下列项目中属于账户基本结构内容的有（　　）。
   A. 账户的名称　　B. 增减金额及余额
   C. 记账凭证的编号　　D. 经济业务摘要
8. 下列关于账户的表述中正确的有（　　）。
   A. 账户是根据会计要素开设的
   B. 账户具有一定格式和结构
   C. 设置账户是会计核算的重要方法之一
   D. 一级账户以下的账户均称为明细账户
9. 下列各项中属于流动负债的有（　　）。
   A. 预收账款　　B. 预付账款
   C. 其他应付款　　D. 应付债券
10. 账户哪一方登记增加哪一方登记减少，取决于（　　）。
    A. 账户的基本结构　　B. 会计核算方法
    C. 所记录的经济业务内容　　D. 账户的性质
11. 资产类账户的基本结构有（　　）。
    A. 借方登记资产的减少额　　B. 借方登记资产的增加额
    C. 贷方登记资产的减少额　　D. 贷方登记资产的增加额

12. 试算平衡无法发现的错误有（　　）。

A. 漏记某项经济业务　　B. 重记某项经济业务

C. 借贷记账方向颠倒　　D. 借方账户使用错误

13. 复式记账法的特点有（　　）。

A. 每笔经济业务都在两个或两个以上账户中进行登记

B. 可以全面、系统地反映经济活动过程与结果

C. 账户设置完整

D. 记账方法简单但不够全面、完整

14. 借贷记账法的优点有（　　）。

A. 账户对应关系清楚

B. 可以鲜明地反映各种经济活动的来龙去脉

C. 试算平衡简便

D. 比单式记账法简单而完整

15. 总分类账户和明细分类账户的关系有（　　）。

A. 总分类账户对明细分类账户起统驭控制作用

B. 总分类账户对明细分类账户起补充说明作用

C. 明细分类账户对总分类账户起统驭控制作用

D. 明细分类账户对总分类账户起补充说明作用

16. 会计分录包括（　　）。

A. 简单会计分录　　B. 复合会计分录

C. 单式会计分录　　D. 混合会计分录

17. 下列记账方法中属于复式记账法的有（　　）。

A. 单式记账法　　B. 增减记账法

C. 收付记账法　　D. 借贷记账法

18. 记账凭证填制以后，必须有专人审核，其审核的主要内容包括（　　）。

A. 是否附有原始凭证

B. 所附原始凭证是否与记账凭证内容相符与完整

C. 会计分录是否正确，对应关系是否清晰

D. 经济业务是否合法与合规，有无违法乱纪等行为

E. 有关项目是否填列完备和有关人员的签章是否齐全

19. 下列内容中属于审核记账凭证是否真实的有（　　）。

A. 审核记账凭证是否附有原始凭证

B. 记账凭证所附的原始凭证是否齐全

C. 内容是否与记账凭证内容一致

D. 账户的对应关系是否清晰

20. 下列内容中属于审核记账凭证填制是否正确的有（　　）。

A. 会计科目是否符合会计准则和国家统一会计制度的要求

B. 应借应贷的方向和金额是否正确

C. 记账凭证金额与所附原始凭证金额是否一致

D. 是否按规定使用蓝黑墨水或碳素墨水书写

21. 在会计核算方法体系中，就其主要工作程序或工作过程来说，就是（　　）环节。

A. 填制和审核会计凭证　B. 成本计算

C. 登记会计账簿　D. 编制财务报表

22. 按照规定，除（　　）的记账凭证可以不附原始凭证，其他记账凭证必须附有原始凭证。

A. 提取现金　B. 结账

C. 更正错账　D. 现金存入银行

23. 收付款凭证需要签章的有（　　）。

A. 制单　B. 复核

C. 会计主管　D. 出纳

24. 记账凭证应该有（　　）。

A. 由经办业务人员填制的　B. 由会计人员填制的

C. 经济业务发生时填制的　D. 登记账簿的直接依据

E. 根据审核无误的原始凭证填制的

25. 记账凭证的编号方法有（　　）。

A. 顺序编号法　B. 分类编号法

C. 奇偶数编号法　D. 任意编号法

E. 分数编号法

四、判断题

1. 对于明细科目较多的总账科目，可在总分类科目与明细分类科目之间设置二级或多级科目。（　　）

2. 账户分为左右两方，左方登记增加，右方登记减少。（　　）

3. 会计科目是账户的名称，账户是会计科目的载体和具体运用。（　　）

4. 账户基本结构的内容仅包括增减金额及余额。（　　）

5. 生产成本及主营业务成本都属于成本类科目。（　　）

6. 销售费用、管理费用和长期待摊费用都属于损益类科目。（　　）

7. 财务费用属于资产类科目，而制造费用属于成本类科目。（　　）

8. 一级账户又称总分类账户，简称总账，总账以下的账户称明细账。（　　）

9. 企业只能使用国家统一的会计制度规定的会计科目，不得自行增减或合并。（　　）

10. 对会计要素的具体内容进行分类核算的项目称为会计科目。（　　）

11. 在账户中，登记本期增加的金额称为本期借方发生额，登记本期减少的金额称为本期贷方发生额。（　　）

12. 如果某一账户的期初余额为50 000元，本期增加发生额为80 000元，本期减少发生额为40 000元，则期末余额为90 000元。（　　）

13. 一项经济业务发生，记入总账账户的金额必须与记入其所属明细账中的金额之和相等。（　　）

14. 目前我国企业会计记账一律采用借贷记账法，事业行政单位采用收付记账法。（　　）

15. 目前借贷记账法被世界各国广泛采用。（　　）

16. 成本类账户结构是贷方登记其增加额，借方登记其减少额或转销额。（　　）

17. 经济业务发生后，使有关账户之间发生的应借应贷的关系称之为账户的对应关系，存在着对应关系的账户互称为对应账户。（　　）

18. 在借贷记账法下，全部账户本期借方发生额合计等于全部账户本期贷方发生额合计，则记账工作肯定没有错误。（　　）

19. 借贷记账法的记账规则是“有借必有贷，借贷必相等”。因此，复合会计分录中每个账户的金额都必须相等。（　　）

20. 虽然总账与明细账是平行登记的，但并不一定是同时登记，也并不完全是同方向登记。（　　）

21. 除更正错账以及结账外，记账凭证必须附有原始凭证并注明所附原始凭证的张数。（　　）

22. 将现金缴存银行应分别编制现金付款和银行收款凭证。（　　）

23. 记账凭证只能根据一张原始凭证编制。（　　）

24. 发现以前年度记账凭证有错误的，应当用红字填制一张更正记账凭证。（　　）

25. 记账凭证是介于原始凭证和账簿之间的中间环节。（　　）

【实训操作】

一、编制会计分录并进行试算平衡

某企业2021年1月1日期初余额如表3－8所示。1月份发生以下经济业务：

表3－8　某企业2021年1月1日期初余额　单位：元

项目	金额	项目	金额
库存现金	3 000	短期借款	100 000
银行存款	260 000	应付账款	20 000
应收账款	80 000	应交税费	16 500
库存商品	41 500	实收资本	500 000
固定资产	300 000		
累计折旧	44 500		
资产合计	640 000	负债及所有者权益合计	640 000

1. 向银行借短期款项 100 000 元，存入银行。
2. 以银行存款支付购买办公用品费 200 元。
3. 以银行存款购买材料 20 000 元，材料已验收入库。
4. 从银行提取现金 500 元。
5. 企业从银行借款项 20 000 元，归还应付账款。
6. 外单位以投资形式向企业投入库存商品 80 000 元。

要求：（1）编制本月发生经济业务的会计分录。

（2）根据以上条件进行试算平衡。

二、根据原始凭证编制记账凭证

1. 2021 年 12 月 1 日，九江市科远有限公司出纳员填写现金支票一张，从银行提取现金 3 000 元，原始凭证为支票存根。如图 3－49 和图 3－50 所示。

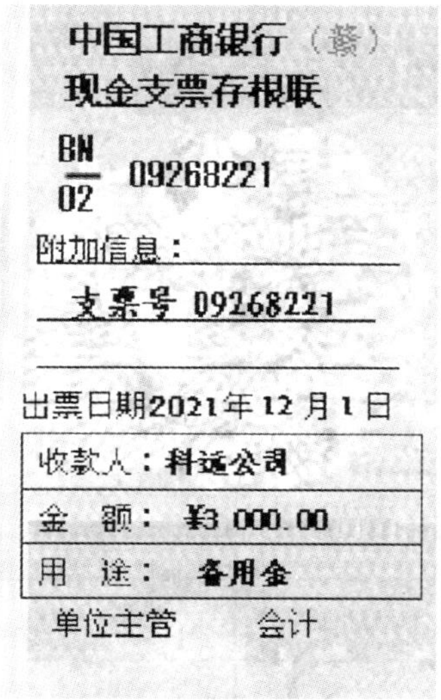
中国工商银行（赣）
现金支票存根联
BN/02　09268221
附加信息：
支票号 09268221
出票日期2021年12月1日
收款人：科远公司
金　额：￥3 000.00
用　途：备用金
单位主管　　会计

图 3－49　支票存根联

付 款 凭 证

贷方科目__________　　　　年　月　日　　　　字第　　号

摘　要	借方总账科目	明细科目	√	金额 千	百	十	万	千	百	十	元	角	分
合　计													

附单据　　张

财务主管　　记账　　出纳　　审核　　制单

图 3－50　付款凭证

2. 2021 年 12 月 3 日，九江市科远有限公司的采购员陆强填写借款单，并经有关人员签字同意，预借差旅费 3 600 元，以现金支付，原始凭证为借款单。如图 3－51 和图 3－52 所示。

九江市科远有限公司借款凭证 №0911210

2021 年 12 月 3 日

借款部门	供应科	借款人	陆强
事　　由	采购材料		
借款金额	人民币（大写）叁仟陆佰元整　¥3 600.00		
领导审批	同意暂借 张科远 2021 .12.3		

财务主管：孙健　　会计：江林　　出纳：陈红

现金付讫

第二联 财务记账联

图 3－51　借款单

付款凭证

贷方科目________　　年　月　日　　字第　号

摘　　要	借方总账科目	明细科目	√	金额 千	百	十	万	千	百	十	元	角	分
合　　计													

财务主管　　记账　　出纳　　审核　　制单

附单据　张

图 3－52　付款凭证

3. 2021 年 12 月 3 日，九江市科远有限公司办公室用现金购买办公用品 230 元，原始凭证为销售发票。如图 3－53 和图 3－54 所示。

4. 2021 年 12 月 4 日，九江市科远有限公司转账支付前欠鹰潭市永久钢铁有限公司货款 47 000 元，原始凭证为银行业务回单。如图 3－55 和图 3－56 所示。

5. 2021 年 12 月 5 日，九江市科远有限公司因资金周转困难向银行借入短期借款 100 000 元，原始凭证为借款借据（收账通知）。如图 3－57 和图 3－58 所示。

江西增值税普通发票

036001800104　№22118402　036001800104　22118402

校验码 24567 67124 12332 21352　开票日期：2021年12月3日

购买方	名称：九江市科远有限公司 纳税人识别号：92245879112047894C 地址、电话：江西九江市环城中路66号 0792-83441581 开户行及账号：工行九江环城支行 6223571283874871987	密码区	5*16<98*->532*-536//32<65<*32+6//62<65<*1+ 12+325-616<74>29312-8-35><56>>92+389-65<2 1-055-456<78>25613-8-53><20>+542+365-73<3 70<764>534//33-8-895><126>>37592+147-41<4

货物或应税劳务、服务名称	规格型号	单位	数量	单价	金额	税率	税额
*办公用品*签字笔	0.5MM	支	20	0.9709	19.42	3%	0.58
*办公用品*会议记录本	32K	本	40	5.0970	203.88	3%	6.12
合计					¥223.30		¥6.70
价税合计（大写）	ⓧ贰佰叁拾圆整				（小写）¥230.00		

销售方	名称：九江市蓝猫文具店 纳税人识别号：91360403578768410D 地址、电话：九江市湖滨路32号 0792-8185647 开户行及账号：中国建设银行九江湖滨支行 3604112548215485	备注	（印章：九江市蓝猫文具店 91360403578768410D 发票专用章）

收款人：李建平　复核：　开票人：陈振红　销售单位：（章）

（印章：现金付讫）

第二联：发票联　购买方记账凭证

税总函[2017]523号 上海东港安全印刷有限公司

图3－53　增值税普通发票（发票联）

付款凭证

贷方科目________　年　月　日　字第　号

摘要	借方总账科目	明细科目	√	金额									
				千	百	十	万	千	百	十	元	角	分
合计													

附单据　张

财务主管　记账　出纳　审核　制单

图3－54　付款凭证

ICBC 中国工商银行　业务回单（付款）

日期：2021年12月04日
回单编号：1735500001201
付款人户名：九江市科远有限公司　付款人开户行：工行九江环城支行
付款人账号（卡号）：6223571283874871987
收款人户名：鹰潭市永久钢铁有限公司　收款人开户行：工行鹰潭贵溪支行
收款人账号（卡号）：36061696120012445487
金额：肆万柒仟元整　小写：47 000.00元
业务（产品）种类：结算业务凭证　凭证种类：000000000　凭证号码：00000000000000
摘要：设备款　用途：　币种：人民币
交易机构：0150602124　记账柜员：00036　交易代码：52213　渠道：其他
产品名称：
费用名称：
应收金额：47 000.00　实收金额：47 000.00　收费渠道：

（印章：中国工商银行有限公司九江环城支行 电子回单（自助设备）专用章 (020)）

本回单为第一次打印，注意重复　打印日期：2021年12月04日　打印柜员：0　验证码：A981CCDB9007

图3－55　银行业务回单（付款）

付款凭证

贷方科目＿＿＿＿＿＿　　年　月　日　　字第　号

摘要	借方总账科目	明细科目	√	金额									
				千	百	十	万	千	百	十	元	角	分
合计													

附单据　张

财务主管　　记账　　出纳　　审核　　制单

图 3－56　付款凭证

中国工商银行 INDUSTRIAL AND COMMERCIAL BANK OF CHINA　　借款借据（收账通知）

借款日期：2021 年 12 月 5 日

贷款单位名称	九江市科远有限公司	纳税人税号	92245879112047894C
放款账号	13770512598	往来账号	52841056218
借款金额	人民币（大写）壹拾万元整	千 百 十 万 千 百 十 元 角 分	¥ 1 0 0 0 0 0 0 0
用途	流动资金周转借款	利率	0.00915
单位申请期限	2021-12-5—2022-6-5	银行核定期限	2021-12-5—2022-6-5
你单位上列借款，已转入你单位结算户内。 此致 （银行盖章） 中国工商银行九江滨湖支行 2021年12月5日 转讫		单位会计人员：	

图 3－57　借款借据

收款凭证

借方科目＿＿＿＿＿＿　　年　月　日　　字第　号

摘要	贷方总账科目	明细科目	√	金额									
				千	百	十	万	千	百	十	元	角	分
合计													

附单据　张

财务主管　　记账　　出纳　　审核　　制单

图 3－58　收款凭证

6. 2021 年 12 月 6 日，九江市科远有限公司向南昌峰岭钢铁有限公司购进圆钢 50 吨，每吨 1 800 元，价款 90 000 元，增值税进项税 11 700 元，材料已验收入库，款项尚未支付。原始凭证为增值税专用发票、收料单。如图 3－59 至图 3－61 所示。

3600184130　江西增值税专用发票　№ 12050019　3600184130　12050019

校验码 12478 36541 25478 12258　开票日期：2021 年 12 月 06 日

购买方	名　　称：九江市科远有限公司 纳税人识别号：92245879112047894C 地 址、电 话：江西九江市环城中路 66 号 0792-83441581 开户行及账号：工行九江环城支行 6223571283874871987				密码区	5*16<98*->532*-536//32<65<*32+6//62<65<*6 62+325-616<74>29312-8-35><56>>92+389-65<6 7-055-456<78>25613-8-53><20>+542+365-73<1 82<764>534//33-8-895><126>>37592+147-22<1	
货物或应税劳务、服务名称	规格型号	单位	数 量	单 价	金 额	税率	税 额
*有色金属及合金*圆钢	直径 20	吨	50	1800.00	90000.00	13%	11700.00
合　　计					¥90000.00		¥11700.00
价税合计（大写）	ⓧ壹拾零壹仟柒佰圆整				（小写）	¥101700.00	
销售方	名　　称：南昌市峰岭钢铁有限公司 纳税人识别号：92246979136917574L 地 址、电 话：江西南昌兴国中路 66 号 0791-85987481 开户行及账号：中国银行南昌兴国支行 6225478945139885478				备注		

收款人：李天利　复核：张海鹏　开票人：赵德德　销售单位：（章）

第三联：发票联　购买方记账凭证

税总函〔2017〕523 号　上海东港安全印刷有限公司

南昌市峰岭钢铁有限公司　92246979136917574L　发票专用章

图 3－59　增值税专用发票（发票联）

№3091201

九江市科远有限公司收料单

供货单位：南昌市峰岭钢铁有限公司

发票号码：00160352　2021 年 12 月 6 日　收货仓库：材料库

材料类别	名称及规格	计量单位	数量 应收	数量 实收	买价 单价	买价 金额	运杂费 金额	其他 金额	金额合计
原材料	Φ20 圆钢	吨	50	50	1 800	9 0000			9 0000
备　注									

仓库主管：王畹　收料：郭华　制单：田梅燕

第三联　财务记账联

图 3－60　收料单

转账凭证

年　月　日　　　　字第　　号

摘要	总账科目	明细科目	√	借方金额										√	贷方金额									
				千	百	十	万	千	百	十	元	角	分		千	百	十	万	千	百	十	元	角	分
合计																								

附单据　张

财务主管　　记账　　出纳　　审核　　制单

图 3－61　转账凭证

7. 2021 年 12 月 18 日，九江市科远有限公司生产产品领用圆钢 6 吨，每吨 1 850 元，共计 11 100 元，车间已经填写了一张领料单，原始凭证为领料单。如图 3－62 和图 3－63 所示。

九江市科远有限公司领料单　　№00961204

领料部门：生产车间　　2021 年 12 月 18 日

材料		计量	数量		单位成本	金额
名称	规格	单位	请领	实发		
圆钢	Φ20	吨	6	6	1 850.00	11 100.00
用途		生产产品领用				

第三联记账联

会计：夏乐　　记账：饶明　　发料：陈青　　领料：李明

图 3－62　领料单

转账凭证

年　月　日　　　　字第　　号

摘要	总账科目	明细科目	√	借方金额										√	贷方金额									
				千	百	十	万	千	百	十	元	角	分		千	百	十	万	千	百	十	元	角	分
合计																								

附单据　张

财务主管　　记账　　出纳　　审核　　制单

图 3－63　转账凭证

8. 2021 年 12 月 20 日，九江市科远有限公司收到九江市汉兴机械有限公司前欠货款 20 000 元，原始凭证为银行业务回单。如图 3－64 和图 3－65 所示。

ICBC 中国工商银行　　业务回单（收款）

日期：2021 年 12 月 20 日
回单编号：173550000358
付款人户名：九江市汉兴机械有限公司　　付款人开户行：工行九江三里街支行
付款人账号（卡号）：6254895413694714789
收款人户名：九江市科远有限公司　　收款人开户行：工行九江环城支行
收款人账号（卡号）：6223571283874871987
金额：贰万元整　　小写：20 000.00 元
业务（产品）种类：结算业务凭证　　凭证种类：000000000　　凭证号码：00000000000000
摘要：投资款　　用途：　　币种：人民币
交易机构：0150603654　记账柜员：00023　交易代码：52024　渠道：其他
产品名称：
费用名称：
应收金额：20 000.00　实收金额：20 000.00　收费渠道：

本回单为第一次打印，注意重复　打印日期：2021 年 12 月 20 日　打印柜员：0　验证码：A981CCDB9009

中国工商银行有限公司九江环城支行 回单（自助设备）专用章 （020）

图 3－64　银行业务回单（收款）

收 款 凭 证

借方科目＿＿＿＿＿＿　　年　月　日　　字第　号

摘　要	贷方总账科目	明细科目	√	金额 千	百	十	万	千	百	十	元	角	分
合　计													

附单据　张

财务主管　记账　出纳　审核　制单

图 3－65　收款凭证

9. 2021 年 12 月 20 日，九江市科远有限公司以现金支付本月的广告费用，原始凭证为广告业发票。如图 3－66 和图 3－67 所示。

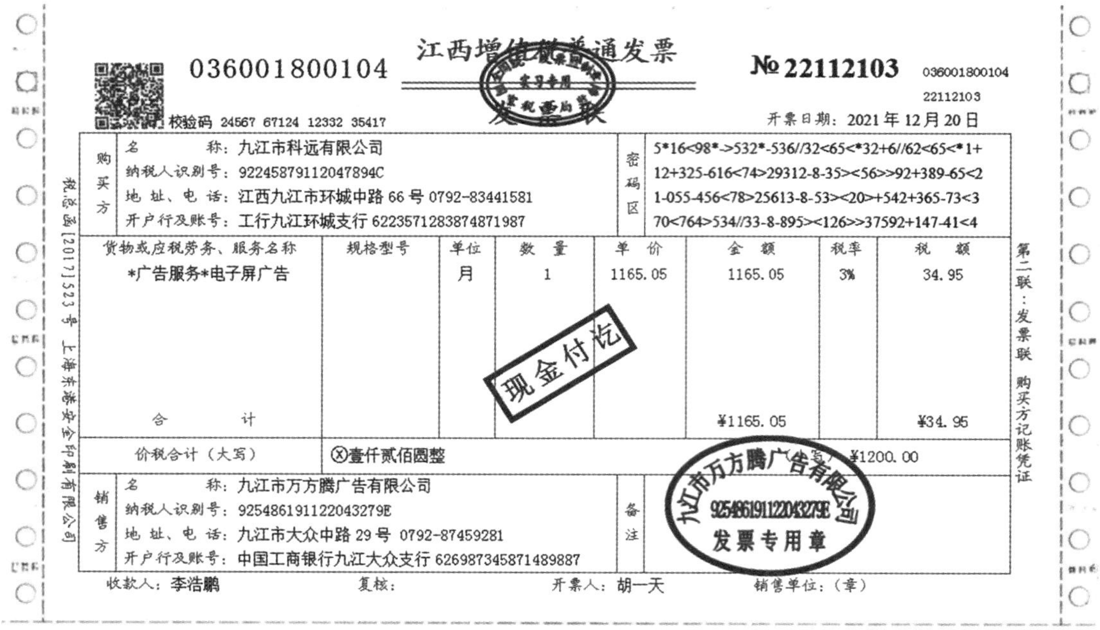

江西增值税普通发票

036001800104　　№22112103　　036001800104　22112103

校验码 24567 67124 12332 35417　　开票日期：2021 年 12 月 20 日

购买方	名称：九江市科远有限公司 纳税人识别号：92245879112047894C 地址、电话：江西九江市环城中路 66 号 0792-83441581 开户行及账号：工行九江环城支行 6223571283874871987	密码区	5*16<98*->532*-536//32<65<*32+6//62<65<*1+ 12+325-616<74>29312-8-35><56>>92+389-65<2 1-055-456<78>25613-8-53><20>+542+365-73<3 70<764>534//33-8-895><126>>37592+147-41<4

货物或应税劳务、服务名称	规格型号	单位	数量	单价	金额	税率	税额
*广告服务*电子屏广告		月	1	1165.05	1165.05	3%	34.95
合计					¥1165.05		¥34.95
价税合计（大写）	ⓧ壹仟贰佰圆整			（小写）¥1200.00			

销售方	名称：九江市万方腾广告有限公司 纳税人识别号：92548619112204327 9E 地址、电话：九江市大众中路 29 号 0792-87459281 开户行及账号：中国工商银行九江大众支行 626987345871489887	备注	

收款人：李浩鹏　　复核：　　开票人：胡一天　　销售单位：（章）

第二联：发票联　购买方记账凭证

现金付讫

九江市万方腾广告有限公司 92548619112204327 9E 发票专用章

图 3－66　增值税普通发票（发票联）

付款凭证

贷方科目＿＿＿＿　　年　月　日　　字第　号

摘要	借方总账科目	明细科目	√	金额 千	百	十	万	千	百	十	元	角	分
合计													

附单据　张

财务主管　　记账　　出纳　　审核　　制单

图 3－67　付款凭证

10. 2021 年 12 月 29 日，九江市科远有限公司陈丽报销差旅费 448 元，上月借款 600 元，退回现金 152 元，出纳员开具收据一张，原始凭证为差旅费报销单和收据。如图 3－68 至图 3－71 所示。

九江市科远有限公司差旅费报销单

2021 年 12 月 29 日　　单位：元

姓名	陈丽			部门	销售部		出差事由		洽谈业务					往返天数		5天	
起讫日期						起讫地址		车船费		出差补助			住宿费			其他费用	
月	日	时	月	日	时	起	止	交通工具	金额	天数	标准	金额	天数	标准	金额	项目	金额
12	26					九江	南昌	火车	24	4	40	160	3	80	240		
			12	29		南昌	九江	火车	24								
合计									48			160			240		
核支数									48			160			240		
合计人民币（大写）								肆佰肆拾捌元整							¥448.00		
领导审核			同意 张科远 2021年12月29日					预借金额		600			备注				
								应补（退）余额		退（152）							

附加（单据）捌张

会计主管：孙健　复核：　出纳：陈红　报销人：陈丽　领款人：陈丽

图 3－68　差旅费报销单

转账凭证

年　月　日　　字第　号

摘要	总账科目	明细科目	√	借方金额										√	贷方金额									
				千	百	十	万	千	百	十	元	角	分		千	百	十	万	千	百	十	元	角	分
合计																								

附单据　张

财务主管　记账　出纳　审核　制单

图 3－69　转账凭证

九江市企业单位统一收据

2021 年 12 月 29 日　　№0961219

交款单位 陈丽

人民币（大写） 壹佰伍拾贰元整　¥152.00

系 报销差旅费多余款项退回

收款单位（盖章有效）　财务专用章

现金收讫

财务 陈红　经手人 陈丽

③财务记账联

图 3－70　收据

收 款 凭 证

借方科目＿＿＿＿＿＿　　　年　月　日　　　字第　　号

摘　要	贷方总账科目	明细科目	√	金额									
				千	百	十	万	千	百	十	元	角	分
合　计													

附单据　张

财务主管　　记账　　出纳　　审核　　制单

图 3－71　收款凭证

参考答案

第四章
借贷记账法下主要经济业务的会计核算

学习目标

通过本章学习，要求学生在了解工业企业主要经济业务的同时，熟悉核算主要经济业务时所涉及的账户的核算内容、使用范围以及账户的基本结构，掌握工业企业主要经济业务的账务处理方法。

能力目标

通过本章学习，使学生能够正确进行材料采购成本的计算、制造费用的分配和产品成本的计算，并能对常见的工业企业经济业务进行账务处理。

素养目标

通过本章学习，使学生针对不同问题要学会不同的处理方式。《准风月谈·难得糊涂》中有云："然而风格和情绪、倾向之类，不但因人而异，而且因事而异，因时而异。"学生应该学会具体情况具体对待。

导　　例

你了解工业企业的主要经济业务有哪些吗?

工业企业是指依法成立的，从事工业商品生产经营活动，经济上实行独立核算、自负盈亏，法律上具有法人资格的经济组织。

工业企业是以产品的生产和销售为主要活动内容的经济组织。其主要经济业务内容可归纳为以下 5 种：资金筹集业务、生产准备业务、产品生产业务、产品销售业务、财务成果形成与分配业务等。其中，资金筹集业务是指公司从各种不同的来源，用各种不同的方式筹集其生产经营过程中所需要的资金。这些资金由于来源与方式的不同，其筹集的条件、筹集的成本和筹集的风险也不同。因此，公司理财中对资金筹集管理的目标就是寻找、比较和选择对公司资金筹集条件最有利、资金筹集成本最低和资金筹集风险最小的资金来源。生产准备业务是指企业为了保证日常生产的正常进行，为顺利实现生产作业计划所从事的各项准备工作。生产准备工作包括：技术准备、机械设备的准备、物资准备、劳动力的配备和调整、工作地准备等。产品生产业务是指从原材料投入到成品出产的全过程，通常包括工艺过程、检验过程、运输过程、等待停歇过程和自然过程。产品销售业务是指产成品、代制品、代修品、自制半成品等产品和工业性作业的销售。财务成果形成与分配业务主要包括利润的形成和利润的分配。利润是企业在一定时期内全部经营活动反映在财务上的最终成果，它是综合反映企业经营成果的一项重要指标。

本章将依照工业企业的五种主要经济业务内容，采用借贷记账法，展开学习“筹资业务”“供应过程业务”“生产过程业务”“销售过程业务”“财务成果”五大业务的会计核算，旨在让学生掌握工业企业的基本会计核算技能。

【本章知识结构导图】

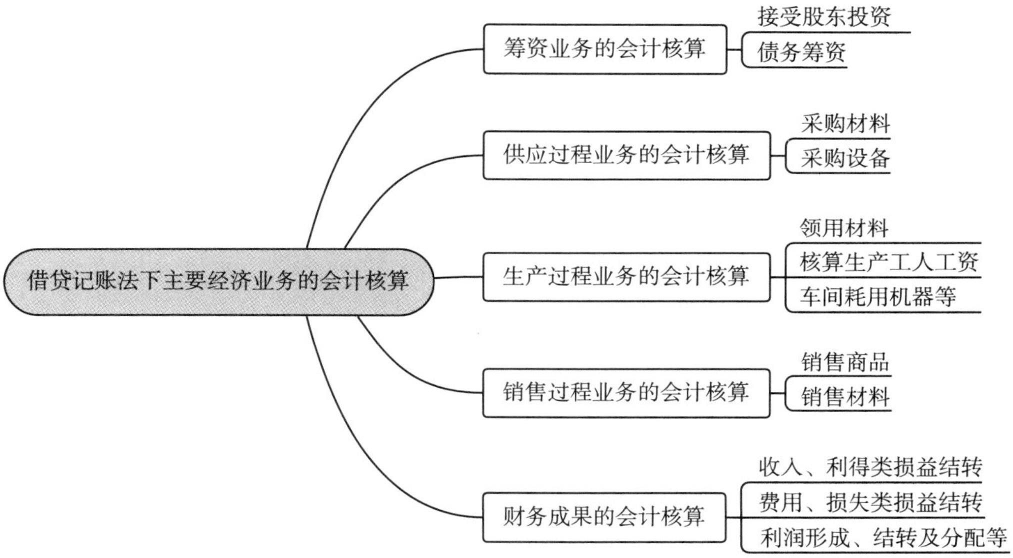
借贷记账法下主要经济业务的会计核算
筹资业务的会计核算
接受股东投资
债务筹资
供应过程业务的会计核算
采购材料
采购设备
生产过程业务的会计核算
领用材料
核算生产工人工资
车间耗用机器等
销售过程业务的会计核算
销售商品
销售材料
财务成果的会计核算
收入、利得类损益结转
费用、损失类损益结转
利润形成、结转及分配等

第一节　筹资业务的会计核算

《中华人民共和国公司法》要求一个企业的正常经营必须具有一定量的经营资金，这是企业生存和发展的前提。企业资金来源不外乎两个：一是由所有者投入的自有资金，即资本，它形成企业的永久性资金，是企业资金的主要构成部分；二是向债权人借入的债务资金，即负债，这部分资金有明确的还本付息期限，为非永久性资金。

小贴士

股权筹资和债权筹资对比

一、所有者权益资金核算

设立企业必须有法定的资本，它是保证企业正常生产经营的必要条件。投资者投入的资金可以是货币资金，也可以表现为实物资产或无形资产。

假定江西天华家具有限公司为增值税一般纳税人，在2021年12月发生如下经济业务（假设本月只生产办公桌和办公椅两种产品）：

【例4－1】2021年12月1日，江西天华家具有限公司收到投资人叶江按照协议投入的资金150 000元（原始凭证：银行业务回单、出资证明单，见图2－8）。

在实际工作中，财务人员从银行取得银行业务回单，并查看核对公司人投资者名单，作相应账务处理。附：江西天华家具有限公司自然人投资认股登记名册（见表4－1）。

表4－1　　江西天华家具有限公司自然人投资认股登记名册

投资者姓名	出资额（万元）	出资方式	是否缴款	备注
柯　玉	30	现金	是	规定缴款截止日期为2022年2月15日
万　珍	25	现金	是	
贺　丽	25	现金		
李　俊	20	现金	是	
叶　江	15	现金		

（1）账户设置。为进行权益资金的增减核算，企业应设置“实收资本”（或“股本”）账户（见表4－2）。

实收资本是指投资者按照企业章程或合同、协议的约定，实际投入企业中的各种资产的价值，反映投资者在企业享有注册资本份额的资金，投资者以此拥有参与企业管理及享受分红的权利。

为了配合筹资业务和其他相关业务的核算，企业还应设置“银行存款”账户（见表4－3）。

表 4－2　“实收资本”账户设置

账户名称	实收资本
性质	所有者权益类
核算内容	企业实际收到投资者投入资本的增减变动情况及结果
账户结构	借方：登记投入资本的减少数或归还数； 贷方：登记收到投资者以各种方式实际投入的资本以及企业将资本公积、盈余公积转增的资本； 期初、期末余额：在贷方，表示投资者实际享有的注册资本份额
明细分类核算	按投资者名称设明细账

表 4－3　“银行存款”账户设置

账户名称	银行存款
性质	资产类
核算内容	核算企业在银行和其他金融机构各种存款的增减情况及结存数
账户结构	借方：登记存入的款项； 贷方：登记提取或支付的款项； 期初、期末余额：在借方，反映期初、期末银行存款的结余数
明细分类核算	按存款的金融单位设置“银行存款日记账”进行明细分类核算

（2）业务核算。这项业务的发生，一方面使得公司的银行存款增加了150 000元，应借记“银行存款”账户；另一方面使得公司的实收资本增加了150 000元，应贷记“实收资本”账户。编制会计分录如下：

借：银行存款　　150 000

　　贷：实收资本——叶江　　150 000

实收资本的会计处理流程如图 4－1 所示。

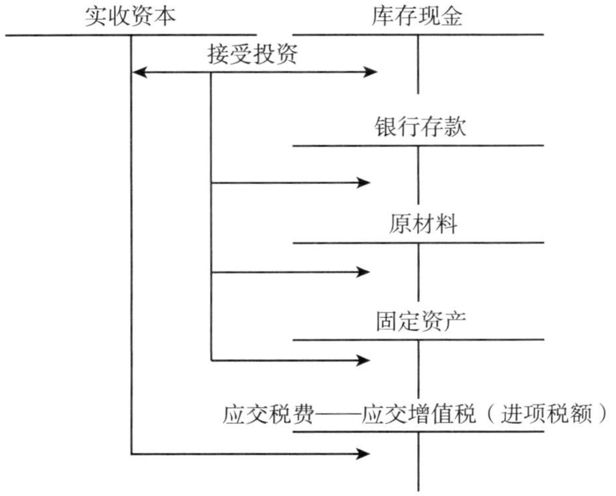

图 4－1　实收资本的会计处理流程

二、债务资金核算

企业通过负债筹资常见的渠道包括以下三种情况：一是向银行或其他金融机构获得借入资金；二是通过发行公司债券向公众募集资金；三是通过商业信用获得临时资金。在这里，主要介绍第一种情况的业务核算。

企业借入资金包括长期借款和短期借款两种情况。长期借款是指向银行或其他金融机构借入的偿还期在 1 年以上（不含 1 年）的各种款项，属于非流动负债。短期借款是指向银行或其他金融机构借入的偿还期限在 1 年以下（含 1 年）的各种款项，属于流动负债。

【例 4－2】2021 年 12 月 1 日，江西天华家具有限公司从工商银行取得三个月的贷款 50 000 元，年利率为 6%，款项已全部到账（原始凭证：银行业务回单、银行借款借据（入账通知），见图 2－9）。

短期借款是公司因临时性资金需要所借取的款项。

（1）账户设置。本业务应设置“短期借款”账户（见表 4－4）。

表 4－4　“短期借款”账户设置

账户名称	短期借款
性质	负债类
核算内容	核算企业向银行或其他金融机构借入的期限在 1 年以下（含 1 年）的各种借款
账户结构	借方：登记偿还的借款本金； 贷方：登记借款本金的增加； 期初、期末余额：在贷方，反映企业尚未偿还的短期借款本金
明细分类核算	按债权人及借款种类设明细分类账进行核算

（2）业务核算。这项业务的发生，一方面使得公司的银行存款增加了 50 000 元，应借记“银行存款”账户；另一方面使得公司的短期借款增加了 50 000 元，应贷记“短期借款”账户。编制会计分录如下：

借：银行存款　　　　50 000

　　贷：短期借款——工行　　　　50 000

短期借款的会计处理流程如图 4－2 所示。长期借款会计处理流程基本相同。

【例 4－3】2021 年 12 月 1 日，江西天华家具有限公司因营运资金周转需要，从工商银行取得一笔分次付息、一次性还本的长期贷款 300 000 元，年利率 12%，期限 3 年，已进入公司存款账户（原始凭证：银行业务回单、银行借款借据（入账通知））。

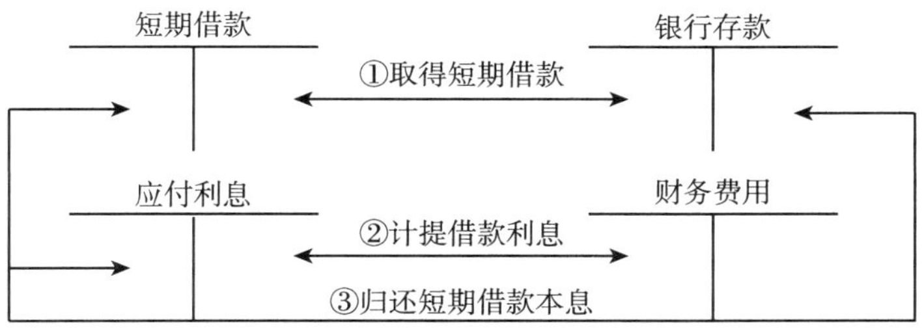

图 4－2　短期借款的会计处理流程

实际工作中通过银行回单看到，银行按双方贷款协议，已将贷款划到本企业的账户上。从贷款偿还期限上，可以判断其为长期借款。长期借款往往是公司因扩大生产规模，进行厂房建设或固定资产购置等原因而引起的资金缺口，所以所需借取的款项金额大，期限长，一般在 1 年以上。

（1）账户设置。负债筹资核算应设置“长期借款”和“短期借款”账户。本业务涉及的是“长期借款”账户（见表 4－5）。

表 4－5　　“长期借款”账户设置

账户名称	长期借款
性质	负债类
核算内容	核算企业向银行或其他金融机构借入的期限在 1 年以上（不含 1 年）的各种借款及一次还本付息情况下的利息
账户结构	借方：登记偿还的借款本金和一次还本付息情况下的利息； 贷方：登记借款本金和一次还本付息情况下利息的增加； 期初、期末余额：在贷方，反映企业尚未偿还的长期借款的本金和一次还本付息情况下的利息
明细分类核算	按债权人及借款种类设明细分类账进行核算

（2）业务核算。这项业务的发生，一方面使得公司的银行存款增加了 300 000 元，应借记“银行存款”账户；另一方面使得公司的长期借款增加了 300 000 元，应贷记“长期借款”账户。编制会计分录如下：

借：银行存款　　300 000

　　贷：长期借款——工行　　300 000

【例 4－4】 2021 年 12 月 31 日，江西天华家具有限公司针对 12 月 1 日从工商银行取得的贷款计提当月利息（原始凭证：利息费用计提表）。

企业在经营过程中，会频繁通过银行进行贷款和劳务费的结算，在这些结算工作中，银行会按规定收取一定的利息费，企业应开设“财务费用”账户；由于公司的借款未到期，只是先计提利息，所以企业应设置“应付利息”账户进行核算。

（1）账户设置。“财务费用”和“应付利息”账户设置见表 4－6、表 4－7。

表 4－6 “财务费用”账户设置

账户名称	财务费用
性质	损益类之费用
核算内容	核算企业为生产经营而筹集资金或运用资金所发生的各项费用，包括利息支出（减利息收入）、汇兑损益以及相关的手续费、企业发生的现金折扣等
账户结构	借方：登记当期发生的各项财务费用； 贷方：登记本期发生的冲减财务费用的利息收入和期末结转“本年利润”账户数； 期初、期末余额：期末结转后本账户无余额
明细分类核算	按费用项目设明细账

表 4－7 “应付利息”账户设置

账户名称	应付利息
性质	负债类
核算内容	核算企业向银行或其他金融机构借入的各种借款、发行债券等产生的利息
账户结构	借方：登记偿还的利息支出金额； 贷方：登记借款或发行债券应支付的利息支出； 期初、期末余额：在贷方，反映企业尚未偿还的利息
明细分类核算	按债权人及借款种类设明细分类账进行核算

（2）业务核算。

建行短期贷款利息＝50 000×6%×1/12＝250（元）

建行长期贷款利息＝300 000×12%×1/12＝3 000（元）

这项业务的发生，一方面使得公司的财务费用增加了 3 250 元，应借记“财务费用”账户；另一方面使得公司的应付利息增加了 3 250 元，应贷记“应付利息”账户。编制会计分录如下：

借：财务费用　　3 250

　　贷：应付利息——工行短期贷款　　250

　　　　　　　——工行长期贷款　　3 000

注：未来支付利息时，应借记“应付利息”账户，贷记“银行存款”账户。

第二节　供应过程业务的会计核算

供应阶段是生产的准备阶段。在这一阶段中，企业用货币资金购买各种材料物资，形成材料储备。在供应过程中，企业一方面要根据采购合同和采购计划及时采购材料物资，验收入库，保证生产的需要；另一方面也要与供应单位进行货款和各种采购费用的结算。

供应过程的主要经济业务包括材料物资采购成本的核算、共同采购费用的分摊、应交增值税进项税额的核算以及货款的结算等业务。

采购成本是由材料的买价加上各种相关采购费用构成。这些相关费用包括外地运杂费（如运输费、装卸费、保险费、包装费、仓储费等），运输途中的合理损耗、入库前的整理挑选费（包括挑选整理中发生的工、费支出和挑选整理过程中所发生的数量损耗，并扣除回收的下脚废料价值），以及按规定应该计入存货成本的税费和其他费用。从理论上讲，采购人员的差旅费、专设采购机构的经费、市内运杂费等都应计入相应材料的采购成本，但因为企业一般很少专设采购机构，采购人员的差旅费、市内运杂费为数不大，计入材料成本手续烦琐。为简化核算手续，这些费用一般不计入材料采购成本，可直接列作管理费用处理。

共同采购费用的分摊是指在采购过程中为多种材料物资支付的各种运输、保险等采购费用，按照配比的要求分摊计入各种材料成本中。分摊的方法可以按照材料物资的重量、体积、数量等标准进行分摊。

小贴士

增值税的基本原理

增值税是指在货物生产或销售等环节时就货物和应税劳务的增值部分征收的一种税。税务部门在对一般纳税人征收增值税时采用的是根据纳税人在购进货物时核定纳税人向销货方支付的“进项税额”及纳税人在销售货物时应向购货方收取的“销项税额”的差额征税的方法。增值税一般纳税人的税率有13%、9%、6%。所以企业在购进材料物资时应正确地核算应交增值税的进项税额。

货款的结算主要是指与销货方结算购货中的应付款项。结算方式可以在采购时结算货款，也可以采用先购货后付款或先付款后购货等方式。

材料物资采购完毕，经过验收、计量后，存放在材料物资仓库，作为生产过程的储备物资，企业应专门设置账户进行核算。

【例4-5】2021年12月4日，江西天华家具有限公司的业务经理李俊受公司指派出差，需预支差旅费4 000元，财务室用现金支付（原始凭证：借款单）。

企业采购人员出差前如果预计差旅费金额较大，自身无法支付，可事先请财务部门预支，事后再行报销。财务部门在库存现金不足时，也可能开出现金支票，请相关人员到银行提取现金。这时，差旅费借款单和支票存根是原始凭证。若实际差旅费并未发生，所借支款项需要以后收回。

（1）账户设置。本业务中，企业应设置“其他应收款”和“库存现金”账户（见表4-8、表4-9）。

表 4-8　　　　　　　　　　“其他应收款”账户设置

账户名称	其他应收款
性质	资产类
核算内容	核算企业除应收票据、应收账款、预付账款、应收股利和应收利息以外的其他各种应收、暂付款项
账户结构	借方：登记其他应收款项的增加数； 贷方：登记其他应收款项的减少数； 期初、期末余额：一般在借方，表示其他应收款的结存数
明细分类核算	按债务人名称设置明细账进行明细分类核算

表 4-9　　　　　　　　　　“库存现金”账户设置

账户名称	库存现金
性质	资产类
核算内容	核算企业库存现金的增减变动情况
账户结构	借方：登记库存现金的增加数； 贷方：登记库存现金的减少数； 期初、期末余额：在借方，表示期初、期末库存现金的结存数
明细分类核算	按库存现金的币种设置“库存现金日记账”进行明细分类核算

（2）业务核算。这项业务的发生，一方面使得公司的其他应收款增加，借记“其他应收款”；另一方面，财务室用现金支付，使得公司库存现金减少，贷记“库存现金”账户。编制会计分录如下：

借：其他应收款——李俊　　　　　　　　　　4 000

　　贷：库存现金　　　　　　　　　　　　　　4 000

【例 4-6】 2021 年 12 月 6 日，江西天华家具有限公司向江西信阳商贸有限公司购买材料密度板 500 张，单价 210 元/张，增值税专用发票上注明货款 105 000 元，税率 13%，增值税进项税额 13 650 元。货税款未付，材料已到达公司并验收入库（原始凭证：销售单、增值税专用发票（发票联）、入库单，见图 2-10 至图 2-13）。

作为增值税一般纳税人，在采购过程中会收到增值税专用发票，增值税专用发票有一式多联，要注意不同联的作用。采购方本业务做账使用的是发票联，另有一抵扣联在实际纳税时使用。

货款的支付，如果采购方要求是验货后付款，对方会办理委托银行收款业务。

公司对材料的收发如果采用实际成本进行核算，当期采购的材料当期验收入库的话，直接进入“原材料”账户核算；当期采购的材料当期没能验收入库，期末时将其成本进入“在途物资”账户核算，下期验收入库后，再从

"在途物资"账户转入"原材料"账户。

（1）账户设置。企业在处理本业务时，应设置"原材料""应交税费""应付账款"等账户进行核算。

"原材料"账户设置见表4－10。

表4－10　"原材料"账户设置

账户名称	原材料
性质	资产类
核算内容	核算企业库存的各种原材料的收入、发出和结存情况
账户结构	借方：登记材料验收入库的成本； 贷方：登记材料发出、领用的成本； 期初、期末余额：借方余额，反映库存材料的结存数
明细分类核算	按材料类别、品种、规格设置明细账，进行明细分类核算

"应交税费"账户是基础会计学习过程中常见的一个账户，使用它时，一般要求写出其明细科目。"应交税费"账户设置如表4－11所示。

表4－11　"应交税费"账户设置

账户名称	应交税费
性质	负债类
核算内容	核算企业应交和实交各种税费的增减变动情况
账户结构	借方：登记企业缴纳的各种税费金额。 贷方：登记企业发生的应缴纳税费金额。 期初、期末余额：一般有余额。借方余额表示为企业多交的税、费，贷方余额则表示应交而未交的税费
明细分类核算	按税种和费用项目设明细分类账进行明细分类核算。在该账户下可设置"应交增值税""未交增值税""预交增值税""待抵扣进项税额""待认证进项税额""待转销项税额""增值税留抵税额""简易计税""转让金融商品应交增值税""代扣代交增值税"等明细科目

在经济业务核算中，我们会频繁使用"应交税费——应交增值税"明细账，这里专门替它做一档案（见表4－12）。

表 4－12 “应交税费——应交增值税”账户设置

账户名称	应交税费——应交增值税
性质	负债类
核算内容	核算企业应交和实交增值税的情况
账户结构	借方：登记企业购进货物或接受应税劳务而支付的进项税额和实际已缴纳的增值税等。 贷方：登记企业销售货物或提供应税劳务而收取的销项税额等。 期初、期末余额：一般有余额。借方余额反映尚未抵扣的进项税额，贷方余额反映应缴纳的增值税额
明细分类核算	在该账户下可再按“销项税额”“进项税额”“进项税额转出”“销项税额抵减”“已交税金”“转出未交增值税”“转出多交增值税”“减免税款”“出口退税”等项目设置三级明细账进行明细分类核算

“应付账款”是指企业在经营过程中由于赊购商品、材料或接受劳务等而发生的债务。它是企业一种最常见、最普遍的流动负债，也是最基础的商业信用，反映企业经营活动中与交易对方发生的最基本的商业信贷关系。“应付账款”账户设置如表 4－13 所示。

表 4－13 “应付账款”账户设置

账户名称	应付账款
性质	负债类
核算内容	核算企业因采购材料物资和接受劳务供应等原因与供应单位发生的结算债务的增减变动情况
账户结构	借方：登记企业偿还供应单位的款项； 贷方：登记企业发生的应付款项； 期初、期末余额：一般在贷方，反映企业尚未偿还的款项
明细分类核算	应按供应单位设置明细账

（2）业务核算。这项业务的发生，一方面使得公司的原材料增加（本期已验收入库），借记“原材料”账户，通过应付账款将支付增值税进项税额，引起应交税费的减少，借记“应交税费”账户；另一方面，货税款暂未支付，使得公司的应付账款增加，贷记“应付账款”账户。编制会计分录如下：

借：原材料——密度板 105 000
　　应交税费——应交增值税（进项税额） 13 650
　　贷：应付账款——江西信阳商贸有限公司 118 650

【例4-7】2021年12月8日，江西天华家具有限公司向江西同佳商贸有限公司采购材料打磨纸1 000卷，单价5元/卷。增值税专用发票上注明货款5 000元，税率13%，增值税进项税额650元。为此，公司开出期限三个月的银行承兑汇票一张，材料全部验收入库（原始凭证：销售单、增值税专用发票（发票联）、入库单、银行承兑汇票复印件）。

小贴士

商业承兑汇票和银行承兑汇票对比

（1）账户设置。这种情况下企业应设置“应付票据”账户进行核算（见表4-14）。应付票据是指企业因购买材料、商品和接受劳务签发并承兑商业汇票而形成的债务。根据承兑人不同，商业汇票可分为商业承兑汇票和银行承兑汇票。

表4-14　“应付票据”账户设置

账户名称	应付票据
性质	负债类
核算内容	核算企业商业汇票的签发、承兑和支付情况
账户结构	借方：登记企业到期支付（或转出）的票款数额； 贷方：登记企业签发、承兑商业汇票的面值； 期初、期末余额：一般在贷方，反映企业尚未到期的应付票据的金额
明细分类核算	可不设置明细账

对于商业汇票，企业应当设置“应付票据备查簿”，详细登记每一应付票据的种类、号数、签发日期、到期日、票面金额、合同交易号、收款人姓名或单位名称以及付款日期和金额等资料。应付票据到期结清后，在备查簿内逐笔注销。

（2）业务核算。这项业务的发生，一方面使得公司的原材料增加（本期已验收入库），借记“原材料”账户，通过应付票据将支付增值税进项税额，引起应交税费的减少，借记“应交税费”账户；另一方面，公司开出期限三个月的银行承兑汇票一张，使得公司的应付票据增加，贷记“应付票据”账户。编制会计分录如下：

借：原材料——打磨纸　　5 000
　　应交税费——应交增值税（进项税额）　　650
　　贷：应付票据　　5 650

【例4-8】2021年12月9日，江西天华家具有限公司以银行存款转账方式偿还前欠赣昌万达商贸有限公司货款120 000元（原始凭证：付款申请书、银行业务回单，见图2-14）。

本业务的发生，一方面通过银行，支付了前欠货款，引起负债的减少，借记“应付账款”账户；另一方面引起公司银行存款的减少，贷记“银行存款”账户。编制会计分录如下：

借：应付账款——赣昌万达商贸有限公司　　120 000
　　贷：银行存款　　120 000

【例 4－9】 2021 年 12 月 13 日，江西天华家具有限公司因业务发展需要，需向宜州宝来商贸有限公司订购材料密度板。按公司与宜州宝来商贸有限公司所签订的协议，公司通过银行划转 20 000 元的定金（原始凭证：付款申请书、银行业务回单、收款收据（收据联）、购销合同复印件）。

某些商品物资可能因市场供不应求，在采购时对方要求预付定金，这样就形成了预付账款。一家企业，在一定期间内如果发生一定数量的预付账款业务，它应设置“预付账款”账户。如果这类业务很少发生，一旦发生后，企业有可能在“应付账款”总账下设相关明细账来进行核算（参考账户按用途和结构分类之结算账户）。

（1）账户设置。企业在处理本业务时，应设置“预付账款”账户（见表 4－15）。

表 4－15　　“预付账款”账户设置

账户名称	预付账款
性质	资产类
核算内容	核算企业按供货合同预付给供应单位的货款
账户结构	借方：登记企业预付货款或补付货款； 贷方：登记企业收到货物冲销的金额或退回的多付货款； 期初、期末余额：一般在借方，反映企业已预付但尚未收到货物的金额
明细分类核算	应按供应单位设置明细账

（2）业务核算。本业务的发生，一方面使得公司的预付账款增加，借记“预付账款”账户；另一方面，公司的银行存款减少，贷记“银行存款”账户。编制会计分录如下：

借：预付账款——宜州宝来商贸有限公司　　20 000
　　贷：银行存款　　20 000

【例 4－10】 2021 年 12 月 17 日，宜州宝来商贸有限公司按协议发来材料密度板 500 张，单价 200 元/张，增值税专用发票上注明货款 100 000 元，税率 13%，增值税进项税额 13 000 元，材料已验收入库。余款暂未支付（原始凭证：销售单、增值税专用发票（发票联）、入库单）。

本业务的发生，一方面使得公司的原材料增加，借记“原材料”账户；另一方面使得公司的预付账款减少，贷记“预付账款”账户。此笔业务发生后，本公司暂欠宜州宝来商贸有限公司的货税款，也在“预付账款——宜州宝来商贸有限公司”账户中核算，不必再在其他账户中进行核算。编制会计分录如下：

借：原材料——密度板　100 000
　　应交税费——应交增值税（进项税额）　13 000
　　贷：预付账款——宜州宝来商贸有限公司　113 000

注：以后付清余款时作如下分录（原始凭证：银行业务回单）：

借：预付账款——宜州宝来商贸有限公司　93 000
　　贷：银行存款　93 000

【例4-11】2021年12月21日，江西天华家具有限公司向江西同佳商贸有限公司采购一批乳胶材料2 000升，单价1元/升，增值税专用发票上注明货款2 000元，税率13%，增值税进项税额260元，货税款已通过银行付讫，但材料尚未运抵本公司（原始凭证：销售单、银行业务回单、增值税专用发票（发票联））。

（1）账户设置。处理本经济业务时，由于材料尚未运抵本公司，所以会涉及“在途物资”账户，具体见表4-16。

表4-16　“在途物资”账户设置

账户名称	在途物资
性质	资产类
核算内容	核算企业购入尚未到达或尚未验收入库的各种材料物资的实际成本
账户结构	借方：登记企业购入材料物资的实际成本； 贷方：登记验收入库材料物资的实际成本； 期初、期末余额：借方余额，反映在途物资的实际成本
明细分类核算	按材料类别、品种、规格设置明细账，进行明细分类核算

（2）业务核算。本业务的发生，一方面引起公司的在途物资增加（材料尚未运抵本公司），借记“在途物资”账户，通过银行，支付了货税款，引起应交税费的减少，借记“应交税费”账户；另一方面，引起公司银行存款的减少，贷记“银行存款”账户。编制会计分录如下：

借：在途物资——乳胶　2 000
　　应交税费——应交增值税（进项税额）　260
　　贷：银行存款　2 260

【例4-12】2021年12月5日，江西天华家具有限公司向景溪佳乐机械设备有限公司购入不需安装的封边机1台，增值税专用发票上注明货款10 000元，税率13%，增值税进项税额1 300元，货税款均通过银行付讫（原始凭证：销售单、入库单、增值税专用发票（发票联）、银行业务回单、固定资产验收单，见图2-15至图2-17）。

为了后续的生产，我们会使用各种机器设备在厂房里进行生产，其中厂房、各种机器设备都是固定资产。

（1）账户设置。企业要对相关资产进行管理、保护和使用，还应设置“固定资产”账户（见表4－17）。

表4－17　　“固定资产”账户设置

账户名称	固定资产
性质	资产类
核算内容	核算企业所有固定资产原值的增减变动情况
账户结构	借方：登记企业因购入、自建固定资产等而增加的固定资产原值； 贷方：登记企业因出售、报废固定资产等而冲减的固定资产原值； 期初、期末余额：在借方，反映现有固定资产原值
明细分类核算	应按固定资产项目设置明细账

（2）业务核算。这项经济业务的发生，一方面使公司的固定资产增加了10 000元，借记“固定资产”账户，产生了1 300元增值税进项税额，借记“应交税费——应交增值税（进项税额）”账户；另一方面使公司的银行存款减少了11 300元，贷记“银行存款”账户。编制会计分录如下：

借：固定资产　　10 000
　　应交税费——应交增值税（进项税额）　　1 300
　贷：银行存款　　11 300

【例4－13】 2021年12月24日，江西天华家具有限公司本月21日购买的材料乳胶验收入库（原始凭证：入库单）。

公司购买的材料未能验收入库时，其成本在“在途物资”账户中核算。本月验收后，其成本要从“在途物资”账户中转出，进入“原材料”账户。

本业务的发生，一方面引起公司库存原材料的增加，借记“原材料”账户；另一方面，在途物资减少，贷记“在途物资”账户。编制会计分录如下：

借：原材料——乳胶　　2 000
　贷：在途物资——乳胶　　2 000

采购材料的会计核算流程如图4－3所示。

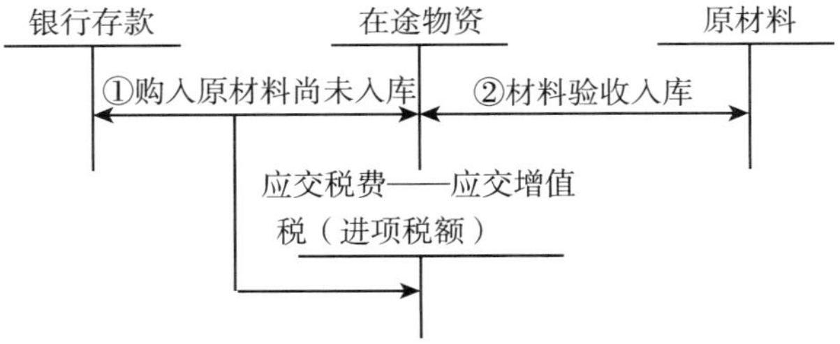

图4－3　采购材料的会计核算流程

【**例4－14**】2021年12月26日，江西天华家具有限公司的业务经理李俊报销差旅费，其中交通费3 120，住宿费1 100，伙食费600，共计4 820元，原已预支4 000元，财务室以现金支付不足部分（原始凭证：差旅费报销单、火车票、的士发票、增值税普通发票（发票联）等）。

企业采购人员的差旅费可直接作为管理费用处理。报销时，以有关的住宿费单据、交通费用单据（如飞机票、火车票、汽车票、轮船票等）为依据，按企业差旅费报销制度的规定，填写差旅费报销单。以上相关单据为差旅费报支单的附件，差旅费报销单为原始凭证。

（1）账户设置。处理本类业务时，企业应设置“管理费用”账户（见表4－18）。

表4－18　“管理费用”账户设置

账户名称	管理费用
性质	损益类之费用
核算内容	核算企业行政管理部门为组织和管理生产活动所发生的各项管理费用
账户结构	借方：登记当期发生的各项管理费用； 贷方：登记期末结转“本年利润”账户数； 期初、期末余额：期末结转后本账户无余额
明细分类核算	按费用项目设明细账，如折旧费、日常修理费、业务招待费、工会经费等

（2）业务核算。这项业务的发生，差旅费报销计入管理费用，管理费用增加，借记“管理费用”账户；之前已预支4 000元，财务室需补付不足的820，以现金支付，现金减少，贷记“库存现金”账户。编制会计分录如下：

借：管理费用——差旅费　　4 820
　贷：其他应收款——李俊　　4 000
　　　库存现金　　820

【**例4－15**】2021年12月17日，江西天华家具有限公司向景溪佳乐机械设备有限公司购入需安装的数控装配机床1台，增值税专用发票上注明货款40 000元，税率13%，增值税进项税额5 200元，款未付（原始凭证：销售单、入库单、增值税专用发票（发票联））。

（1）账户设置。处理本类业务时，企业应设置“在建工程”账户（见表4－19）。

表4-19 **“在建工程”账户设置**

账户名称	在建工程
性质	资产类
核算内容	核算企业为新建、改建、扩建固定资产，或技术改造、设备更新和大修理工程等尚未完工工程而发生的各项支出
账户结构	借方：登记投入在建工程的各项支出的增加数； 贷方：登记工程竣工，固定资产交付使用时的工程成本数、项目工程物资和退回工程款、退库材料的发生额； 期初、期末余额：在借方，表示尚未竣工的在建工程的实际成本
明细分类核算	按工程项目和外购工程物资设置明细账

（2）业务核算。这项业务的发生，由于机床需要安装，所以导致公司在建工程增加，应借记“在建工程”账户；由于对方公司开具了增值税专用发票，税额借记“应交税费——应交增值税（进项税额）”；款项未付，贷记“应付账款”账户。编制会计分录如下：

借：在建工程　　40 000
　　应交税费——应交增值税（进项税额）　　5 200
　　贷：应付账款——景溪佳乐机械设备有限公司　　45 200

【例4-16】2021年12月20日，江西天华家具有限公司向景溪德邦物流公司支付数控装配机床的运输费，增值税专用发票上注明货款5 100元，税率9%，增值税进项税额459元，公司以转账方式付讫（原始凭证：银行业务回单、增值税专用发票（发票联））。

这项业务的发生，由于机床运输费的存在导致公司此项在建工程的成本加大，所以借记“在建工程”账户；由于对方公司开具了增值税专用发票，税额借记“应交税费——应交增值税（进项税额）”；款项以转账方式付讫，贷记“银行存款”账户。编制会计分录如下：

借：在建工程　　5 100
　　应交税费——应交增值税（进项税额）　　459
　　贷：银行存款　　5 559

【例4-17】2021年12月21日，江西天华家具有限公司向景溪佳乐机械设备有限公司支付数控装配机床安装费，增值税专用发票上注明货款1 155.56元，税率9%，增值税进项税额104元，公司以转账方式支付1 259.56元（原始凭证：销售单、银行业务回单、增值税专用发票（发票联））。

这项业务的发生，由于机床需要安装，所以机床安装费计入在建工程，在建工程增加，借记“在建工程”账户；由于对方公司开具了增值税专用发票，税额借记“应交税费——应交增值税（进项税额）”；款项以转账方式付讫，贷记“银行存款”账户。编制会计分录如下：

借：在建工程　　1 155.56

　　应交税费——应交增值税（进项税额）　　104

　　贷：银行存款　　1 259.56

【例 4－18】 2021 年 12 月 22 日，数控装配机床安装完毕，交付使用（原始凭证：固定资产验收单）。

这项业务的发生，由于机床已经安装完毕，所以应将机床的价款及安装完毕前发生的各项费用从在建工程转入固定资产，固定资产增加，借记“固定资产”账户；同时，在建工程减少，贷记“在建工程”账户。编制会计分录如下：

借：固定资产　　46 255.56

　　贷：在建工程　　46 255.56

第三节　生产过程业务的会计核算

产品的生产过程是工业企业再生产过程的中心环节。在生产阶段中，材料储备作为劳动对象投入生产；工人运用劳动工具对劳动对象进行加工，生产出产品。这一过程是产品的制造过程，也是人工、材料、机器设备耗费的过程。所以，这一阶段业务核算主要有两个方面：一是确定生产过程中发生的各项费用，从而确定产品的生产成本；二是完工产品结转入库，形成库存商品。

计算产品成本必须明确产品成本项目。构成产品的成本项目一般包括直接材料、直接人工和制造费用。直接材料指企业在产品生产过程中，直接用于产品生产、构成产品实体的材料，包括原料、主要材料、外购半成品以及其他材料等。直接人工是指直接从事产品生产的生产工人的工资。制造费用是指企业各个生产单位（分厂、车间）为组织和管理生产所发生的各项费用，包括生产单位管理人员工资、生产单位房屋建筑物和机器设备等的折旧费、水电费、办公费等。直接材料和直接人工是属于直接费用，发生时可直接计入某种产品的生产成本。制造费用则是一种间接费用，不能直接计入某种产品的生产成本，而应当通过归集和分配计入产品成本。

生产车间当月完工的产品应办理验收入库。进入产成品仓库的产品叫库存商品，是为销售过程而储备的物资。当月未完工的产品为在产品，需要在下个月继续加工。

一、领用材料核算

企业生产中耗费的材料，按照用途的不同，一般可分为直接用于某种产品生产的材料、车间一般消耗的材料和厂部一般消耗的材料，在核算时应分开核算。直接用于某种产品生产的材料，其成本可直接进入该产品的生产成本；车间一般消耗的材料，其成本先进入制造费用核算，于期末时按照一定的方法分配进入产品的生产成本；厂部一般消耗的材料，其成本进入管理费用核算。

【例 4－19】 2021 年 12 月 31 日，江西天华家具有限公司将本月材料领用及用途情况进行汇总（原始凭证：材料领用及用途汇总表、领料单，见图 2－18、图 2－19）。本公司的材料和商品等存货发出时采用月末一次加权的方法进行计量。

具体每种原材料的发出单位成本计算见表 4－20。

表 4－20 **江西天华家具有限公司**

原材料发出单位成本计算表

2021 年 12 月 31 日　　单位：元

材料名称	期初结存		本期入库		加权平均单价
	数量	金额	数量	金额	
密度板	300	61 500	1 000	205 000	205
打磨纸	200	1 000	1 000	5 000	5
乳胶	0	0	2 000	2 000	1
合计					

审核人：　　制表人：

（1）账户设置。为正确地核算生产过程中发生的各项费用，企业应设置“生产成本”“制造费用”等账户（见表 4－21、表 4－22）。

表 4－21 **“生产成本”账户设置**

账户名称	生产成本
性质	成本类
核算内容	核算产品生产过程中发生的各种生产费用并据以计算产品成本的账户
账户结构	借方：登记当期发生的直接生产费用及结转的制造费用； 贷方：登记当期入库完工产品的成本； 期初、期末余额：在借方，表示生产过程中尚未完工的在产品的实际成本；
明细分类核算	按产品品种或类别设置明细账

表 4－22 **“制造费用”账户设置**

账户名称	制造费用
性质	成本类
核算内容	归集和分配企业生产车间为生产产品而发生的各项间接费用，包括车间的折旧费、水电费、办公费、机物料消耗等

续表

账户结构	借方：登记生产车间当期发生的各项间接费用； 贷方：登记期末结转分配至“生产成本”账户的金额； 期初、期末余额：期末结转后本账户无余额
明细分类核算	按不同费用明细或不同车间设置明细账

（2）业务核算。这笔业务的发生，一方面使得企业的生产成本、制造费用和管理费用增加，借记“生产成本”“制造费用”“管理费用”等账户；另一方面材料的领用，造成库存材料的减少，贷记“原材料”账户。编制会计分录如下：

借：生产成本——办公桌　127 500
　　　　　　——办公椅　63 000
　　制造费用——材料费　600
　　管理费用——材料费　450
　　贷：原材料——密度板　184 500
　　　　　　　——打磨纸　5 300
　　　　　　　——乳胶　1 750

生产经营领用原材料的会计处理流程如图4－4所示。

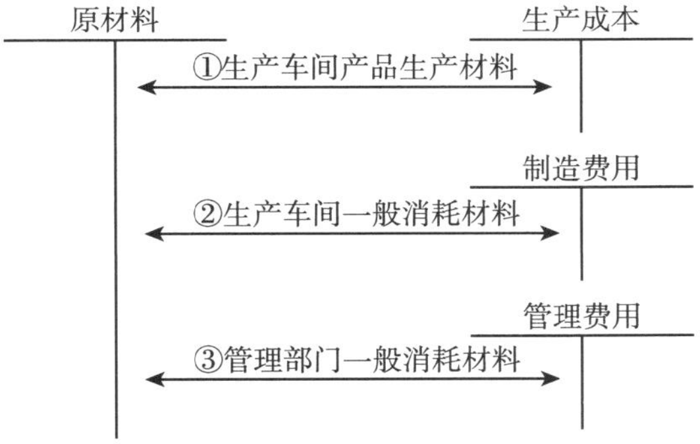

图4－4　生产经营领用材料的会计处理流程

二、人工费用核算

企业在生产经营过程中要按照劳动合同及员工的出勤率、生产量等指标计算薪酬，这部分内容构成了企业人工费用的核算。

【例4－20】2021年12月15日，江西天华家具有限公司用银行存款发放上月职工薪酬41 535元（原始凭证：工资发放表、银行业务回单）。

（1）账户设置。企业对人工费用进行核算时应设置“应付职工薪酬”账户（见表4－23）。

表4－23 “应付职工薪酬”账户设置

账户名称	应付职工薪酬
性质	负债类
核算内容	核算企业为获得职工提供的服务或解除劳动关系而给予的各种形式的报酬或补偿
账户结构	借方：实际发放职工薪酬的数额，包括扣还的款项等； 贷方：已分配计入有关成本费用项目的职工薪酬的数额； 期初、期末余额：一般在贷方，反映企业应付而未付的职工薪酬
明细分类核算	应按“短期薪酬”“离职后福利”“辞退福利”“其他长期职工福利”等设置明细账

【补充说明】

①短期薪酬，是指企业在职工提供相关服务的年度报告期间结束后12个月内需要全部予以支付的职工薪酬，因解除与职工的劳动关系给予的补偿除外。短期薪酬具体包括：职工工资、奖金、津贴和补贴；职工福利费；医疗保险费、工伤保险费和生育保险费等社会保险费；住房公积金；工会经费和职工教育经费；短期带薪缺勤，如年休假、病假、婚假、产假、丧假、探亲假等；短期利润分享计划；其他短期薪酬。

②离职后福利，是指企业为获得职工提供的服务而在职工退休或与企业解除劳动关系后，提供的各种形式的报酬和福利，短期薪酬和辞退福利除外。企业应当将离职后福利计划分类为设定提存计划和设定受益计划。

③辞退福利，是指企业在职工劳动合同到期之前解除与职工的劳动关系，或者为鼓励职工自愿接受裁减而给予职工的补偿。

④其他长期职工福利，是指除短期薪酬、离职后福利、辞退福利之外所有的职工薪酬，包括长期带薪缺勤、长期残疾福利、长期利润分享计划等。

（2）业务核算。这项业务的发生，一方面支付了上月工资，引起公司的负债减少，借记“应付职工薪酬”账户；另一方面用银行存款支付，引起公司的银行存款减少，贷记“银行存款”账户。编制会计分录如下：

借：应付职工薪酬——短期薪酬　　　41 535

　贷：银行存款　　　41 535

【例4－21】2021年12月31日，江西天华家具有限公司计提本月职工薪酬48 000元，其中生产办公桌工人工资8 000元，生产办公椅工人工资4 000元；车间管理人员工资6 000元，行政管理人员工资20 000元，销售部门人员工资10 000元（原始凭证：职工薪酬计提表，见图2－20）。

（1）账户设置。销售费用是企业为促进销售而发生的期间费用，企业应设置“销售费用”账户进行核算（见表4－24）。

表 4-24　“销售费用”账户设置

账户名称	销售费用
性质	损益类之费用
核算内容	核算企业在销售过程中发生的各项费用以及为销售本企业商品而专设的销售机构经费
账户结构	借方：登记各项销售费用的发生数额； 贷方：贷方登记期末转出金额（结转入“本年利润”账户）； 期初、期末余额：期末结转后账户无余额
明细分类核算	按费用项目开设明细分类账户，如展销费、宣传广告费等进行明细核算

（2）业务核算。这项业务的发生，一方面引起公司的相关成本费用增加，借记“生产成本”“制造费用”“管理费用”“ 销售费用”账户；另一方面引起公司的应付职工薪酬增加，贷记“应付职工薪酬”账户。编制会计分录如下：

借：生产成本——办公桌　8 000
　　　　　　——办公椅　4 000
　　制造费用——职工薪酬　6 000
　　管理费用——职工薪酬　20 000
　　销售费用——职工薪酬　10 000
　　贷：应付职工薪酬——短期薪酬　48 000

应付职工薪酬的会计处理流程如图 4-5 所示。

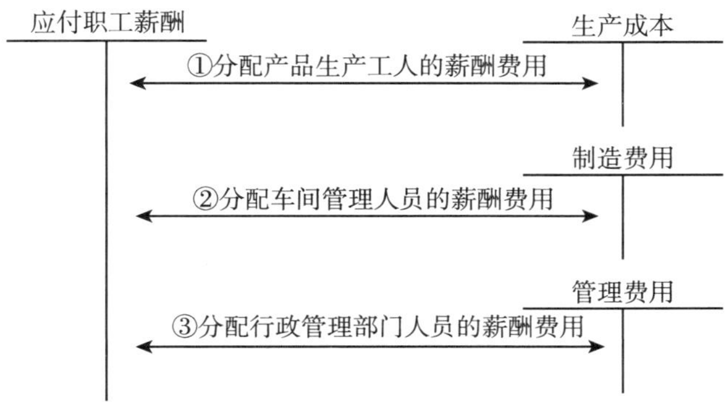

图 4-5　应付职工薪酬的会计处理流程

三、固定资产折旧核算

固定资产的特点是单位价值大、使用年限长（一般超过 1 年），而且在使用过程中能保持其实物形态。但是其价值却在使用过程中逐渐被磨损或贬值，这种磨损或贬值，在会计上称为折旧。把这种折旧通过确定和计量后计入成本费用中的价值叫作折旧费。将各期的折旧费累计起来，叫作累计折旧。将固定资产的原始价值减去累计折旧后的数额，即固定资产净值。

【例4－22】2021年12月31日，江西天华家具有限公司按规定计提本月固定资产折旧4 750元，其中车间固定资产折旧3 750元，行政管理部门固定资产折旧1 000元（原始凭证：固定资产折旧计算表，见图2－21）。

（1）账户设置。企业应设置“累计折旧”账户，对固定资产的折旧进行核算（见表4－25）。

表4－25　　“累计折旧”账户设置

账户名称	累计折旧
性质	资产类
核算内容	核算固定资产的折旧，是“固定资产”账户的备抵账户
账户结构	借方：登记企业冲销固定资产而冲减的折旧费金额； 贷方：登记折旧费的计提数； 期初、期末余额：一般在贷方，表示企业现有固定资产已提取的累计折旧
明细分类核算	应按固定资产项目设置明细账

（2）业务核算。这项业务的发生，一方面使得公司的制造费用和管理费用增加，借记“制造费用”和“管理费用”账户；另一方面使得公司的累计折旧增加，贷记“累计折旧”账户。编制会计分录如下：

借：制造费用——折旧费　　3 750
　　管理费用——折旧费　　1 000
　　贷：累计折旧　　　　　　4 750

计提固定资产折旧的会计处理流程如图4－6所示。

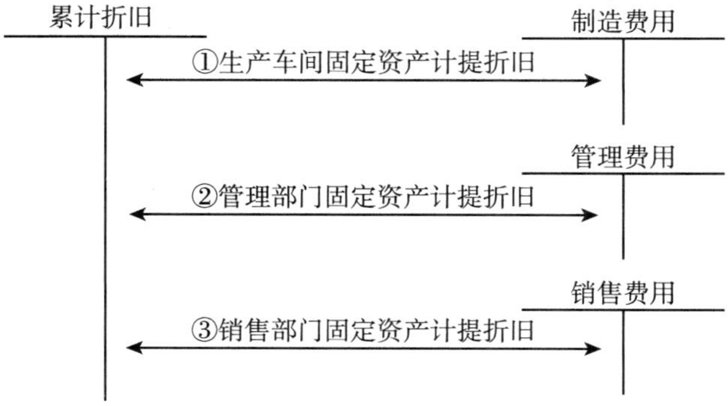

图4－6　计提固定资产折旧的会计处理流程

四、其他费用核算

企业在生产经营过程中，发生的车间办公费、水电费、厂部办公费和水电费等，分别在“制造费用”和“管理费用”等账户中核算。

【例 4-23】 2021 年 12 月 16 日，江西天华家具有限公司向九江市电力有限公司转账支付公司电费，增值税专用发票上注明电费 1 元/度，用电量为 2 000 度，税率 13%，增值税进项税额 260 元。其中，生产车间用电 1 200 度，管理部门用电 500 度，销售部门用电 300 度（原始凭证：电费耗用统计及分配表、增值税专用发票（发票联）、银行业务回单，见图 2-22 至图 2-24）。

这项业务的发生，一方面使得公司的制造费用、管理费用和销售费用增加，由于对方公司开具了增值税专用发票，所以借记“制造费用”“管理费用”“销售费用”及“应交税费——应交增值税（进项税额）”账户；另一方面使得公司的银行存款减少，贷记“银行存款”账户。编制会计分录如下：

借：制造费用——电费	1 200	
管理费用——电费	500	
销售费用——电费	300	
应交税费——应交增值税（进项税额）	260	
贷：银行存款		2 260

【例 4-24】 2021 年 12 月 16 日，江西天华家具有限公司向九江市水务集团有限公司转账支付公司水费，增值税专用发票上注明水费 5 元/吨，用水量为 140 吨，税率 9%，增值税进项税额 63 元。其中，生产车间用水 90 吨，管理部门用水 40 吨，销售部门用水 10 吨（原始凭证：水费耗用统计及分配表、增值税专用发票（发票联）、银行业务回单）。

这项业务的发生，一方面使得公司的制造费用、管理费用和销售费用增加，由于对方公司开具了增值税专用发票，所以借记“制造费用”“管理费用”“销售费用”及“应交税费——应交增值税（进项税额）”账户；另一方面使得公司的银行存款减少，贷记“银行存款”账户。编制会计分录如下：

借：制造费用——水费	450	
管理费用——水费	200	
销售费用——水费	50	
应交税费——应交增值税（进项税额）	63	
贷：银行存款		763

【例 4-25】 2021 年 12 月 19 日，江西天华家具有限公司管理部门的李丽报销打印机维修费，增值税专用发票上注明维修费 300 元，税率 13%，增值税进项税额 39 元，以现金方式支付 339 元（原始凭证：报销单、增值税专用发票）。

这项业务的发生，一方面使得公司管理费用增加，由于对方公司开具了增值税专用发票，所以借记“管理费用”和“应交税费——应交增值税（进项税额）”账户；另一方面使得公司的库存现金减少，贷记“库存现金”账户。编制会计分录如下：

借：管理费用——修理费 300
　　应交税费——应交增值税（进项税额） 39
　　贷：库存现金 339

【例4-26】 2021年12月16日，江西天华家具有限公司向中国电信集团九江分公司支付本月通信费，增值税专用发票上注明通信费为450元，增值税税率为9%，增值税进项税额40.5元，已通过银行转账支付（原始凭证：付款申请书、增值税专用发票（发票联）、银行业务回单）。

此项经济业务，引起企业损益类项目“管理费用”账户增加450元，由于对方公司开具了增值税专用发票，所以“应交税费——应交增值税（进项税额）”账户减少40.5元；同时，资产类项目“银行存款”账户减少了490.5元。编制会计分录如下：

借：管理费用——通信费 450
　　应交税费——应交增值税（进项税额） 40.5
　　贷：银行存款 490.5

五、分配制造费用

制造费用是产品生产成本的重要构成内容，但制造费用一般是生产车间发生的间接生产费用，在其发生时，一般不能分清应由哪一种产品来承担，因而不便于直接归属于某一种产品，而应先行归集，即通过“制造费用”账户先行归集，期末按一定标准分配计入各种产品成本。

制造费用的分配方法，一般有下列几种：按生产工人工资比例分配，按生产工人工时比例分配，按机器工时比例分配，按耗用原材料的数量或成本比例分配，按直接成本（直接材料费用与直接人工费用之和）比例分配，按产品产量比例分配等。

制造费用分配的计算如下：

（1）确定多种产品共同发生的制造费用总额；

（2）确定分配的标准（生产工人工资、生产工人工时等）；

（3）计算分配率：

分配率 = 共同发生的制造费用总额 ÷ 多种产品的分配标准之和

（4）某种产品分配的制造费用 = 该种产品的分配标准 × 分配率。

【例4-27】 2021年12月31日，江西天华家具有限公司分配结转本月制造费用，以两种产品的生产工人工资为标准分配（原始凭证：制造费用计算分配表，见图2-25）。

这项业务的发生，一方面使得公司的生产成本增加，借记“生产成本”

账户；另一方面使得公司的制造费用减少，贷记“制造费用”账户。编制会计分录如下：

借：生产成本——办公桌　　8 000

　　　　　　——办公椅　　4 000

　贷：制造费用　　12 000

六、完工产品入库核算

月末时，生产过程的完工产品应验收入库，即为库存商品。尚在车间需继续加工的产品为在产品。完工产品的成本构成是：

完工产品成本 = 直接材料 + 直接人工 + 制造费用

在产品成本继续保留在“生产成本”账户中，不需要做会计处理。但是企业在月末时应合理地核算完工产品与在产品的成本。所以可按下面的公式计算本月完工产品的成本，即：

本月完工产品成本 = 月初在产品成本 + 本月发生生产成本 − 月末在产品成本

【例 4－28】 2021 年 12 月 31 日，江西天华家具有限公司本月办公桌完工 1 000 张，办公椅完工 1 500 把，假设期初、期末均无在产品（原始凭证：入库单、完工产品成本计算单，见图 2－26、图 2－27）。

（1）账户设置。产品完工入库的核算应设置“库存商品”账户（见表 4－26）。

表 4－26　　“库存商品”账户设置

账户名称	库存商品
性质	资产类
核算内容	核算生产完工并验收入库、可供销售的产成品成本的增减情况
账户结构	借方：登记企业完工产品验收入库的成本； 贷方：登记产品销售或减少产品的成本； 期初、期末余额：一般在借方，表示企业库存产品的实际结存数
明细分类核算	按产品种类、品种和规格设置明细账

（2）业务核算。这项业务的发生，一方面使得公司的库存商品增加，借记“库存商品”账户；另一方面使得公司的在产品成本减少，贷记“生产成本”账户。编制会计分录如下：

借：库存商品——办公桌　　143 500

　　　　　　——办公椅　　71 000

　贷：生产成本——办公桌　　143 500

　　　　　　　——办公椅　　71 000

第四节 销售过程业务的会计核算

销售过程是企业产品价值实现过程，是生产企业经营过程的第三阶段。在这一过程中，企业一方面要将所生产的产品销售出去，实现产品价值，取得产品销售收入；另一方面企业要与购方单位办理货款的结算等业务。因此，企业销售过程核算的主要经济业务有：销售收入的确认与计量、销售成本的计算与结转、与购货单位办理货款的结算、支付销售费用、计算销售税金等业务。

一、销售收入的核算

进行商品销售的会计处理时，销售商品收入中符合收入的确认条件时，企业应及时确认收入。

【例 4－29】2021 年 12 月 12 日，江西天华家具有限公司向江州联达贸易公司出售办公桌600 张，每张售价200 元，出售办公椅1 000 把，每把售价80 元，增值税税率为13%。货款及增值税收到购方单位支票，送存银行（原始凭证：增值税专用发票（记账联）、销售单、银行业务回单）。

（1）账户设置。在商品销售收入的确认时，企业应设置“主营业务收入”账户（见表4－27）。

表 4－27　“主营业务收入”账户设置

账户名称	主营业务收入
性质	损益类之收入
核算内容	核算企业在销售商品、提供劳务以及让渡资产使用权等日常活动中所取得的收入
账户结构	借方：登记期末转出金额（结转入“本年利润”账户）； 贷方：登记企业实现的销售收入金额； 期初、期末余额：期末结转后本账户无余额
明细分类核算	按产品的类别（或劳务）开设明细分类账户，进行明细分类核算

（2）业务核算。此项经济业务的发生，引起企业资产类项目“银行存款”增加了226 000 元［（600×200＋1 000×80）×（1＋13%）］；同时，损益类收入项目“主营业务收入”增加了200 000 元，负债类项目“应交税费——应交增值税（销项税额）”增加了26 000 元。编制会计分录如下：

借：银行存款　226 000
　　贷：主营业务收入　200 000
　　　　应交税费——应交增值税（销项税额）　26 000

【例4-30】2021年12月25日，江西天华家具有限公司向江西南翔百货公司出售办公桌200张，每张售价190元，出售办公椅200把，每把售价80元，增值税税率为13%。货款及增值税收均未收到（原始凭证：增值税专用发票（记账联）、销售单，见图2-28、图2-29）。

（1）账户设置。在销售过程中，购货方利用自身的商业信用，在取得货物后一定时期付款，这时企业应设置“应收账款”账户进行核算（见表4-28）。

表4-28　“应收账款”账户设置

账户名称	应收账款
性质	资产类
核算内容	核算企业因销售商品、产品，提供劳务等，应向购货单位或接受劳务单位收取的款项
账户结构	借方：登记应收购货单位或接受劳务单位款项数额； 贷方：登记收回款项数额； 期初、期末余额：有余额，一般在借方，表示尚未收回的应收账款数额
明细分类核算	按购货单位名称开设明细分类账户，进行明细分类核算

（2）业务核算。此项经济业务，引起企业资产类项目“应收账款”增加了61 020元[（200×190+200×80）×（1+13%）]；同时，损益类收入项目“主营业务收入”增加了54 000元，负债类项目“应交税费——应交增值税（销项税额）”增加了7 020元。编制会计分录如下：

借：应收账款——江西南翔百货公司　61 020
　　贷：主营业务收入　54 000
　　　　应交税费——应交增值税（销项税额）　7 020

【例4-31】2021年12月19日，江西天华家具有限公司向萍阳东方贸易公司出售办公桌200张，每张售价210元，增值税税率为13%。收到金额为47 460元的商业承兑汇票（原始凭证：增值税专用发票（记账联）、销售单、商业承兑汇票复印件）。

（1）账户设置。在本业务中，购货方开出了商业汇票，企业应设置“应收票据”账户进行核算（见表4-29）。

表 4－29　　　　“应收票据” 账户设置

账户名称	应收票据
性质	资产类
核算内容	核算企业因销售商品而收到购货单位开出并承兑的商业汇票
账户结构	借方：登记企业收到的商业汇票的金额； 贷方：登记票据到期收回的金额； 期初、期末余额：有余额，一般在借方，表示尚未到期的商业汇票结余额
明细分类核算	可不设明细账

对于商业汇票，企业应当设置“应收票据备查簿”，详细登记每一应付票据的种类、号数、签发日期、到期日、票面金额、合同交易号、收款人姓名或单位名称以及付款日期和金额等资料。应收票据到期结清后，在备查簿内逐笔注销。

提示：企业交易过程中需要经常通过银行进行结算，其中一部分结算利用票据形式进行。会计中“应收票据”和“应付票据”两个账户目前都只核算登记“到期日”的商业汇票这一种票据，这是因为目前我国的其他票据为“即期票据”，未填写到期日的商业汇票也是“即期票据”，就是银行见票后马上付款的票据，这些票据在会计核算上不形成债权或债务。

（2）业务核算。此项经济业务，引起企业资产类项目“应收票据”增加了 47 460 元［(200×210)×(1+13%)］；同时，损益类收入项目“主营业务收入”增加了 42 000 元，负债类项目“应交税费——应交增值税（销项税额）”增加了 5 460 元。编制会计分录如下：

借：应收票据　　　　　　　　　　　　　　47 460
　　贷：主营业务收入　　　　　　　　　　　　42 000
　　　　应交税费——应交增值税（销项税额）　　5 460

销售商品的会计核算流程如图 4－7 所示。

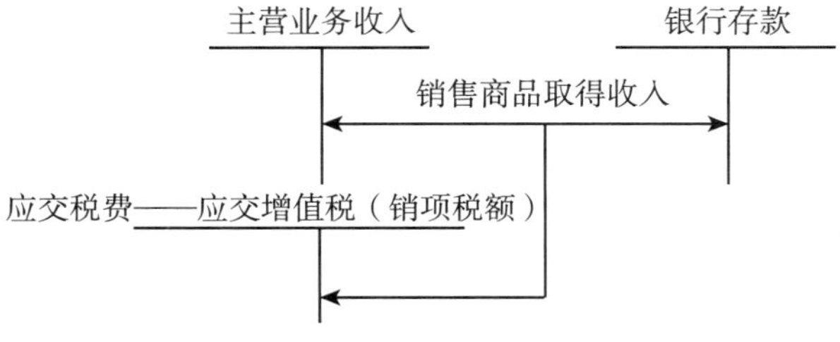

图 4－7　销售商品的会计核算流程

【**例 4－32**】2021 年 12 月 2 日，江西天华家具有限公司在合同成立前预收赣阳华雪商贸有限公司购货款 30 000 元，存入银行（原始凭证：银行业务回单、收款收据（记账联））。

（1）账户设置。此项业务中，公司预收了赣阳华雪商贸有限公司的货款，应设置“预收账款”账户（见表 4－30）。预收账款是由销方单位预先收取一部分或全部货款而发生的一项负债，这项负债的清偿要以后用企业的商品产品或劳务来偿付。

表 4－30　“预收账款”账户设置

账户名称	预收账款
性质	负债类
核算内容	核算企业预先收取的购货定金或部分货款，待实际出售商品或者提供劳务时再结算冲减
账户结构	借方：登记销售产品的收入或余额退回的数额； 贷方：登记预收的货款数额； 期初、期末余额：有余额，一般在贷方，表示尚未付出产品的预收货款
明细分类核算	按购货单位名称开设明细分类账户，进行明细分类核算

【补充说明】

“合同负债”账户与“预收账款”账户容易相混淆，在今后的课程中会深入学习“合同负债”账户，在此不详述，有兴趣的同学可以扫左侧二维码提前预习。

小贴士

合同负债和预收账款的联系与区别

（2）业务核算。此项经济业务，引起了企业资产类项目“银行存款”增加 30 000 元；同时，负债类项目“预收账款”增加了 30 000 元。编制会计分录如下：

借：银行存款　　30 000

　　贷：预收账款——赣阳华雪商贸有限公司　　30 000

【例 4－33】 2021 年 12 月 9 日，江西天华家具有限公司按合同规定向赣阳华雪商贸有限公司发出密度板 100 张，每件售价 220 元，增值税税率为 13%。价税共计 24 860 元，多余 5 140 元预收的货款用银行存款退回（原始凭证：增值税专用发票（发票联）、销售单、银行业务回单）。

（1）账户设置。材料的销售对于企业不属于主营业务，应开设“其他业务收入”账户进行核算（见表 4－31）。

表 4－31　“其他业务收入”账户设置

账户名称	其他业务收入
性质	损益类之收入
核算内容	核算企业除主营业务以外的其他业务所实现的收入
账户结构	借方：登记期末转出数额（结转入“本年利润”账户）； 贷方：登记实现的各种其他业务收入，如出售材料收入、出租固定资产租金、出租包装物租金等； 期初、期末余额：期末结转后账户无余额
明细分类核算	按其他业务的种类开设明细分类账户，进行明细分类核算

（2）业务核算。此项经济业务，引起了企业损益类收入项目“其他业务收入”增加22 000元［100×220］、负债类项目“应交税费——应交增值税（销项税额）”增加了2 860元［（100×220）×13%］、资产类项目“银行存款”减少5 140元；同时，负债类项目“预收账款”减少了30 000元。编制会计分录如下：

借：预收账款——赣阳华雪商贸有限公司　　30 000
　　贷：其他业务收入　　22 000
　　　　应交税费——应交增值税（销项税额）　　2 860
　　　　银行存款　　5 140

二、货款结算的核算

在商品的销售过程中，会出现不同的货款结算方式，在上一阶段中我们已经涉及了应收账款和应收票据两种形式。这里我们介绍其后续处理及其他常见的一些情况。

【例4-34】2021年12月5日，江西天华家具有限公司收到江西山川百货公司偿还前欠货税款9 600元，已入银行账户（原始凭证：银行业务回单，见图2-30）。

此项经济业务，引起企业资产类项目“银行存款”增加了9 600元；同时，资产类另一项目“应收账款”减少了9 600元。编制会计分录如下：

借：银行存款　　9 600
　　贷：应收账款——江西山川百货公司　　9 600

【例4-35】2021年12月11日，江西天华家具有限公司将持有到期的武南河海百货公司商业汇票100 000元予以兑付，兑付款存入银行账户（原始凭证：委托收款回单、银行业务回单）。

此项经济业务，引起企业资产类项目“银行存款”增加了100 000元；同时，资产类另一项目“应收票据”减少了100 000元。编制会计分录如下：

借：银行存款　　100 000
　　贷：应收票据　　100 000

为了全面核算企业在销售过程所取得的各项营业收入、与购货方的货款结算、销售成本的计算与结转、支付各种销售费用以及计算缴纳销售税金等内容，一般需要设置“主营业务收入”“主营业务成本”“税金及附加”“应收账款”“应收票据”“预收账款”“销售费用”等账户。

货款结算的会计核算流程如图4-8所示。

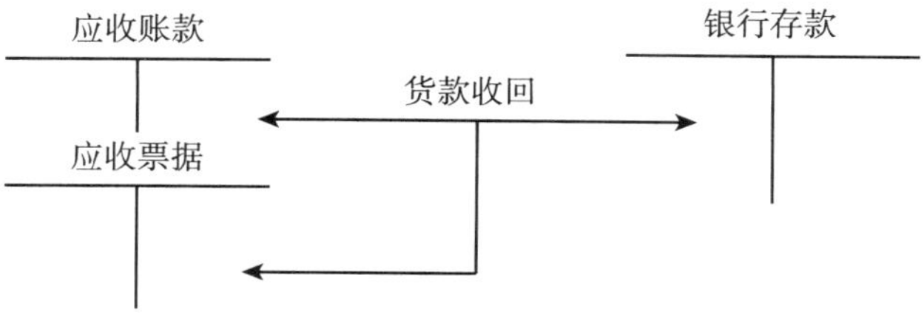

图 4－8　货款结算的会计核算流程

三、销售费用和销售税金的核算

在销售过程中，企业会发生广告费、运输费等销售费用及相关的销售税金，需要进行核算。

【例 4－36】2021 年 12 月 27 日，江西天华家具有限公司向江西顺通物流有限公司支付本月销货运费，增值税专用发票上注明运费金额为 2 000 元，增值税税率为 9%，增值税进项税额 180 元，公司以银行存款转账支付（原始凭证：银行业务回单、增值税专用发票（发票联），见图 2－31、图 2－32）。

此项经济业务，引起企业损益类费用项目"销售费用"增加了 2 000 元，由于对方公司开具了增值税专用发票，所以借记"应交税费——应交增值税（进项税额）"180 元；同时资产类项目"银行存款"减少了 2 180 元。编制会计分录如下：

借：销售费用——销货运费	2 000	
应交税费——应交增值税（进项税额）	180	
贷：银行存款		2 180

【例 4－37】2021 年 12 月 15 日，江西天华家具有限公司通过银行存款缴纳上月增值税费 12 000 元、城建税 840 元、教育费附加 360 元（原始凭证：银行电子缴税付款凭证、税收通用缴款书）。

此项经济业务，引起企业负债类项目"应交税费——未交增值税、应交城市维护建设税、应交教育费附加"分别减少了 12 000 元、840 元、360 元；同时，企业银行存款减少了13 200元。编制会计分录如下：

借：应交税费——未交增值税	12 000	
——应交城市维护建设税	840	
——应交教育费附加	360	
贷：银行存款		13 200

【例 4－38】2021 年 12 月 31 日，江西天华家具有限公司结转本月应交的增值税税费，其中本月发生允许抵扣的进项税额合计为 35 205. 50 元，本月取得销项税额合计为 41 340 元（原始凭证：增值税结转计提表）。

对于一般纳税人而言，当期应交增值税税额 = 当期销项税额 － 当期允许抵扣的进项税额。

（1）账户设置。企业日常经营活动应负担的税金及附加费用，应设置“税金及附加”账户进行核算（见表4－32）。

表4－32　“税金及附加”账户设置

账户名称	税金及附加
性质	损益类之费用
核算内容	核算企业日常活动应负担的税金及附加（企业应缴纳的增值税、所得税除外）。本账户核算的税费主要包括消费税、城市维护建设税、教育费附加、房产税、车船税、土地增值税、资源税等
账户结构	借方：登记按规定计算出应负担的各种税金及附加数额； 贷方：贷方登记期末转出金额（结转入“本年利润”账户）； 期初、期末余额：期末结转后账户无余额
明细分类核算	按税种开设明细分类账户，进行明细核算

（2）业务核算。此项经济业务，引起企业负债类项目“应交税费——应交增值税（转出未交增值税）”减少了6 134.5元；同时，企业“应交税费——未交增值税”增加了6 134.5元。编制会计分录如下：

借：应交税费——应交增值税（转出未交增值税）　　6 134.5

　　贷：应交税费——未交增值税　　6 134.5

税费核算的会计流程如图4－9所示。

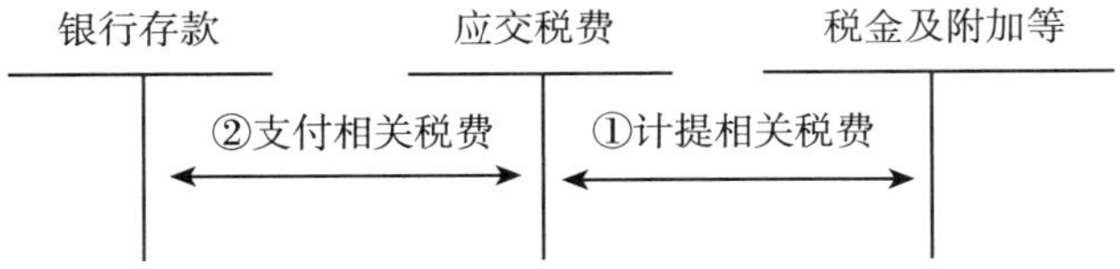

图4－9　税费核算的会计流程

【例4－39】2021年12月31日，江西天华家具有限公司计提本月城市维护建设税和教育费附加613.45元（原始凭证：城市维护建设税和教育费附加计提表）。

城市维护建设税和教育费附加，是以纳税人实际缴纳的增值税和消费税税额为计税依据，分别与增值税、消费税同时缴纳。本公司适用的城市维护建设税和教育费附加费的税率分别为7%和3%，则具体计算公式为：

$$城市维护建设税税额=(当期消费税税额+增值税的应交额)\times 7\%$$

$$教育费附加金额=(当期消费税税额+增值税的应交额)\times 3\%$$

本公司当期未发生消费税的纳税行为，同时增值税的应交额为6 134.5元

（见【例 4－38】），所以城建税额＝当期增值税的应交额×7%＝6 134.5×7%＝429.42（元），教育费附加＝当期增值税的应交额×3%＝6 134.5×3%＝184.03（元）。

此项经济业务，引起企业损益类费用项目“税金及附加”增加了613.45元；同时，负债类项目“应交税费——应交城市维护建设税、教育费附加”分别增加了429.42元和184.03元。编制会计分录如下：

借：税金及附加　613.45
　　贷：应交税费——应交城市维护建设税　429.42
　　　　　　　　——应交教育费附加　184.03

四、销售成本的核算

企业的商品销售成本通常是定期汇总计算和结转。

【例 4－40】 2021 年 12 月 31 日，江西天华家具有限公司累计售出办公桌 1 000 张，办公椅 1 200 把，结转其生产成本。其中，办公桌、办公椅的月末一次加权平均单位成本分别为 145 元和 50 元（原始凭证：产品销售成本计算表、出库单，见图 2－33、图 2－34）。

（1）账户设置。为进行商品销售及提供劳务等成本的核算，企业应设置“主营业务成本”账户（见表 4－33）。

表 4－33　“主营业务成本”账户设置

账户名称	主营业务成本
性质	损益类之费用
核算内容	核算企业因销售商品、提供劳务或者让渡资产使用权等日常活动而发生的实际成本
账户结构	借方：登记因销售产品等业务发生的实际生产成本； 贷方：登记期末转出金额（结转入“本年利润”账户）； 期初、期末余额：期末结转后账户无余额
明细分类核算	按成品类别开设明细分类账户，进行明细分类核算

（2）业务核算。此项经济业务，引起企业损益类费用项目“主营业务成本”增加了205 000元；同时，资产类项目“库存商品”减少了205 000元。编制会计分录如下：

借：主营业务成本　205 000
　　贷：库存商品——办公桌　145 000
　　　　　　　——办公椅　60 000

销售成本核算的会计流程如图 4－10 所示。

图 4－10 销售成本核算的会计流程

【例 4－41】 2021 年 12 月 31 日，江西天华家具有限公司结转上述出售材料密度板的成本（原始凭证：销售材料成本计算表、出库单）。

（1）账户设置。企业应设置“其他业务成本”账户进行核算（见表 4－34）。

表 4－34 “其他业务成本”账户设置

账户名称	其他业务成本
性质	损益类之费用
核算内容	核算企业除主营业务以外的其他业务所发生的成本及其转销
账户结构	借方：登记发生的各项其他业务成本； 贷方：贷方登记期末转出数额（结转入“本年利润”账户）； 期初、期末余额：期末结转后账户无余额
明细分类核算	按其他业务的种类开设明细分类账户，进行明细分类核算

（2）业务核算。此项经济业务，引起企业损益类费用项目“其他业务成本”增加了 20 500 元（密度板加权平均单价为 205 元，见表 4－20）；同时，资产类项目“原材料”减少了 20 500 元。编制会计分录如下：

借：其他业务成本　　20 500

　　贷：原材料——密度板　　20 500

第五节 财务成果的会计核算

财务成果（又称利润）是指企业在一定期间内进行生产经营活动实现的以货币表现的经营成果，在数量上表现为一定期间的收入扣除费用后的净额，在内容上包括营业利润、利润总额和净利润。

营业利润是指企业日常活动的业绩，它是企业财务成果的主要来源。用公式可以表示为：

营业利润＝营业收入－营业成本－税金及附加－销售费用－财务费用
　　－管理费用－研发费用＋其他收益－信用减值损失
　　－资产减值损失±公允价值变动损益±投资收益
　　＋净敞口套期收益（－净敞口投资损失）±资产处置收益

其中：营业收入是指企业在日常经营活动中所形成的经济利益的流入，包括主营业务收入和其他业务收入。营业成本是指企业在日常经营活动中所发生的实际成本总额，包括主营业务成本和其他业务成本。

利润总额又称税前利润，是指企业营业利润加上营业外收支净额后的数额。用公式可以表示为：

$$利润总额 = 营业利润 \pm 营业外收支净额$$

其中：营业外收支净额是指企业发生的与其日常经营活动没有直接关系的各项收入和支出相抵后的差额，即营业外收入减去营业外支出的差额。

净利润又称税后利润，是指企业利润总额减去所得税费用后的差额。用公式可以表示为：

$$净利润 = 利润总额 - 所得税费用$$

其中：所得税费用包括当期所得税和递延所得税两部分，其中当期所得税是根据企业本期应纳税所得额（非利润总额）乘以所得税税率所计算的结果。在不存在任何纳税调整因素时，应纳税所得额才等于利润总额。递延所得税在此不详述，在后续课程中会学习到此内容。

企业实现的利润，首先应按规定的税率计算并缴纳企业所得税。税后利润留归投资者，按照有关规定或公司章程的规定进行分配，其分配程序一般为：弥补以前年度亏损，提取法定盈余公积和任意盈余公积，向投资者分配利润等。

确定企业利润的形成和对利润的分配构成了企业财务成果核算的主要内容。

一、利润形成核算

【例 4－42】 2021 年 12 月 30 日，江西天华家具有限公司收到被投资企业分得的现金股利 54 751.90 元，款项银行已收到（原始凭证：银行业务回单）。

（1）账户设置。企业有对外投资业务，应设置“投资收益”账户进行核算（见表 4－35）。

表 4－35　“投资收益”账户设置

账户名称	投资收益
性质	损益类之收入
核算内容	核算企业对外投资所取得的收益或发生的损失
账户结构	借方：登记企业对外投资发生的损失及期末结转入“本年利润”账户的投资净收益； 贷方：登记企业对外投资取得的收益金额及期末结转入“本年利润”账户的投资净损失； 期初、期末余额：期末结转后账户无余额
明细分类核算	按投资业务的种类开设明细分类账户，进行明细分类核算

（2）业务核算。此项经济业务，引起企业资产类项目“银行存款”账户增加54 751.90元；同时，损益类项目“投资收益”账户也增加了54 751.90元。编制会计分录如下：

借：银行存款　　54 751.90

　　贷：投资收益——股票投资　　54 751.90

【例4－43】2021年12月23日，江西天华家具有限公司行政部的李强报销业务招待费1 016元，北京时尚餐饮有限公司开具了增值税普通发票，金额986.41元，税率3%，合计1 016元，公司以现金付讫（原始凭证：报销单、增值税普通发票（发票联））。

此项经济业务，引起企业损益类项目“管理费用”账户增加1 016元，原因在于对方公司开具的是增值税普通发票，而不是增值税专用发票，所以税额不能记“应交税费——应交增值税（进项税额）”账户中，而是直接记“管理费用”账户中；同时，资产类项目“库存现金”账户减少了1 016元。编制会计分录如下：

借：管理费用——业务招待费　　1 016

　　贷：库存现金　　1 016

【例4－44】2021年12月11日，江西天华家具有限公司转账支付滞纳金3 000元（原始凭证：滞纳金缴款通知、银行业务回单）。

（1）账户设置。滞纳金是与企业生产经营无直接关系的非日常活动支出，会计上称为“损失”，应设置“营业外支出”账户进行核算（见表4－36）。

表4－36　“营业外支出”账户设置

账户名称	营业外支出
性质	损益类之损失
核算内容	核算与企业生产经营无直接关系的各种支出及其转销
账户结构	借方：登记企业发生的各种营业外支出； 贷方：登记期末转出数额（结转入“本年利润”账户）； 期初、期末余额：期末结转后账户无余额
明细分类核算	按营业外支出的具体项目开设明细分类账户，进行明细分类核算

（2）业务核算。此项经济业务，引起企业资产类项目“银行存款”减少3 000元；同时，损益类损失项目“营业外支出”增加了3 000元。编制会计分录如下：

借：营业外支出　　3 000

　　贷：银行存款　　3 000

【例4－45】2021年12月28日，因对方单位撤销，江西天华家具有限公司将无法支付的货款 2 500 元转作公司的营业外收入（原始凭证：公司批示文件复印件）。

（1）账户设置。此项“收入”是与企业生产经营无直接关系的非日常活动收入，会计上称为“利得”，应设置“营业外收入”账户进行核算（见表 4－37）。

表 4－37　“营业外收入”账户设置

账户名称	营业外收入
性质	损益类之利得
核算内容	核算与企业生产经营无直接关系的各种收入及其结转
账户结构	借方：登记期末转出数额（结转入“本年利润”账户）； 贷方：登记企业发生的各种营业外收入； 期初、期末余额：期末结转后账户无余额
明细分类核算	按营业外收入的具体项目开设明细分类账户，进行明细分类核算

（2）业务核算。此项经济业务，引起企业负债类项目“应付账款”减少 2 500 元；同时，损益类利得项目“营业外收入”增加了 2 500 元。编制会计分录如下：

借：应付账款　　2 500

　　贷：营业外收入　　2 500

【例 4－46】 2021 年 12 月 18 日，江西天华家具有限公司取得罚款收入 1 000 元，存入银行（原始凭证：收款收据（记账联）、银行业务回单）。

此项经济业务，引起企业资产类项目“银行存款”增加 1 000 元；同时，损益类利得项目“营业外收入”增加了 1 000 元。编制会计分录如下：

借：银行存款　　1 000

　　贷：营业外收入　　1 000

【例 4－47】 2021 年 12 月 31 日，江西天华家具有限公司按一定的方法对本公司应收账款计提坏账准备 2 802.45 元（原始凭证：坏账准备计提表）。

根据会计准则要求，企业在资产负债表日，经过对各项金融工具（如应收款项）的测试，判断该资产的可收回金额低于其账面价值时，需要计提减值损失准备来确认相应的损失。企业所有的金融资产在发生减值时，原则上都应当对所发生的减值损失及时加以确认和计量，应设置“信用减值损失”账户进行核算。

（1）账户设置。“信用减值损失”账户设置见表 4－38。

表 4－38　　　　**“信用减值损失”账户设置**

账户名称	信用减值损失
性质	损益类之费用
核算内容	核算因为各项金融工具的账面价值高于其可回收金额而计提的资产减值准备所形成的损失
账户结构	借方：登记企业根据金融资产减值等准则确定金融资产可收回金额低于其账面价值时应计提资产减值损失准备而确认的损失金额； 贷方：登记相关资产的价值得以恢复时在原已计提的减值准备金额内转回的数额以及期末转出数额（结转入“本年利润”账户）； 期初、期末余额：期末结转后账户无余额
明细分类核算	按信用减值损失的项目进行明细分类核算

（2）业务核算。此项经济业务，引起企业损益类费用项目“资产减值损失”增加 2 802.45 元；同时，资产备抵项目“坏账准备”增加了 2 802.45 元。编制会计分录如下：

借：信用减值损失　　　　　　　　　　　　2 802.45

　　贷：坏账准备——应收账款　　　　　　　　2 802.45

【例 4－48】 2021 年 12 月 31 日，期末结转企业有关损益类账户发生额（见图 2－35）。

（1）账户设置。企业进行利润核算应设置“本年利润”账户（见表 4－39）。

表 4－39　　　　**“本年利润”账户设置**

账户名称	本年利润
性质	所有者权益类
核算内容	核算企业某一会计期间（月份或年度）内实现的利润或发生的亏损
账户结构	借方：登记本期转入的发生的各种费用和损失及年末转出的净利润金额； 贷方：登记本期转入的实现的各种收入金额及年末转出的净损失金额； 期初、期末余额：一般情况下，1 月无期初余额，12 月无期末余额，其他月份有期初、期末余额。贷方余额表示至截止月份本年累计实现的净利润，借方余额表示至截止月份本年累计发生的净亏损
明细分类核算	可不进行明细分类核算

（2）业务核算。

①结转收入类账户：

借：主营业务收入　　　　　　　　　　　　296 000

　　其他业务收入　　　　　　　　　　　　22 000

　　营业外收入　　　　　　　　　　　　　3 500

　　投资收益　　　　　　　　　　　　　54 751.90

　　贷：本年利润　　　　　　　　　　　　　376 251.90

②结转费用类账户：

借：本年利润　　276 251.90

　贷：主营业务成本　　205 000

　　其他业务成本　　20 500

　　税金及附加　　613.45

　　销售费用　　12 350

　　管理费用　　28 736

　　财务费用　　3 250

　　信用减值损失　　2 802.45

　　营业外支出　　3 000

【例4-49】2021年12月31日，假设江西天华家具有限公司本月不存在所得税纳税调整因素，按25%的企业所得税税率计算并结转本期应缴纳的所得税费用，为25 000元（原始凭证：所得税费用计算表，见图2-36）。

（1）账户设置。企业应设置“所得税费用”账户进行所得税的核算（见表4-40）。

表4-40　“所得税费用”账户设置

账户名称	所得税费用
性质	损益类之费用
核算内容	核算企业按规定从当期损益中扣除的所得税费用
账户结构	借方：登记按规定计算的应由本期负担的所得税费用； 贷方：登记期末转出数额（结转入“本年利润”账户）； 期初、期末余额：期末结转后账户无余额
明细分类核算	不进行明细分类核算

（2）业务核算。此项经济业务，计算确认时引起企业损益类费用项目“所得税费用”增加25 000元；同时，负债类项目“应交税费——应交所得税”增加了25 000元。编制会计分录如下：

借：所得税费用　　25 000

　贷：应交税费——应交所得税　　25 000

结转所得税费用时引起企业所有者权益类项目“本年利润”减少25 000元；同时，损益类费用项目“所得税费用”减少了25 000元。编制会计分录如下：

借：本年利润　　25 000

　贷：所得税费用　　25 000

【例4-50】2021年12月31日，江西天华家具有限公司结转本月实现净利润75 000元。

（1）账户设置。企业应设置“利润分配”账户进行利润分配的核算（见表4－41）。

表4－41 “利润分配”账户设置

账户名称	利润分配
性质	所有者权益类
核算内容	核算企业本期实现的净利润、利润分配情况和未分配利润
账户结构	借方：登记盈利企业利润的分配去向、转入的净亏损数额； 贷方：登记转入的净利润以及亏损的弥补数额； 期初、期末余额：贷方余额表示累计未分配利润数额；借方余额表示累计未弥补亏损数额
明细分类核算	按利润分配的具体内容开设“提取法定盈余公积”“提取任意盈余公积”“向投资者分配利润”“未分配利润”等明细账户，进行明细分类核算

提示：“利润分配”账户的明细账除“未分配利润”明细账外，其他明细账户期末结转后都无余额。

（2）业务核算。此项经济业务，引起企业所有者权益类项目“利润分配——未分配利润”增加75 000元；同时，另一项所有者权益类项目“本年利润”减少75 000元。编制会计分录如下：

借：本年利润　　75 000

　　贷：利润分配——未分配利润　　75 000

二、利润分配核算

企业当年可供分配的利润要按照相应的顺序和要求进行分配。

【例4－51】2021年12月31日，江西天华家具有限公司按本年度净利润的10%提取法定盈余公积，其中1～11月公司实现净利润1 425 000元，本月公司实现净利润75 000元（原始凭证：利润分配计算表）。

（1）账户设置。企业应设置“盈余公积”账户进行相关核算（见表4－42）。

表4－42 “盈余公积”账户设置

账户名称	盈余公积
性质	所有者权益类
核算内容	核算企业按规定比例从净利润中提取的法定（或任意）盈余公积
账户结构	借方：登记实际使用数额； 贷方：登记提取的盈余公积数额； 期初、期末余额：在贷方，表示结余数额
明细分类核算	应设“法定盈余公积”“任意盈余公积”明细账，进行明细分类核算

（2）业务核算。此项经济业务，引起企业所有者权益类项目“盈余公积”增加150 000元；同时，另一项所有者权益类项目“利润分配”减少了150 000元。编制会计分录如下：

借：利润分配——提取法定盈余公积　150 000

　　贷：盈余公积——法定盈余公积　150 000

【例4-52】2021年12月31日，按江西天华家具有限公司董事会决议：计提任意公积金20 000元（原始凭证：决议文件）。

此项经济业务，引起企业所有者权益类项目“盈余公积”增加20 000元；同时，另一项所有者权益类项目“利润分配”减少了20 000元。编制会计分录如下：

借：利润分配——提取任意盈余公积　20 000

　　贷：盈余公积——任意盈余公积　20 000

【例4-53】2021年12月31日，江西天华家具有限公司确定从本年度净利润中拿出100 000元向投资者分配利润（原始凭证：利润分配计算表）。

（1）账户设置。向投资者分配利润，企业应设置“应付股利”账户（见表4-43）。

表4-43　“应付股利”账户设置

账户名称	应付股利
性质	负债类
核算内容	核算企业按照董事会或股东大会决议分配给投资者的现金股利或利润
账户结构	借方：登记实际支付给投资者的现金股利或利润数额； 贷方：登记应付给投资者的现金股利或利润数额； 期初、期末余额：在贷方，表示应付未付的现金股利或利润数额
明细分类核算	按投资人开设明细账，进行明细分类核算

（2）业务核算。此项经济业务，引起企业负债类项目“应付股利”增加100 000元；同时，所有者权益类项目“利润分配”减少了100 000元。编制会计分录如下：

借：利润分配——应付现金股利　100 000

　　贷：应付股利　100 000

【例4-54】2021年12月31日，江西天华家具有限公司结转本月“利润分配”各明细账户。

此项经济业务，引起企业所有者权益类项目“利润分配”账户只剩下“未分配利润”明细科目有期末余额，“利润分配”账户的其余明细科目结转后均无期末余额。编制会计分录如下：

借：利润分配——未分配利润 270 000
　　贷：利润分配——提取法定盈余公积 150 000
　　　　　　　——提取任意盈余公积 20 000
　　　　　　　——应付现金股利 100 000

利润分配的会计处理流程如图 4－11 所示。

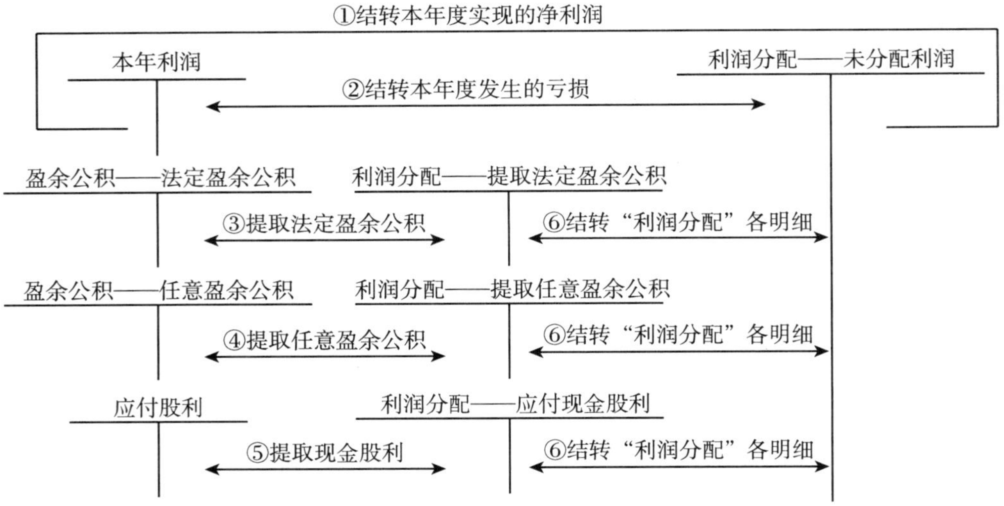

图 4－11　利润分配的会计处理流程

小故事：蝴蝶效应

美国气象学家爱德华·洛伦兹（Edward N. Lorenz）1963 年在一篇提交纽约科学院的论文中分析了这个效应。“一只南美洲亚马逊河流域热带雨林中的蝴蝶，偶尔扇动几下翅膀，可以在两周以后引起美国得克萨斯州的一场龙卷风”。其原因就是蝴蝶扇动翅膀的运动，导致其身边的空气系统发生变化，并产生微弱的气流，而微弱的气流的产生又会引起四周空气或其他系统产生相应的变化，由此引起一个连锁反应，最终导致其他系统的极大变化，这就是“蝴蝶效应”。

类比上面所说的蝴蝶效应，我们的会计工作何尝不是如此？如果会计主体的经济业务发生细微变化，都可能牵一发而动全身，影响各个不同的损益账户，进而影响利润的形成、结转和分配等各个环节的工作。

【本章小结】

本章以工业企业的生产经营为会计核算背景，介绍复式记账方法中借贷记账法的运用。分筹资、物资供应、生产、销售及财务成果计算五个阶段，以各个阶段基本经济业务类型为载体，对于每类经济业务引起的会计要素变动、所涉及的会计科目在借贷记账下的运用做了详细的介绍。学习完成后，学习者初步掌握借贷记账法在工业企业中的运用。

【技能测试】

一、单项选择题

1. 企业购入一批材料，买价5万元，发生运杂费400元，材料已经入库，款以银行存款支付，则原材料的成本是（　　）元。

A. 50 400　　B. 50 000

C. 400　　D. 54 000

2. 若某企业年末“固定资产”账户余额为350 000元，固定资产净值为280 000元，不考虑其他因素，则下列表述正确的是（　　）。

A.“累计折旧”年末借方余额为630 000元

B.“累计折旧”年末贷方余额为70 000元

C.“累计折旧”年末借方余额为630 000元

D.“累计折旧”年末借方余额为70 000元

3. 企业对外销售商品，购货方未支付货款，这项债权应记入（　　）。

A.“应收账款”账户的借方　　B.“应收账款”账户的贷方

C.“应付账款”账户的借方　　D.“应付账款”账户的贷方

4. 以现金50元购办公用品，应借记（　　）科目，贷记“库存现金”科目。

A. 制造费用　　B. 管理费用

C. 生产成本　　D. 销售费用

5.“本年利润”账户的借方余额表示（　　）。

A. 本年累计取得的利润总额　　B. 本年累计产生的亏损总额

C. 收入总额　　D. 费用总额

6. 企业本期全部损益状况如下：主营业务收入586 000元，主营业务成本467 000元，税金及附加24 000元，管理费用60 000元，营业外收入12 000元，所得税11 000元，则企业本期营业利润为（　　）元。

A. 119 000　　B. 95 000

C. 35 000　　D. 36 000

7. 标明某项经济业务应记录的账户名称及其登记方向和金额的记录称作（　　）。

A. 登账　　B. 记账凭证

C. 会计分录　　D. 会计科目

8. 借贷记账法的理论依据是（　　）。

A. 资产 = 负债 + 所有者权益

B. 期初余额＋本期增加数－本期减少数＝期末余额

C. 收入－费用＝利润

D. 资产＋费用＝负债＋所有者权益＋收入

9. 借贷复式记账法要求对发生的每一笔经济业务，都以相等的金额在（　　）相互联系地进行登记。

A. 一个账户中　　B. 两个账户中

C. 一个或两个账户中　　D. 两个或两个以上账户中

10. 在借贷记账法下，与资产类账户记账方向相同的账户是（　　）。

A. 负债类　　B. 费用类

C. 收入类　　D. 所有者权益类

二、多项选择题

1. 财务成果的计算和处理一般包括（　　）。

A. 利润的计算　　B. 所得税的计算和缴纳

C. 利润分配　　D. 亏损弥补

2. 企业本年实现净利润 67 000 元，年末提取盈余公积 6 700 元，分配投资者利润 2 万元，则在年末结转及分配时应做的会计分录包括（　　）。

A. 借：本年利润　　67 000
　　贷：利润分配　　67 000

B. 借：利润分配　　6 700
　　贷：盈余公积　　6 700

C. 借：利润分配　　67 000
　　贷：本年利润　　67 000

D. 借：利润分配　　20 000
　　贷：应付股利　　20 000

3. 期末损益类账户结转时，“本年利润”账户贷方的对应账户分别为（　　）。

A. 主营业务收入　　B. 主营业务成本

C. 其他业务收入　　D. 税金及附加

4. 任何一笔会计分录都必须具备下列内容（　　）。

A. 账户名称　　B. 应记金额

C. 记账方向　　D. 平衡公式

5. 企业购入材料 6 000 元已经入库，银行存款支付 3 000 元，余款未付。这一经济业务涉及的账户有（　　）。

A. 原材料　　B. 应收账款

C. 应付账款　　D. 银行存款

6. 复式记账法的优点包括（　　）。

A. 进行试算平衡　　B. 了解经济业务的来龙去脉

C. 简化账簿登记工作　　D. 检查账户记录的正确性

7. 试算平衡表中，试算平衡的公式有（　　）。

A. 借方科目金额 = 贷方科目金额

B. 借方期末余额 = 借方期初余额 + 本期借方发生额 – 本期贷方发生额

C. 全部账户借方发生额合计 = 全部账户贷方发生额合计

D. 全部账户的借方余额合计 = 全部账户的贷方余额合计

8. 总分类核算与明细分类核算的主要区别在于（　　）。

A. 记账的凭证依据　　B. 记账的方向

C. 采用的计量单位　　D. 提供的详细程度

9. 在试算平衡表中难以发现的记账错误有（　　）。

A. 全部重记同一经济业务　　B. 会计分录中账户名称错误

C. 会计分录借贷金额不平　　D. 借贷方有一方遗漏过账

10. 在借贷记账法下，下列应登记在有关账户贷方的经济事项有（　　）。

A. 短期借款增加　　B. 应付账款减少

C. 银行存款减少　　D. 应交税费增加

三、判断题

1. 管理费用是企业行政部门为组织和管理生产经营活动而发生的各项费用，包括行政人员的工资和福利费、办公费、折旧费、广告宣传费、借款利息等。（　　）

2. “生产成本”账户是用来计算产品的生产成本，而产品属于资产。因此，“生产成本”账户按照会计要素分类属于资产类账户。（　　）

3. 在单式记账法下，有的经济业务只在一个账户中记录，有的同时在两个账户中记录。（　　）

4. 借贷记账法账户的基本结构是：左方为借方、右方为贷方。（　　）

5. 借贷记账法的理论依据是会计恒等式。（　　）

6. 收入类账户和成本费用类账户会计期末均无余额。（　　）

【实训操作】

华昌公司 2021 年 12 月发生以下经济业务：

1. 1 日，接到银行收款通知，收到国家投入的资金 250 000 元。

2. 1 日，向银行借入期限为 6 个月的贷款 100 000 元，款项已全部到账。

3. 3 日，从大华公司购入 A 材料一批，价款 20 000 元，增值税 3 200 元，货税款已通过银行转账付讫。材料已验收入库。

4. 5 日，从恒盛公司购入 B 材料一批，价款 40 000 元，增值税 6 400 元，材料已验收入库。货税款公司开出一张期限为 3 个月的商业汇票支付。

5. 6 日，从银行提取 4 000 元现金备用。

6. 7 日，收到银行收款通知，收到鸿发公司的前欠货款 50 000 元。

7. 10 日，分配工资 380 000 元，其中甲产品生产工人工资 180 000 元，乙产品生产工人工资 120 000 元，车间管理人员工资 50 000 元，厂部管理人员工资 30 000 元。

8. 15 日，销售给联想集团甲产品一批，售价 200 000 元，增值税 26 000 元；乙产品一批，售价 50 000 元，增值税 6 500 元。款项已通过银行收讫。

9. 16 日，收到银行收款通知，收到光华公司购买乙产品的预付款 100 000 元。

10. 20 日，按合同规定向光华公司发出乙产品一批，售价 100 000 元，增值税 32 000 元，冲销原预收款项，余款待收。

11. 22 日，出售多余 C 材料一批，价款 5 000 元，增值税 800 元，款项已通过银行收讫。

12. 26 日，经查由于对方单位撤销，将无法支付的应付账款 5 000 元转入营业外收入。

13. 30 日，本月领用材料及用途汇总如表 4－44 所示。

表 4－44　　2021 年 12 月材料领用及用途汇总表　　单位：元

项目	A 材料	B 材料
产品生产耗用	150 000	300 000
其中：甲产品	100 000	200 000
乙产品	50 000	100 000
车间一般耗用	2 000	13 000
厂部管理部门耗用	1 000	4 000
合　计	153 000	317 000

14. 31 日，计提本月固定资产折旧费 80 000 元，其中车间使用固定资产折旧 50 000 元，厂部管理部门使用固定资产折旧 30 000 元。

15. 31 日，分配结转本月发生的制造费用（按产品生产工人的工资比例分配）。

16. 31 日，本月产品全部完工（假定月初无余额），计算并结转生产成本。

17. 31 日，计算本月应负担的贷款利息 1 000 元。

18. 31 日，结转本月销售产品成本，其中，甲产品 120 000 元，乙产品 50 000 元。

19. 31 日，结转本月销售 C 材料成本 4 000 元。

20. 31 日，计算并结转产品销售应交的本月城建税（按税率 7% 算）。

21. 31 日，结转所有损益类账户，计算本月利润总额。

22. 31 日，按本月实现利润总额的 25% 计算并结转所得税费用。

23. 31 日，结转本年实现的净利润。

24. 31 日，按本年净利润的 10% 计提盈余公积。

25. 31 日，按本年净利润的 40% 计算并向投资者分配红利。

26. 31 日，结清“利润分配”账户的相关明细账。

要求：根据上述业务编制会计分录。

参考答案

第五章

登记账簿

学习目标

通过本章学习，要求学生在了解会计账簿意义、种类的基础上，掌握会计账簿登记的基本要求并熟练地登账，从而进一步明确账簿资料在会计核算工作中的重要性。

能力目标

通过本章学习，使学生知道如何建账并能正确登记各种账簿。

素养目标

通过本章学习，使学生在正确登记各类账簿的工作中树立工匠精神，干一行、爱一行、专一行、精一行，务实肯干、坚持不懈、精雕细琢，才能保证账证相符、账账相符、账实相符！

导　例

帐（账）的应用考析

小贴士

帐（账）的应用考析

近年来，在“帐”与“账”的应用方面出现了一种新的趋向，首先是国家语言文字研究与管理机构倾向“帐”与“账”用法分工，凡说明银钱货物的记载与债务关系主要用“账”字，“帐”字虽然亦可用于这方面，但从长远讲，将最终达到统一使用“账”字。随后一些辞书对“帐”与“账”字的解释做了调整，从而在社会上，特别是在出版界、经济界造成了一定影响。尽管“帐”与“账”的应用只是一字之改，然而它所涉及的问题很多，本文试图通过对“帐”“账”二字的起源及其应用的考析，阐述对“帐”与“账”在财务会计事项应用方面的看法，以此就教于语言文字研究方面的专家（具体内容请大家扫左边的二维码进行查看）。

【本章知识结构导图】

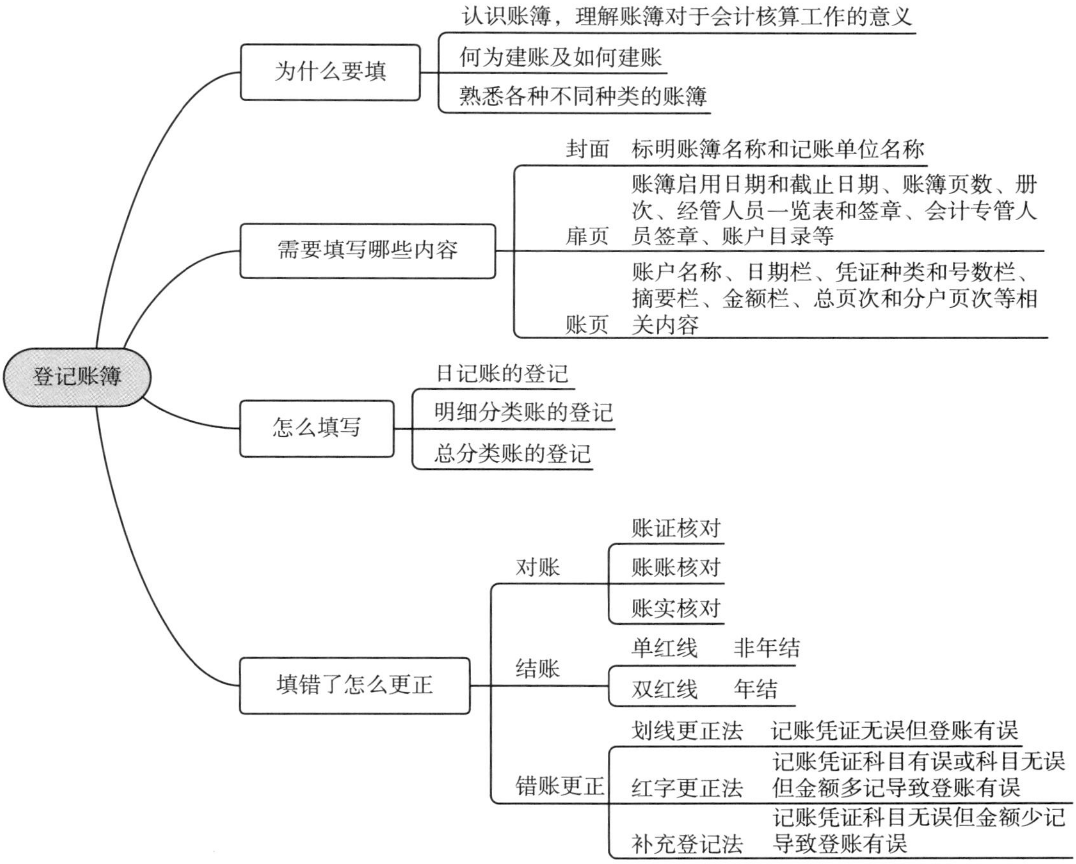
登记账簿
为什么要填
认识账簿，理解账簿对于会计核算工作的意义
何为建账及如何建账
熟悉各种不同种类的账簿
需要填写哪些内容
封面　标明账簿名称和记账单位名称
扉页　账簿启用日期和截止日期、账簿页数、册次、经管人员一览表和签章、会计专管人员签章、账户目录等
账页　账户名称、日期栏、凭证种类和号数栏、摘要栏、金额栏、总页次和分户页次等相关内容
怎么填写
日记账的登记
明细分类账的登记
总分类账的登记
填错了怎么更正
对账
账证核对
账账核对
账实核对
结账
单红线　非年结
双红线　年结
错账更正
划线更正法　记账凭证无误但登账有误
红字更正法　记账凭证科目有误或科目无误但金额多记导致登账有误
补充登记法　记账凭证科目无误但金额少记导致登账有误

第一节 建 账

一、建账概述

（一）何谓建账

每个企业发生的各项经济业务，首先都必须取得、填制并审核原始凭证，然后通过记账凭证对经济业务的内容加以记录，以反映和监督经济业务的完成情况。但是，会计凭证所反映的只是个别经济业务的内容，不能连续、系统、全面地反映企业一定时期某类或全部资金的增减变动情况，不能满足经济管理的要求。因此，有必要设置账簿，即建账，把会计凭证所提供的会计信息资料加以归类整理，为企业的经济管理提供各种必要的数据资料和经济信息。那么，何为建账呢？

建账就是会计人员根据会计法规、制度的规定，结合企业具体行业要求和将来可能发生的会计业务情况，确定账簿种类、格式、内容，购置所需要的账簿，然后根据企业日常发生的业务情况和会计处理程序登记账簿。

《会计基础工作规范》规定，各单位应当按照国家统一会计制度的规定和会计业务的需要设置会计账簿。会计账簿包括总分类账、明细分类账、日记账和其他辅助性账簿。刚成立的单位在成立初始以及原有单位在新的会计年度开始时都要建账。

（二）建账前应考虑的问题

这看似是一个非常简单的问题，但从建账过程可以看出一个会计人员的业务能力，以及对企业经济活动的熟悉情况，所以根据企业情况如何建账非常重要。无论什么类型的企业，在建账时都要考虑以下问题：

1. 与企业业务量相适应。企业规模与业务量是成正比的，规模大的企业，业务量大，分工也复杂，会计账簿需要的品种也多；企业规模小，业务量也小，会计账簿品种也就少。

2. 依据企业管理需要。建立账簿是为了满足企业管理的需要，为管理提供有用的会计信息，所以在建账时以满足管理需要为前提，避免重复设账、记账。

3. 依据账务处理程序。企业业务量的大小不同，所采用的账务处理程序也不同。企业一旦选择了某种账务处理程序，也就选择了账簿的设置，如果企业采用的是记账凭证账务处理程序，企业的总账就要根据记账凭证序时登记，就需要准备一本序时登记的总账。

⚠小提示

万事开头难，建账工作对于账簿登记工作是相当重要的一步工作，应该考虑的问题一个都不要落下！

不同的企业在建账时所需要购置的账簿是不相同的，总体讲要依企业规模、经济业务的繁简程度、会计人员的多少、采用的核算形式及电算化程度来确定。

无论何种企业，都存在货币资金核算问题，现金和银行存款日记账都必须设置。另外还需设置相关的总账和明细账。

（三）建账的基本原则

建账就是根据《中华人民共和国会计法》和国家统一会计制度的规定，以及企业具体行业要求和将来可能发生的会计业务情况，确定账簿种类、格式、内容及登记方法。建账必须遵循以下基本原则：

1. 依法原则。各单位必须按照《中华人民共和国会计法》和国家统一会计制度的规定设置会计账簿，包括总账、明细账、日记账和其他辅助性账簿，不允许不建账，不允许在法定的会计账簿之外另外建账。

2. 全面系统原则。设置的账簿要能全面、系统地反映企业的经济活动，为企业经营管理提供所需的会计核算资料，同时要符合各单位生产经营规模和经济业务的特点，使设置的账簿能够反映企业经济活动的全貌。

3. 组织控制原则。设置的账簿要有利于账簿的组织、建账人员的分工，有利于加强岗位责任制和内部控制制度，有利于财产物资的管理，便于账实核对，以保证企业各项财产物资的安全完整和有效使用。

4. 科学合理原则。建账应根据不同账簿的作用和特点，使账簿结构做到严密、科学，有关账簿之间要有统驭或平行制约的关系，以保证账簿资料的真实、正确和完整；账簿格式的设计及选择应力求简明、实用，以提高会计信息处理和利用效率。

（四）建账流程

建账流程如图 5－1 所示。

二、账簿的意义

（一）账簿的含义

会计账簿，简称账簿，是指以会计凭证为依据，由一定格式和相互联系的账页组成，用以分类、连续、全面地记录各项经济业务的簿籍。设置和登记账簿是会计核算专门方法之一，也是会计信息的载体之一。

（二）设置账簿的意义

设置和登记会计账簿，是会计核算的一种专门的方法，是会计核算工作的一个重要环节，对加强经济管理、提供会计信息有着重要的意义。

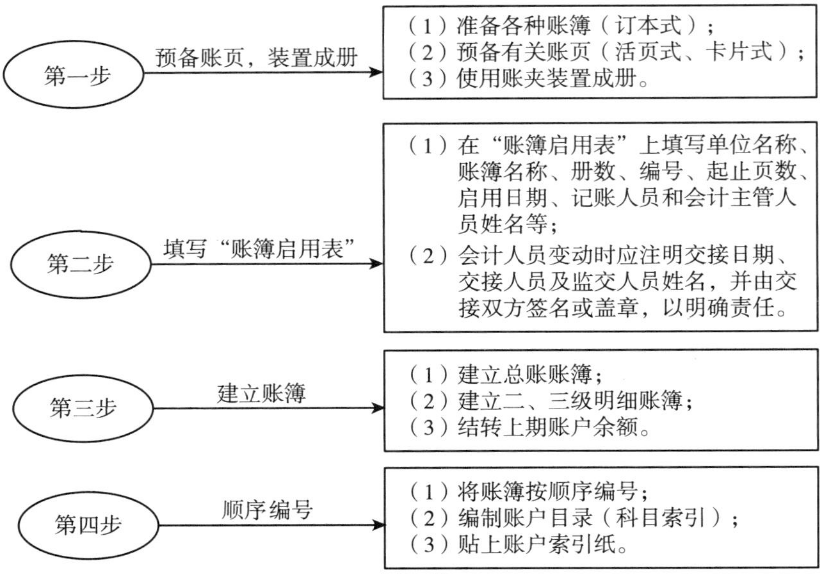

图 5－1　建账流程

（1）通过设置和登记账簿，可以系统地归纳和积累会计核算的资料，为改善企业经营管理，合理使用资金提供资料。通过账簿的序时核算和分类核算，把企业的经营情况，收入的构成和支出的情况，财物的购置、使用、保管情况等全面、系统地反映出来，用于监督计划、预算的执行情况和资金的合理有效使用，促使企业改善经营管理。

小思考

与凭证登记工作相比，账簿登记工作的意义在哪里？

（2）通过设置和登记账簿，可以为计算财务成果、编制财务报表提供依据。根据账簿记录的费用、成本和收入等资料，可以计算一定时期的财务成果，经核对无误的账簿资料及其加工的数据为编制财务报表提供总括和具体的资料，是编制财务报表的主要依据。

（3）通过设置和登记账簿，利用账簿的核算资料，为开展财务分析和会计检查提供依据。通过对账簿资料的检查、分析，可以了解企业贯彻有关方针、政策、制度的情况，据以考核各项计划的完成情况。另外，对资金使用是否合理，费用开支是否符合标准，经济效益有无提高，利润的形成与分配是否符合规定等作出分析、评价，从而找出差距，挖掘潜力，提出改进措施。

三、账簿的种类

在会计账簿体系中，有按各种不同标准进行的分类，如图 5－2 所示。

（一）会计账簿按用途分类

会计账簿按其用途不同，可分为序时账簿、分类账簿和备查账簿。

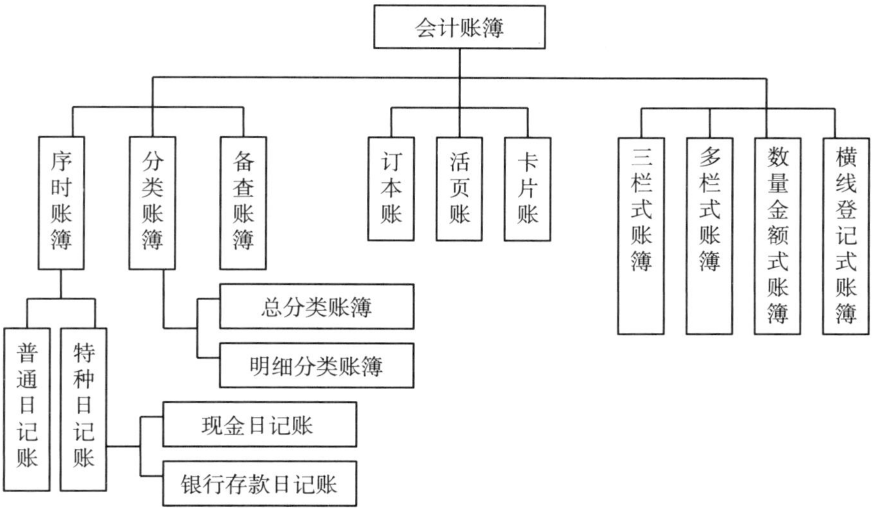

图 5－2　会计账簿体系

⚠小提示

不同类别的账簿区别在哪里？各自适合登记什么账？

1. 序时账簿。序时账簿又称日记账，是按经济业务发生或完成时间的先后顺序进行登记的账簿。按其记录的内容不同，序时账簿又分为普通日记账和特种日记账。普通日记账是指用来逐笔记录全部经济业务的序时账簿，即把每天发生的各项经济业务逐日逐笔地登记在日记账中，并确定会计分录，然后据以登记分类账（见图 5－3）。特种日记账是用来逐笔记录某一类经济业务的序时账簿。目前在我国，大多数单位一般设置现金日记账（见图 5－4）和银行存款日记账（见图 5－5）两种特种日记账。

普通日记账

年		凭证	摘要	会计科目	收入（借方）金额										付出（贷方）金额										记账
月	日	号数			千	百	十	万	千	百	十	元	角	分	千	百	十	万	千	百	十	元	角	分	

图 5－3　普通日记账

现金日记账

第　页

年		凭证	对方科目	摘要	√	收入（借方）金额										付出（贷方）金额										借或贷	结存金额									
月	日	号数				千	百	十	万	千	百	十	元	角	分	千	百	十	万	千	百	十	元	角	分		千	百	十	万	千	百	十	元	角	分

图 5－4　现金日记账

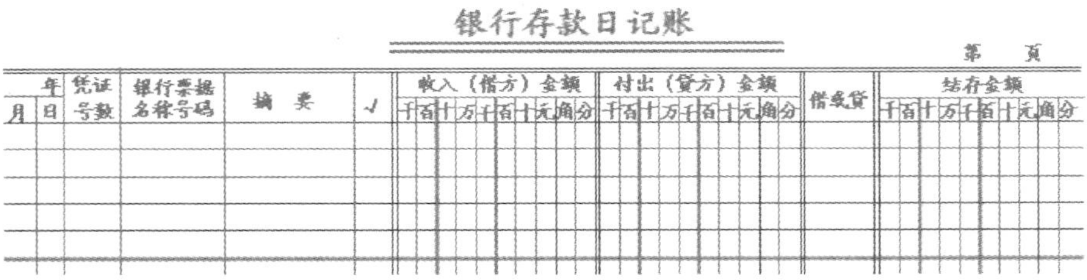

图 5-5 银行存款日记账

2. 分类账簿。分类账簿是对全部经济业务按照会计要素的具体类别而设置的进行分类登记的账簿。按照总分类账户分类登记经济业务事项的是总分类账簿，简称总账；按照明细分类账户分类登记经济业务事项的是明细分类账簿，简称明细账。分类账簿提供的核算信息是编制财务报表的主要依据。在生产规模较小的企业，有时将日记账和分类账结合在一起，设置联合账簿，对企业发生的经济业务进行序时分类反映，如企业设置的“日记账总账”就是联合账簿。

3. 备查账簿。备查账簿简称备查账，是对某些在序时账簿和分类账簿中未能进行登记或者登记不够详细的经济业务事项进行补充登记时使用的账簿，又称为辅助账簿。这些账簿可以对某些经济业务的内容提供必需的参考资料，但是它记录的信息无须编入财务报表中，所以也称表外记录。备查账簿没有固定格式，可由各单位根据管理的需要自行设置与设计。如租入固定资产登记簿、应收票据备查簿、受托加工来料登记簿。

（二）会计账簿按外形特征分类

会计账簿按其外形特征不同，可以分为订本式账簿、活页式账簿和卡片式账簿。

1. 订本式账簿。订本式账簿，又称订本账，是指在账簿启用前将连续编号的若干张账页固定装订成册的账簿。这种账簿的优点是：可以避免账页散失，防止账页被随意抽换，比较安全；其缺点是：由于账页固定，不能根据需要增加或减少，不便于按需要调整各账户的账页，也不便于分工记账。这种账簿一般适用于总分类账、现金日记账和银行存款日记账。

2. 活页式账簿。活页式账簿，又称活页账，是指在账簿启用时账页不固定装订成册，而是将其放置在活页账夹中的账簿。当账簿登记完毕之后（通常是一个会计年度结束之后），才能将账页予以装订，加具封面，并给各账页连续编号。这种账簿的优点是：随时取放，便于账页的增加和重新排列，便于分工记账和记账工作电算化；缺点是：账页容易散失和被随意抽换。活页账在年度终了时，应及时装订成册，妥善保管。各种明细分类账一般采用活页账式。

3. 卡片式账簿。卡片式账簿，又称卡片账，是指由许多具有一定记账格式的卡片组成，存放在卡片箱内的账簿。卡片账的卡片一般装在卡片箱内，不用装订成册，随时可存放，也可跨年度长期使用。这种账簿的优点是：便于随时查阅，也便于按不同要求归类整理，不易损坏；其缺点是：账页容易散失和随意抽换。因此，在使用时应对账页连续编号，并加盖有关人员图章，卡片箱应由专人保管，更换新账后也应封扎保管，以保证其安全。在我国，单位一般只对固定资产和低值易耗品等资产明细账采用卡片账形式。

（三）会计账簿按账页的格式分类

会计账簿按其账页的格式不同，可以分为三栏式账簿、多栏式账簿、数量金额式账簿和横线登记式账簿。

1. 三栏式账簿。三栏式账簿是指其账页的格式主要部分为借方、贷方和余额三栏，或者收入、支出和余额三栏的账簿（见图 5－6）。三栏式账簿又可分为设对方科目和不设对方科目两种，区别是在摘要栏和借方科目栏之间是否有对方科目栏。有对方科目栏的，称为设对方科目的三栏式账簿；不设对方科目栏的，称为不设对方科目的三栏式账簿。它主要适用于各种日记账、总分类账，以及资本、债权债务明细账等。

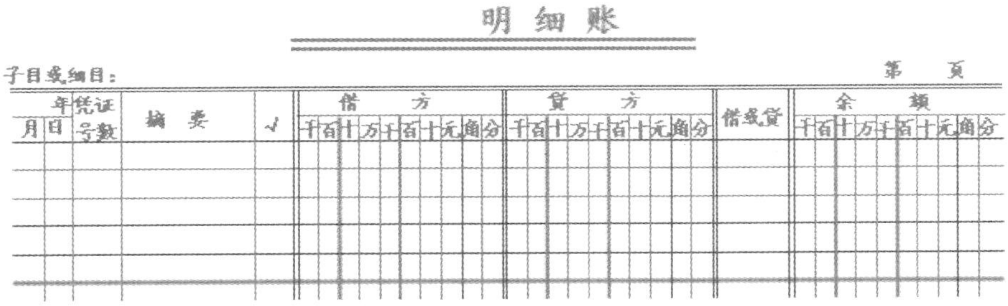

明细账

子目或细目：　　　　　　第　　页

年		凭证号数	摘要	√	借方										贷方										借或贷	余额									
月	日				千	百	十	万	千	百	十	元	角	分	千	百	十	万	千	百	十	元	角	分		千	百	十	万	千	百	十	元	角	分

图 5－6　三栏式账簿

2. 多栏式账簿。多栏式账簿是指根据经济业务的内容和管理的需要，在账页的借方和贷方栏内再分别按照明细科目或某明细科目的各明细项目设置若干专栏的账簿（见图 5－7）。这种账簿可以按借方和贷方分别设专栏，也可以只设借方专栏，贷方的内容在相应的借方专栏内用红字登记，表示冲减。收入、费用明细账一般采用这种格式的账簿。

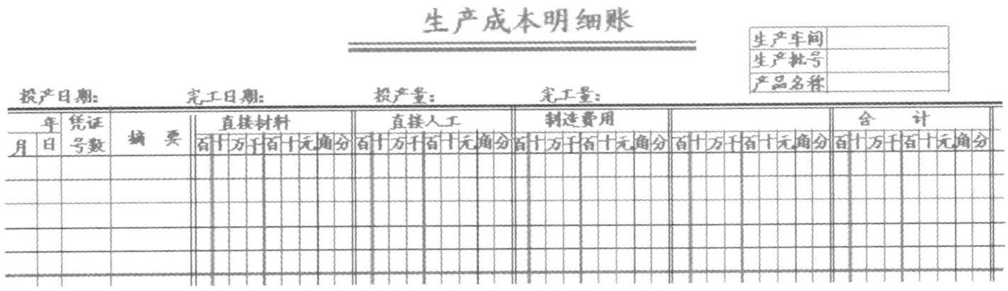

生产成本明细账

生产车间	
生产批号	
产品名称	

投产日期：　　完工日期：　　投产量：　　完工量：

年		凭证号数	摘要	直接材料									直接人工									制造费用																		合计								
月	日			百	十	万	千	百	十	元	角	分	百	十	万	千	百	十	元	角	分	百	十	万	千	百	十	元	角	分	百	十	万	千	百	十	元	角	分	百	十	万	千	百	十	元	角	分

图 5－7　多栏式账簿

3. 数量金额式账簿。数量金额式账簿是指在账页中分设借方、贷方、余额，或者收入、发出、结存三大栏，并在每一大栏内分设数量、单价和金额等小栏的账簿（见图5－8）。数量金额式账簿能够反映出财产物资的实物数量和价值量，“原材料”和“库存商品”等明细账一般采用数量金额式账簿。

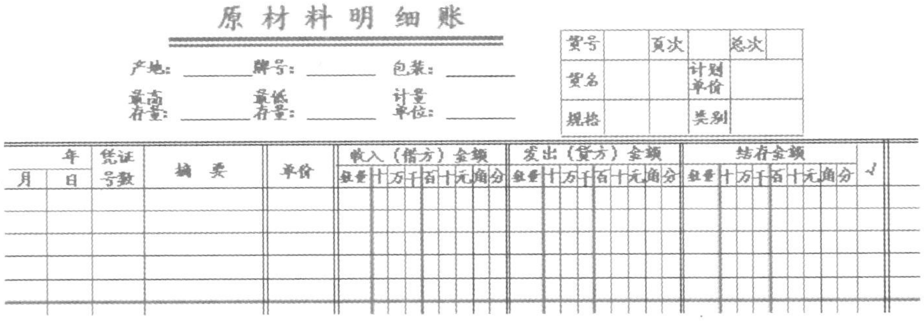

图5－8 数量金额式账簿

4. 横线登记式账簿。横线登记式账簿是指账页分为借方和贷方两个基本栏目，每一个栏目再根据需要分设若干栏次，在账页两方的同一行记录某一经济业务自始至终所有事项的账簿（见图5－9）。它主要适用于需要逐笔结算的经济业务的明细账，如“在途物资”“应收账款”等明细账。

图5－9 横线登记式账簿

四、账簿的基本内容

虽然各种账簿所记录的经济内容不同，其形式和格式也多种多样。但是，各种账簿都具备下述基本内容：

（一）封面

用以标明账簿名称和记账单位名称。

（二）扉页

填明账簿启用日期和截止日期、账簿页数、册次、经管人员签章、会计主管人员签章、账户目录等内容。账簿启用及交接表如图 5－10 所示。

账簿启用及交接表

机构名称		印鉴
账簿名称	（第　　册）	
账簿编号		
账簿页数	本账簿共计　　页	
启用日期	公元　　年　　月　　日	

经管人员	负责人		主办会计		复核		记账	
	姓名	盖章	姓名	盖章	姓名	盖章	姓名	盖章

交接记录	经管人员		接　管				交　出			
	职别	姓名	年	月	日	盖章	年	月	日	盖章

备注	

图 5－10　账簿启用及交接表

账户目录是由记账人员在账簿中开设户头后，按顺序将每个账户的名称和页数登记，便于查阅账簿中登记的内容。对于活页账簿，由于在账簿启用时无法确定页数，可先将账户名称填写好，待年终装订归档时，再填写页数。账户目录的格式与内容如图 5－11 所示。

账户目录（科目索引）

顺序	编号	名　称	页号	顺序	编号	名　称	页号

图 5－11　账簿的账户目录

（三）账页

账页的格式因反映经济业务内容的不同，可有不同格式，但是应具备以下基本内容：

（1）账户的名称（总账科目、二级或明细科目）；（2）登记日期栏；（3）凭证种类和号数栏；（4）摘要栏（记录经济业务的简要说明）；（5）金额栏（记录经济业务的增减变动）；（6）总页次和分户页次。

⚠小提示

账簿登记的基本内容与凭证相比，主要区别在哪里？

五、账簿的启用和登记规则

（一）账簿启用规则

为了监督会计账簿记录的合法性和会计资料的真实性、完善性，明确经济业务，会计账簿应由专人负责登记。启用会计账簿应遵守以下规则：

1. 认真填写封面及账簿启用和经管人员一览表。启用会计账簿时应在账簿封面上写明单位名称和账簿名称，并在账簿扉页附上账簿启用和经管人员一览表（以下简称“启用表”）。启用表内容主要包括：账簿名称、启用日期、账簿页数、记账人员和会计机构负责人姓名、会计主管人员姓名，并加盖签章和单位公章。

启用订本式账簿，应当从第一页到最后一页顺序编定页数，不得跳页、缺页。使用活页式账簿，应当按账户顺序编号，并要定期装订成册；装订后再按实际使用的账页顺序编定页码，另加目录，记明每个账户的名称和页次。卡片式账簿在使用前应当登记卡片登记簿。

2. 严格交接手续。记账人员或者会计机构负责人、会计主管人员调动工作时，必须办理账簿交接手续，在账簿启用和经管人员一览表中注明交接日期、交接人员和监交人员姓名，并由双方交接人员签名或者盖章，以明确有关人员的责任，增强有关人员的责任感，维护会计记录的严肃性。

3. 及时结转旧账。每年年初更换新账时，应将旧账的各账户余额过入新账的余额栏，并在摘要栏中注明“上年结转”字样。

（二）账簿的登记规则

会计人员应根据审核无误后的会计凭证登记账簿。登记账簿的基本规则是：

1. 登记账簿时，应将记账凭证日期、编号、经济业务内容摘要、金额和其他有关资料逐项记入账页内，做到登记及时、字迹工整、摘要言简意赅、数据准确。

2. 登记完毕后，应在记账凭证上签名或盖章，并注明已经登账的符号“√”，表示该笔账已经登记。

3. 书写账簿中的文字及数字，要留有适当的更正空间，一般应占格距的1/2。

4. 记账时一般用蓝黑墨水或者碳素墨水书写，不得使用圆珠笔（银行复写的账簿除外）或铅笔书写。下列情况可使用红色墨水记账：（1）按照红字冲账的记账凭证，冲销或更正错误的记录；（2）在不设借贷余等栏的多栏式账页中，登记减少数；（3）在三栏式账户的余额栏前，如未印明余额方向的，应在余额栏中登记负数余额；（4）根据国家统一会计制度规定可以使用红字登记的其他会计记录。

5. 各种账簿按页次顺序连续登记，不得跳行、隔页。如发生此类情况，应将空行、空页划线注销，或注明“此行空白”“此页空白”字样，并由记账人员签名或盖章。

6. 凡需要结出余额的账户，结出余额后，应在“借或贷”栏内写明“借”或“贷”等字样。没有余额的账户，应在“借或贷”栏内写“平”字，并在余额栏“元”位内用“Θ”表示。现金日记账和银行存款日记账必须逐日结出余额。

7. 每一账页登记完毕结转下页时，应结出本页合计数及余额，写在本页最后一行和下页第一行有关栏内，并在摘要栏内注明“过次页”和“承前页”等字样；也可以将本页合计数及余额只写在下页第一行有关栏内，并在摘要栏内注明“承前页”字样。

对需要结计本月发生额的账户，结计“过次页”的本页合计数应当为自本月初起至本页末止的发生额合计数；对需要结计本年累计发生额的账户，结计“过次页”的本页合计数应当为自年初起至本页末止的累计数；对既不需要结计本月发生额也不需要结计本年累计发生额的账户，可以只将每页末的余额结转次页。

8. 记录发生错误时，不得涂改、挖补、刮擦或者用修改液消除字迹，不准重新抄写，必须按正确的更正方法予以更正。

实行会计电算化的单位应定期打印总账和明细账，如发生收款和付款业务的，在输入收款凭证和付款凭证的当天必须打印出现金日记账和银行存款日记账，并与库存现金核对无误。

第二节　账簿的登记

⚠本节重难点
掌握不同类别的账簿登记内容和要求，并正确完成相关登记工作。

一、日记账的登记

日记账有普通日记账和特种日记账两类。

（一）普通日记账

普通日记账是逐日序时登记特种日记账以外的经济业务的账簿。在不设特种日记账的企业，则要序时地逐笔登记企业的全部经济业务，因此普通日记账也称分录簿。

1. 账页格式：只设置借方和贷方两个金额栏。

2. 普通日记账是登记每一分录的借方账户和贷方账户所涉及金额，这种账簿不结余额。其格式如图 5－12 所示。

普通日记账

2021年		凭证号数	摘要	会计科目	收入（借方）金额										付出（贷方）金额										记账
月	日				千	百	十	万	千	百	十	元	角	分	千	百	十	万	千	百	十	元	角	分	
11	1	付1	提现	库存现金					2	8	0	0	0	0											
				银行存款															2	8	0	0	0	0	

图5－12　普通日记账

3. 登记方法。

（1）日期栏登记经济业务发生的时间；

（2）凭证号数栏登记该项经济业务的记账凭证编号；

（3）摘要栏登记经济业务的简要内容；

（4）会计科目栏填写会计分录涉及的会计科目名称；

（5）借方金额栏填写应借记账户的金额；

（6）贷方金额栏填写应贷记账户的金额。

企业设置使用普通日记账具有以下优点：便于了解企业在一定时间内所发生的所有经济业务的全貌；把每一项经济业务的应借应贷科目名称、金额汇于一处，并且有该项经济业务的摘要可以考查，能够比较容易地发现记账错误；通过本月发生额合计，可以进行试算平衡。

随着企业规模的扩大、经济业务的增多及记账凭证的出现，普通日记账不便于登记分类账和登账工作量较大的缺陷日渐显露，后便不再使用。但会计电算化的发展和应用，解决了普通日记账在手工记账下的缺陷，所以普通日记账的应用又日趋广泛。

（二）特种日记账

特种日记账是用来记录某一类经济业务发生情况的日记账。常用的特种日记账是现金日记账和银行存款日记账。在企业、行政、事业单位中，现金日记账和银行存款日记账的登记，有利于加强货币资金的日常核算和监督，有利于贯彻执行国家规定的货币资金管理制度。

1. 现金日记账。

（1）账页格式：采用收入、付出、结余三栏式订本账。

（2）现金日记账是登记现金的收入、支出和结存情况的账簿。一般是由出纳人员根据审核无误后的现金收、付款凭证和银行存款付款凭证逐日逐笔顺序登记的。其格式如图5－13所示。

现金日记账

第　页

2021年 月	日	凭证号数	对方科目	摘要	√	收入（借方）金额 千百十万千百十元角分	付出（贷方）金额 千百十万千百十元角分	借或贷	结存金额 千百十万千百十元角分
11	1			期初余额				借	108000
	2	付1	管理费用	购买办公用品			50000	借	58000
	4	付4	银行存款	提现		200000		借	258000
	5	付6	销售费用	支付广告费			100000	借	158000

图 5－13　现金日记账

（3）登记方法。

①凭证号数栏，根据现金收、付款凭证和银行存款付款凭证上注明的收、付款凭证号数登记，其目的是便于今后查对。

②摘要栏，根据现金收、付款凭证和银行存款付款凭证的摘要登记。

③对方科目栏，是为了便于观察每笔款项的收入来源或付款去向，根据现金收、付款凭证上所列的对方科目登记的。

④收入栏，根据现金收款凭证和银行存款付款凭证登记。因为从银行提取现金的业务，只填制银行存款付款凭证，不填现金收款凭证，因而现金的收入数，应根据银行存款付款凭证登记。

⑤付出栏应根据现金付款凭证登记。

⑥每日终了，应分别计算现金收入、付出的合计数和结余数，即当日收入、付出合计和累计结余，并与库存现金金额核对。

2. 银行存款日记账。

（1）账页格式：采用收入、付出 、余额三栏式订本账。

（2）银行存款日记账是登记银行存款的收入、支出和结存情况的账簿。一般是由出纳人员根据审核无误后的银行存款收、付款凭证和现金付款凭证逐日逐笔顺序登记的。其格式如图 5－14 所示。

银行存款日记账

第　页

2021年 月	日	凭证号数	银行票据名称号码	摘要	√	收入（借方）金额 千百十万千百十元角分	付出（贷方）金额 千百十万千百十元角分	借或贷	结存金额 千百十万千百十元角分
11	1			期初余额				借	10000000
	3	付2	转支 7245	支付购料款			2600000	借	7400000
	5	收3	汇票 1478	销售收款		3500000		借	10900000
	6	付6	现支 1105	支付工资			1200000	借	9700000

图 5－14　银行存款日记账

?小思考

其他账户可否登记日记账呢？

（3）登记方法。

①凭证号数栏，根据银行存款收、付款凭证和现金付款凭证上注明的收、付款凭证号数登记，其目的是便于今后查对；

②摘要栏，根据银行存款收、付款凭证和现金付款凭证的摘要登记；

③收入栏，根据银行存款收款凭证和现金付款凭证登记；

④付款栏，根据银行存款付款凭证逐日逐笔登记；

⑤银行存款日记账上的结算凭证种类和号数栏，是根据银行规定的结算凭证进行登记的，以便与银行进行对账；

⑥每日终了，应结出银行存款收入和付出的合计数及累计余额，并定期与银行的对账单逐笔相核对。

二、明细分类账的登记

明细分类账，也称明细账，是根据明细账户开设的，用以分类、连续地登记经济业务，提供明细核算资料的账簿。根据实际需要，各种明细账分别按二级科目或明细科目开设账户，并为每个账户预留若干账页，用来分类、连续记录有关资产、负债、所有者权益、收入、费用、利润等详细资料。设置和运用明细账，有利于加强资金的管理和使用，并可为编制财务报表提供必要的资料。因此，各单位在设置总账的基础上，还要根据经营管理的需要，按照总账科目设置若干必要的明细账，以形成既能提供经济活动总括情况，又能提供具体详细情况的账簿体系。

明细账的格式，应根据它所反映经济业务的特点，以及财产物资管理的不同要求来设计，一般有三栏式明细账、数量金额式明细账、多栏式明细账和横线登记式明细账四种。

（一）三栏式明细账

三栏式明细账只设有借方、贷方和余额三个金额栏，不设数量栏。这种格式的明细账与总账的格式相同，主要适用于只需要进行金额核算的账户，如“应收账款”“应付账款”“实收资本”等明细账户。其格式如图 5－15 所示。

其他应收款 明细账

总第 28 页
分第 3 页

科目代码：李强

2021年 月	日	凭证号数	摘要	√	借方（千百十万千百十元角分）	贷方（千百十万千百十元角分）	借或贷	余额（千百十万千百十元角分）
11	1		期初余额				借	50000
	3	付5	预借差旅费		100000		借	150000
	9	转3	报销差旅费			100000	借	50000

图 5－15　三栏式明细账

（二）数量金额式明细账

数量金额式明细账是指在收入、发出、结存三栏内，再设数量、单价和金额三个小栏。它适用于既要进行金额核算又要进行数量核算的财产物资账户，如“原材料”“库存商品”等明细账户。如仓库保管一般使用数量金额式明细账，这样可以详细了解各种材料、库存商品等财产物资的增减变动情况。它可以按照材料或库存商品的品种及类别设置，根据材料或库存商品的收发凭证逐笔登记。其格式如图 5－16 所示。

原材料明细账

产地：______ 牌号：______ 包装：______

最高存量：______ 最低存量：______ 计量单位：______

货号		页次		总次	
货名	打磨纸	计划单价			
规格	12#		类别		

2021年 月	日	凭证号数	摘要	单价	收入（借方）金额 数量	收入（借方）金额 十万千百十元角分	发出（贷方）金额 数量	发出（贷方）金额 十万千百十元角分	结存金额 数量	结存金额 十万千百十元角分	√
11	1		月初余额	50.00					200	1000000	
	5	付 9	购料付款	50.00	100	500000			300	1500000	
	11	转 2	生产领料	50.00			60	300000	240	1200000	

图 5－16 数量金额式明细账

（三）多栏式明细账

多栏式明细账是指在账页的借方或贷方设置多栏进行登记，一般情况下，成本费用和收入类账户的明细账采用这种格式的账页，如“生产成本”“制造费用”“管理费用”“销售费用”“其他业务收入”等账户。由于企业经济业务反映的内容不同，专栏的设置也不完全一致，主要有以下三种格式：

1. 只设借方栏，不设贷方栏的多栏式明细账。只设借方栏，不设贷方栏，在借方栏按明细科目分设专栏进行登记。其优点是可根据账户核算的要求设置多个明细科目，特别适合登记生产费用类经济业务，由于各种费用发生时一般在借方，故多为借方分析栏。而其缺点是在期末进行费用或成本结转时，只能在借方用红字或负数进行登记，特别是对于有在产品的账户，其期末余额无适当栏目予以填写，这是不设借、贷、余多栏式明细账的不足之处之一。其格式如图 5－17 所示。

生产成本明细账

生产车间	热压车间
生产批号	1202#
产品名称	

投产日期： 完工日期： 投产量： 完工量：

2021年 月	日	凭证号数	摘要	直接材料 百十万千百十元角分	直接人工 百十万千百十元角分	制造费用 百十万千百十元角分	百十万千百十元角分	合计 百十万千百十元角分
11	30	转 24	工资分配		642000			642000
	30	转 25	工资附加		89880			89880
	30	转 36	车间领料	400000				400000

图 5－17 只设借方栏的多栏式明细账

2. 设借贷余三栏的多栏式明细账。采用设借、贷、余三栏的多栏式明细账页，除保留了不设借、贷、余三栏的多栏明细账页所有的优点外，还大大地扩大了其适用范围。凡需设多栏账的损益类账户均能方便选用。若用于费用类账户，分析栏即为借方分析栏；若用于收入类账户，分析栏又可作为贷方分析栏使用。灵活方便，本期发生额、期末结转数及期末余额都能得以反映。它的缺点表现在只能设置一个方向的分析栏，假若设置了借方分析栏，就不便设置贷方分析栏，二者只能选其一。其格式如图 5－18 所示。

生产成本明细账

车间名称：一车间
产品名称：办公桌　　　　　　第　页

2021年		凭证号数	摘要	借方(成本项目)				贷方	借或贷	余额	
月	日			直接材料	直接人工	制造费用	合计	金额			
11	4	转3	生产领料	16 200			16 200		借	16 200	
	8	转5	分配工资		6 800		6 800		借	6 800	

图 5－18　设借贷余三栏的多栏式明细账

3. 专用多栏式明细账。专用多栏式明细账，是指除设置了借、贷、余三栏外，同时又设置借方分析栏和贷方分析栏的明细账。如应交税费——应交增值税明细账，一方面它有多个借方科目（如进项税额、已交税金、转出未交税金等），同时还有多个贷方科目（如销项税额、出口退税、进项税转出等）。因此就必须采用专用多栏式明细账页（见图 5－19）。

应交税费明细账

第　页

2021年		凭证号数	摘要	借方金额					贷方金额					借或贷	余额
月	日			合计	进项税额	已交税额	转出未交税额		合计	销项税额	出口退税	进项税转出			
11	1		月初余额	35 400	35 400				52 100	52 100				贷	16 700
	2	付3	购料付款	7 400	7 400									贷	9 300

图 5－19　专用多栏式明细账

（四）横线登记式明细账

横线登记式明细账实际上也是一种多栏式明细账，因其登记是采用横线登记的方法，故称为横线登记式明细账。登记该账是将同一笔交易或事项从发生到完成的相关内容均在同一行内登记，从而可依据每一行各个栏目的登记是否齐全来判断该项交易或事项的完成和变动情况。这种明细账适用于材料、商品等物资采购的明细核算。在途物资明细账账页格式如图 5－20 所示。

在途物资明细账

明细科目：密度板　　规格型号：18#　　计量单位：张　　第　页

2021年		凭证号数	摘要	借方金额				2018年		凭证号数	摘要	贷方金额		
月	日			数量	采购成本	运杂费用	合计	月	日			数量	单价	金额
11	07	付11	购料付款	275	54 000	1 000	55 000	11	19	转7	材料入库	275	200	55 000

图 5－20　横线登记式明细账

三、总分类账的登记

总分类账，也称总账，是根据一级科目开设的，用以分类、连续记录企业全部经济业务的簿籍。总账一般提供资产、负债、所有者权益、费用、成本、收入等总括核算资料，其一般采用三栏式订本账，设有借方、贷方和余额三个金额栏目。总账的登记方法因登记的依据不同而有所不同。它可以直接根据各种记账凭证逐笔登记，也可以先把记账凭证按照一定方式进行汇总，编制成科目汇总表或汇总记账凭证等，然后据以登记。其格式如图 5－21 所示。

应付账款总账

总第　页
分第　页

科目代码：

2021年		凭证号数	摘要	√	借方										贷方										借或贷	余额									
月	日				千	百	十	万	千	百	十	元	角	分	千	百	十	万	千	百	十	元	角	分		千	百	十	万	千	百	十	元	角	分
11	1		期初余额																						贷			3	2	5	0	0	0	0	0
	5	转02	购料款未付															8	5	0	0	0	0	0	贷			4	1	0	0	0	0	0	0
	9	付07	偿还前欠款					2	0	0	0	0	0	0											贷			3	9	0	0	0	0	0	0
	30	转08	购料款未付																6	0	0	0	0	0	贷			3	9	6	0	0	0	0	0
			本月合计					2	0	0	0	0	0	0				9	1	0	0	0	0	0	贷			3	9	6	0	0	0	0	0

图 5－21　总分类账

总账是一种带统驭性质的会计账簿，为便于保管和查阅，一般采用订本式会计账簿。由于订本式会计账簿账页固定，不能任意增减账页，因而在启用会计账簿时，应参考以前年度总账运用情况及本年业务情况，为每个账户预留恰当数量的账页，以避免账页预留过多或账页不够。

总账账页中各栏的登记方法如下：

（1）日期栏，在逐日逐笔登记总账的方法下，填写经济业务发生的具体日期，与记账凭证的日期一致；在汇总登记总账的方式下，填写汇总凭证（科目汇总表或汇总记账凭证等）的日期。

（2）凭证字号栏，填写登记总账所依据的会计凭证的字和号。如依据会计记账凭证登记，就填写记账凭证的字、号等。

（3）摘要栏，填写登记总账所依据的会计凭证的摘要内容。若依据各种会计记账凭证记账，则填写会计记账凭证中的摘要内容；若依据科目汇总表登记，则应填写“某日至某日的发生额”字样；若依据汇总记账凭证记账，则应填写依据第几号凭证至第几号凭证而来的等。

⚠小提示
对比总分类账和明细分类账登记内容的区别有哪些？

（4）借、贷方金额栏，填写所依据的会计凭证上记载的各总账账户的借方或贷方发生额。

（5）对方科目栏，填写与总账账户发生对应关系的总账科目的名称。

（6）借或贷栏，登记余额的方向。若余额在借方，则写“借”字；若余额在贷方，则写“贷”字；若余额为零，则写“平”字。

四、总分类账与明细分类账平行登记的要点

总分类账与明细分类账之间的关系为：总分类账对其所属的明细分类账起着控制、驾驭的作用，明细分类账对其所属的总分类账起着补充、具体说明的作用，二者相辅相成，只是反映经济业务的详细程度不同。

因此，总分类账与明细分类账需平行登记，两者登记依据相同、方向相同、期间一致、金额相等。

⚠本节重难点
掌握错账产生的不同原因及对应的更正方法，并正确完成相关更正工作。

第三节　对账及错账更正

一、对账的意义和内容

对账简单地说就是核对账目，是指为了保证各种账簿记录的正确、完整，如实反映和监督经济活动的状况，一般在会计期间（月份、季度、中期、年终）结束时，要核对和检查账证、账账、账实是否相符，为编制财务报表提供可靠的会计资料。

在日常填制会计凭证和登记账簿时，往往会因各种原因造成账簿记录与实际库存物资、货币资金、往来账款等不相符，必须定期进行核对、检查，保证账簿记录的正确、完整。对账的具体内容包括以下几个方面：

（一）账证核对

账证核对是指核对会计账簿记录与原始凭证、记账凭证是否一致，这种核对主要是在日常编制凭证和记账过程中进行。核对的重点是凭证所记载的时间、凭证字号、业务内容、金额和记账方向是否与账簿中记录一致。若发现不符，应重新对账簿记录和会计凭证进行复核，直到查出错误的原因为止，以保证账证相符。

（二）账账核对

账账核对是对各种账簿之间的账簿记录进行核对，这种核对至少要在每月月末进行一次。账账核对包括：

1. 所有总分类账账户的借方期末余额合计数与贷方期末余额合计数核对相符；
2. 各总分类账账户期末余额与其所属明细分类账户的期末余额之和核对相符；
3. 日记账的余额与总分类账有关账户的余额核对相符；
4. 会计部门各种财产物资明细分类账的期末余额与保管或使用部门的财产物资明细账的期末余额核对相符。

（三）账实核对

账实核对就是将账面数字和实际的物资、款项进行核对。账实核对包括：

1. 现金日记账账面余额与库存现金实际结存数相互核对；
2. 银行存款日记账账面余额与银行各账户的银行对账单相互核对；
3. 各种材料物资明细账账面余额与材料物资实存数额相互核对；
4. 各种应收、应付款项明细账账面余额与有关的债权、债务单位的账目余额相互核对。

实际工作中，账实核对一般要结合财产清查进行。有关财产清查的内容和方法将在下一章中进行介绍。

> **小思考**
> 为什么对账工作中没有账表核对工作呢？

二、错账的查找及更正

（一）错账的类型及查找方法

一般错账的类型主要有两种：一是由于填制记账凭证时的错误所引起的错账，即编制记账凭证时所使用的会计科目和所记金额发生错误；或汇总记账凭证在汇总时，发生漏汇、重汇和错汇而出现的错误。二是记账的错误，即在登记账簿时出现了记反方向、数字错位、数字颠倒等错误。

> **小提示**
> 回忆记账凭证的错误有哪些？对应的更改方法又分别是什么？

对于上述错账的查找一般有两种方法。

1. 个别检查法。个别检查法就是针对错账的数字错误进行检查的方法。该方法适用于记反方向、数字错位和数字颠倒等造成的错账。常用的方法以下几种：

（1）差数法。差数法查找就是根据不相等的差异数，综合相关情况，找出差数所在的范围，直接在有关账簿中查找与这个差异数相同的数字。该方法主要适用于因漏记、重记等原因形成的差错。其表现形式是：借方金额遗漏，会使该金额在贷方超出；贷方金额遗漏，会使该金额在借方超出。对于这样的差错，可由会计人员通过回忆和与相关金额的记账核对来查找。

（2）倍数法，也称除 2 法。将记错账的数字除以 2，得出的数就是记反方向的数字。该方法便于查找由于数字记反方向而产生的错账。当某个借方金额错记入贷方（或相反）时，出现错账的差数表现为错误的 2 倍，将此差数用 2 去除，得出的商即是反向的金额。例如，应记入“原材料——甲材料”明细账目借方的 4 000 元误记入贷方，即该明细科目的期末余额小于其总分类科目期末余额 8 000 元，被 2 除的商 4 000 元即为借贷方向反向的金额。同理，如果借方总额大于贷方 600 元，即应查找有无 300 元的贷方金额误记入借方。如非此类错误，则应另寻差错的原因。

（3）除 9 法。先算出借方与贷方的差额，再除以 9，得出的数就可能是记错位的原数。该方法适用于数字错位和数字颠倒情况。如将 400 写为 40，差数是 360。查找的方法是：以差数除以 9 后得出的商即为写错的数字，商乘以 10 即为正确的数字。上例差数 360 除以 9，商 40 即为错数，扩大 10 倍后即可得出正确的数字 400。

2. 全面检查法。全面检查法就是全面核对检查各会计期间账目的方法。具体又分为顺查法和逆查法。

（1）顺查法。按照记账的顺序，从原始凭证、记账凭证到明细账、总账以及余额表等从头到尾检查，直至找到错误为止。

（2）逆查法。与记账顺序相反，首先检查科目余额表数字的计算是否正确，其次检查各账户的登记、计算是否正确，再次核对各账簿记录与记账凭证是否相符，最后再检查记账凭证与原始凭证是否相符。

（二）错账更正的方法

小故事：以史为鉴

《左传·宣公二年》：“吾知所过矣，将改之。稽首而曰：‘人非圣贤，孰能无过！过而能改，善莫大焉。’”这句古语讲的是下面这样一个故事：春秋时，晋灵公无道，滥杀无辜，臣下士季对他进谏，灵公当即表示：“我知过了，一定要改。”士季很高兴地对他说：“人谁无过？过而能改，善莫大焉。”

我们登账过程中难免也会犯错，但知错要能改，并且根据不同的错误原因对症下药来改正，这说的不就是我们的错账更正吗？

错账一经查出就应立即更正。对于账簿记录错误，不准涂改、挖补、刮擦或者用药水消除字迹，不准重新抄写，而必须根据错误的具体情况和性质，采用规范的方法予以更正。错账更正方法通常有以下几种：

1. 划线更正法。划线更正法是对账簿记录中的错误文字或数字划红线表示注销，并对错误进行更正的一种方法。该方法适用于在记账中或结账前，记账凭证正确但账簿记录有错误，原因是在记账时发生的文字或数字笔误或记账方向上的错误。具体做法是：先将错误文字或数字全部划一条红线予以注销，使原来的字迹仍然清晰可见，然后在红线上方的空白处，用蓝黑墨水作出正确记录，即红笔划线，蓝黑笔更正；并由记账人员在更正处盖章，以明确责任。需要注意的是，对于错误数字应当全部划销，不是只划销写错的个别数字，并对划销的数字，不许全部涂抹，应当使原有字迹仍能辨认，以备日后查考。对于文字错误，可只划去错误的部分。

【例 5－1】 江西天华家具有限公司在登记 2021 年 11 月“应收账款”总账时，将收回欠款 26 000 元，误记为 25 000 元，在结账前发现该错误，采用划线更正法更正，如图 5－22 所示。

应收账款总账

2021 月	日	凭证字号	摘要	借方	贷方	借或贷	余额
11	1		期初余额			借	4000000
11	5		销售产品	2000000		借	6000000
11	20		收回欠款		2600000 [王宇] ~~2500000~~	借	3400000 [王宇] ~~3500000~~
11	20		销售材料	1000000		借	4400000 [王宇] ~~4500000~~
--	--	----	------------				

图 5－22　应收账款总账

ⓘ**技能点**

掌握错账的原因有哪些，并针对不同原因产生的错账，运用对应的错账更正方法将账更正过来。

2. 红字更正法。红字更正法是指由于记账凭证错误而使账簿记录发生错误，从而采用红字冲销原记账凭证，以更正账簿记录的一种方法。该方法适用于两种情况：（1）记账以后，发现账簿记录的错误，是因为记账凭证中的应借、应贷会计科目或记账方向有错误而引起的；（2）记账以后，发现记账凭证和账簿记录的金额中所记金额大于应记的正确金额，而应借、应贷的会计科目及方向均没有差错。具体做法是：对于第一种应先用红字填制一张与原错误记账凭证完全相同的记账凭证，在摘要栏注明“更正××号凭证的错误”，并用红字登记入账，将原错误冲销，然后再用蓝字填制一张正确的记账凭证，重新据以登记入账。对于第二种则只需将多记的金额，用红字填写一张科目名称、记账方向与原记账凭证相同的记账凭证，在摘要栏注明“冲销××号凭证多记金额”，并用红字登记入账即可。

【例 5－2】 2021 年 11 月 15 日，江西天华家具有限公司计提本月车间折旧费 5 000 元。编制凭证时误编为如图 5－23 所示的记账凭证。在结账前发现错误，应进行如下更正：

（1）先用红字记账凭证冲销（见图 5－24）。

转账凭证

2021年11月15日　　转字第156号

摘要	总账科目	明细科目	√	借方金额（千百十万千百十元角分）	√	贷方金额（千百十万千百十元角分）
计提折旧	管理费用			500000		
	累计折旧					500000
合计				¥500000		¥500000

附单据 1 张

财务主管 张中　记账　出纳　审核 王军　制单 田野

图 5－23　转账凭证

（2）再填写一张蓝字正确的记账凭证（见图 5－25）。

（3）然后根据 11 月转账 235 号凭证和转账 236 号凭证登记账簿（见图 5－26 和图 5－27）。

转账凭证

2021年11月30日　　转字第235号

摘要	总账科目	明细科目	√	借方金额（千百十万千百十元角分）	√	贷方金额（千百十万千百十元角分）
冲销转156号错账	管理费用			500000		
	累计折旧					500000
合计				¥500000		¥500000

附单据　张

财务主管 张中　记账　出纳　审核 王军　制单 田野

图 5－24　转账凭证

转账凭证

2021年11月30日　　转字第236号

摘要	总账科目	明细科目	√	借方金额（千百十万千百十元角分）	√	贷方金额（千百十万千百十元角分）
更正转156号错账	制造费用			500000		
	累计折旧					500000
合计				¥500000		¥500000

附单据　张

财务主管 张中　记账　出纳　审核 王军　制单 田野

图 5－25　转账凭证

管理费用 总账

2021年 月	日	凭证字号	摘　要	借方（十万千百十元角分）	贷方（十万千百十元角分）	借或贷	余额（十万千百十元角分）
11	1	1	李四报销差旅费	360000		借	360000
--	--	----	------------				
11	30	233	计提折旧	500000			
11	30	235	更正错账（金额用红字登记）	500000			
--	--	----	------------				

图 5－26　管理费用总账

制造费用 总账

2021年 月	日	凭证字号	摘　要	借方（十万千百十元角分）	贷方（十万千百十元角分）	借或贷	余额（十万千百十元角分）
--	--	----	------------				
11	30	236	更正错账	500000			
--	--	----	------------				

图 5－27　制造费用总账

【例 5－3】2021 年 11 月 13 日，江西天华家具有限公司用转账偿还前欠货款 1 000 元。编制凭证时误编为如图 5－28 所示的记账凭证。在结账前发现错误，应进行以下更正：

（1）用红字记账凭证冲销（见图 5－29）。

（2）然后根据 11 月付款 245 号凭证登记账簿（见图 5－30 和图 5－31）。

付 款 凭 证

贷方科目 银行存款　　2021年11月13日　　付字第 134 号

摘　要	借方总账科目	明细科目	√	金额（千百十万千百十元角分）
偿还前欠货款	应付账款			1000000
合　计				¥1000000

附单据 1 张

财务主管 张中　记账　出纳　审核 王军　制单 田野

图 5－28　付款凭证

⚠小提示

如果是因为记账凭证的错误导致登账有误，必须先用正确的凭证更改方法将记账凭证更改过来后，再将账簿对应更正过来。

付 款 凭 证

贷方科目 银行存款　　2021 年 11 月 30 日　　付字第 245 号

摘　要	借方总账科目	明细科目	√	金额（千百十万千百十元角分）
冲销付 134 号凭证	应付账款			900000
多记金额				
合　计				¥900000

附单据　张

财务主管 张中　记账　出纳　审核 王军　制单 田野

图 5－29　付款凭证

银行存款日记账

2021年 月	日	凭证字号	摘　要	收入（十万千百十元角分）	支出（十万千百十元角分）	结余（十万千百十元角分）
11	1		月初余额			8000000
11	13	134	偿还前欠货款		1000000	7000000
11	30	245	冲销付 134 多记金额		900000	7900000
--	--	----	------------			

图 5－30　银行存款日记账

应 付 账 款 总 账

2021年 月	日	凭证字号	摘　要	借方（十万千百十元角分）	贷方（十万千百十元角分）	借或贷	余额（十万千百十元角分）
11	1		月初余额			贷	800000
--	--	----	------------				
11	13	134	偿还前欠货款	1000000			
--	--	----	------------				
11	30	245	冲销付 134 多记金额	900000			
--	--	----	------------				

图 5－31　应付账款总账

3. 补充登记法。记账以后，如果发现记账凭证上应借、应贷会计科目并无错误，但所记金额小于应记金额，可采用补充登记法更正。具体做法是：将少记金额用蓝字填制一张应借、应贷会计科目与原错误记账凭证相同的记账凭证，在摘要栏注明“补记××号凭证少记金额”并据以记账，补充原少记的金额。

【例 5－4】2021 年 11 月 6 日，江西天华家具有限公司收回黄河公司归还所欠货款，共计 20 000 元，存入银行，金额误记为 2 000 元（见图 5－32）。

收 款 凭 证

借方科目 银行存款　　2021 年 11 月 06 日　　收字第 13 号

摘　要	贷方总账科目	明细科目	√	金额
收到货款	应收账款	黄河公司		200000
合　计				¥200000

附单据 1 张

财务主管 张中　记账　出纳　审核 王军　制单 田野

图 5－32　收款凭证

（1）发现问题后，将少记的 18 000 元再编制一张记账凭证（见图 5－33）。

收 款 凭 证

借方科目 银行存款　　2021 年 11 月 30 日　　收字第 255 号

摘　要	贷方总账科目	明细科目	√	金额
补登收字第13号凭证少记金额	应收账款	黄河公司		1800000
合　计				¥1800000

附单据 1 张

财务主管 张中　记账　出纳　审核 王军　制单 田野

图 5－33　收款凭证

（2）根据 11 月转账 255 号凭证登记账簿（见图 5－34）。

应 收 账 款 总 账

2021年 月	日	凭证字号	摘　要	借方	贷方	借或贷	余额
……	……	……	……				
11	30	255	补登转13号凭证少记金额	1800000			

图 5－34　应收账款总账

第四节 结 账

一、结账的概念

结账，是在把一定时期内发生的全部经济业务登记入账的基础上，按规定的方法将各种账簿的记录进行小结，计算并记录本期发生额和期末余额。

为了正确反映一定时期内在账簿中已经记录的经济业务，总结有关经济活动和财务状况，为编制财务报表提供资料，各单位应在会计期末进行结账。会计期间一般按日历时间划分为年、季、月，结账于各会计期末进行，所以分为月结、季结、年结。

二、结账的基本程序

结账前，必须将属于本期内发生的各项经济业务和应由本期受益的收入、负担的费用全部登记入账。在此基础上，才可保证结账的有用性，确保财务报表的正确性。不得把将要发生的经济业务提前入账，也不得把已经在本期发生的经济业务延至下期（甚至以后期）入账。结账的基本程序为：

1. 将本期发生的经济业务事项全部登记入账，并保证其正确性。

2. 根据权责发生制的要求，调整有关账项，合理确定本期应计的收入和应计的费用。

（1）应计收入和应计费用的调整。应计收入是指那些已在本期实现、因款项未收而未登记入账的收入。企业发生的应计收入，主要是本期已经发生且符合收入确认标准，但尚未收到相应款项的商品或劳务。对于这类调整事项，应确认为本期收入，借记“应收账款”等科目，贷记“主营业务收入”“其他业务收入”等科目；待以后收妥款项时，再借记“库存现金”或“银行存款”等科目，贷记“应收账款”等科目。

（2）收入分摊和成本分摊的调整。收入分摊是指企业已经收取有关款项，但未完成或未全部完成销售商品或提供劳务，需在期末按本期已完成的比例，分摊确认本期已实现收入的金额，并调整以前预收款项时形成的负债，如企业销售商品预收定金、提供劳务预收佣金。在收到预收款项时，应借记“银行存款”等科目，贷记“预收账款”等科目；在以后提供商品或劳务、确认本期收入时，借记“预收账款”等科目，贷记“主营业务收入”“其他业务收入”等科目。

ⓘ技能点

掌握正确的结账方法。

成本分摊是指企业的支出已经发生、能使若干个会计期间受益，为正确计算各个会计期间的盈亏，将这些支出在其受益期间进行分配。比如企业已经支出但应由本期或以后各期负担的长期待摊费用、购建固定资产和无形资产的支出等。企业在发生这类支出时，应借记“长期待摊费用”“固定资产”“无形资产”等科目，贷记“银行存款”等科目。在会计期末进行摊销时，应借记“制造费用”“管理费用”“销售费用”等科目，贷记“长期待摊费用”“累计折旧”“累计摊销”等科目。

3. 将损益类账户转入“本年利润”账户，结平所有损益类账户，编制结账分录。

4. 结算出资产、负债和所有者权益账户的本期发生额和余额，并结转下期。

三、结账方法

结账时，应当结出每个账户的期末余额。需要结出当月（季、年）发生额的账户，如各项收入、费用账户等，应单列一行登记发生额，在摘要栏内注明“本月（季）合计”或“本年累计”。结出余额后，应在余额前的借或贷栏内写“借”或“贷”字样，没有余额的账户，应在余额栏前的借或贷栏内写“平”字，并在余额栏内“元”位用“Θ”表示。为了突出本期发生额及期末余额，表示本会计期间的会计记录已经截止或者结束，应将本期与下期的会计记录明显分开，结账一般都划结账线。划线时，月结、季结用单线，年结划双线。划线应划红线并应划通栏线，不能只在账页中的金额部分划线。

结账时应根据不同的账户记录，分别采用不同的结账方法：

1. 总账账户的结账方法。总账账户平时只需结计月末余额，不需要结计本月发生额。每月结账时，应将月末余额计算出来并写在本月最后一笔经济业务记录的同一行内，并在下面通栏划单红线。

2. 现金日记账、银行存款日记账和需要按月结计发生额的收入、费用等明细账的结账方法。现金日记账、银行存款日记账和需要按月结计发生额的各种明细账，每月结账时，要在每月的最后一笔经济业务下面通栏划单红线，结出本月发生额和月末余额写在红线下面，并在摘要栏内注明“本月合计”字样，再在下面通栏划单红线。

3. 不需要按月结计发生额的债权、债务和财产物资等明细分类账的结账方法。对这类明细账，每次记账后，都要在该行余额栏内随时结出余额，每月最后一笔余额即为月末余额。也就是说，月末余额就是本月最后一笔经济业务记录的同一行内的余额。月末结账时只需在最后一笔经济业务记录之下通用栏划单红线即可，无须再结计一次余额。

4. 需要结计本年累计发生额的收入、成本等明细账的结账方法。对这类明细账，先按照需按月结计发生额的明细账的月结方法进行月结，再在“本月合计”行下的摘要栏内注明“本年累计”字样，并结出自年初起至本月末止的累计发生额，再在下通栏划单红线。12 月末的“本年累计”就是全年累计发生额，全年累计发生额下面通栏划双红线。

5. 年度终了结账时，有余额的账户，要将其余额结转到下一会计年度，并在摘要栏内注明“结转下年”字样；在下一会计年度新建有关会计账簿的第一行余额栏内填写上年结转的余额，并在摘要栏内注明“上年结转”字样。结转下年时，既不需要编制记账凭证，也不必将余额再记入本年账户的借方或贷方，使本年有余额的账户的余额变为零，而是使有余额的账户的余额如实反映在账户中，以免混淆有余额账户和无余额的账户的区别。

现将月结、季结和年结的结账方法举例如图 5－35 所示。

应收账款　总　账

2021年 月	日	凭证字号	摘　要	借方 十万千百十元角分	贷方 十万千百十元角分	借或贷	余额 十万千百十元角分
1	1		上年结转			借	1260000
1	31	汇1	本月发生额及余额	20220000	14250000	借	7230000
1	31		本月合计	20220000	14250000	借	7230000
2	28	汇2	本月发生额及余额	6265000		借	13495000
2	28		本月合计	6265000		借	13495000
3	30	汇3	本月发生额及余额	4630000	9520000	借	8605000
3	30		本月合计	4630000	9520000	借	8605000
3	30		本季合计	31115000	23770000	借	8605000
...	...	....	....				
12	31	汇12	本月发生额及余额	6020000	7120000	借	7505000
12	31		本月合计	6020000	7120000	借	7505000
12	31		本季合计	6020000	7120000	借	7505000
12	31		本年累计	6020000	7120000	借	7505000
12	31		结转下年		7505000	平	⊖

图 5－35　应收账款总账

四、新旧年度账簿结转

在会计年度终了时，应将上年度的旧账簿更换为新账簿。新的会计年度建账，一般总账、日记账和多数的明细账应每年更换一次。但有些财产物资明细账和债权债务明细账等，由于更换工作量大，可以跨年使用，不必每年更换一次。各种备查账也可以连续使用。

更换账簿时，应将上年度各账户的余额直接记入新年度相应的账簿中，并在旧账簿各账户年终余额摘要栏内加盖“结转下年”戳记。同时，在新账簿中相关账户的年终余额摘要栏内加盖“上年结转”戳记，并在余额栏内记入上年余额。

【本章小结】

设置和登记账簿是会计核算的专门方法之一。

账簿按用途分为序时账簿、分类账簿和备查账簿；按其外表形式分为订本式账簿、活页式账簿和卡片式账簿。

序时账簿常见的有现金日记账和银行存款日记账。分类账按提供指标的详细程度分为总分类账和明细分类账，总分类账簿是按照一级账户设置的，总括反映资产、负债、所有者权益、费用、成本和利润的情况，为编制财务报表、会计分析检查提供总括资料。总分类账，一般采用三栏格式。明细分类账是按照二级账户或明细账户设置的，反映总分类账户增减变动的详细情况，为编制财务报表、会计分析提供详细资料。明细分类账的格式常用的有三种：三栏式、数量金额式和多栏式明细分类账。总账与明细账要平行登记。

对账包括账证、账账、账实核对，通过对账，可以保证各种账簿记录的正确、完整，如实地反映和监督经济活动的状况，并且为编制财务报表提供可靠的会计资料。

错账的类型一般有两种：一是由于填制记账凭证时错误所引起的错账；二是记账凭证无误但记账时发生的错误。错账一经查出就应立即更正，错账更正方法通常有：划线更正法、红字更正法、补充登记法。

为了正确反映一定时期内在账簿中已经记录的经济业务，总结有关经济活动和财务状况，为编制财务报表提供资料，企业在会计期末需进行结账工作。会计期间一般按日历时间划分为年、季、月，结账于各会计期末进行，所以结账工作也分为月结、季结、年结。

【技能测试】

一、名词解释

1. 账簿　　2. 日记账　　3. 总分类账　　4. 明细分类账
5. 对账　　6. 结账

二、单项选择题

1. 应收账款明细账的格式一般采用（　　）。
   A. 数量金额式　　B. 多栏式
   C. 订本式　　D. 三栏式
2. 日记账按用途分类属于（　　）。
   A. 备查账簿　　B. 序时账簿
   C. 订本账簿　　D. 分类账簿

3. 会计人员在填制记账凭证时，将650元错记为560元，并且已登记入账，月末结账时发现此笔错账，更正时应采用的便捷方法是（　　）。

A. 划线更正法　　B. 补充登记法
C. 红字更正法　　D. 核对账目的方法

4. “租入固定资产登记簿”按用途分类属于（　　）。

A. 三栏式明细账　　B. 备查账簿
C. 分类账簿　　D. 日记账

5. 如果发现记账凭证所用的科目正确，只是所填金额大于应填金额，并已登记入账，应采用（　　）更正。

A. 划线更正法　　B. 红字更正法
C. 平行登记法　　D. 补充登记法

6. 活页式账簿和卡片式账簿主要适用于（　　）。

A. 特种日记账　　B. 普通日记账
C. 总分类账簿　　D. 明细分类账簿

7. 某会计人员根据记账凭证登记入账时，误将600元填写为6 000元，而记账凭证无误，应用（　　）予以更正。

A. 红字更正法　　B. 补充登记法
C. 划线更正法　　D. 黑字更正法

8. 原材料明细账一般可采用（　　）形式的账簿。

A. 订本式账簿　　B. 卡片式账簿
C. 活页式账簿　　D. 多栏式明细分类账

9. 下列记账差错中，能通过编制试算平衡表判断的记账差错是（　　）。

A. 错误地使用了应借记的会计科目
B. 漏记了某项经济业务
C. 只登记了会计分录的借方或贷方，漏记了另一方
D. 颠倒了记账方向

10. 在结账前，若发现记账凭证所记金额小于应记金额，并已过账，应用（　　）更正。

A. 划线更正法　　B. 红字更正法
C. 补充登记法　　D. 平行登记法

11. 某企业5月1日生产领用材料5 000元，误记为：借记管理费用5 000元，贷记材料5 000元。10日发现错误时已入账，应采用的更正错账方法是（　　）。

A. 红字更正法　　B. 补充更正法
C. 划线更正法　　D. 任意更正法

12. 如果记账凭证中所记金额没错，所用科目错误，并已登记入账，应用（　　）更正。

A. 划线更正法　　B. 补充登记法

C. 红字更正法　　D. 蓝字更正法

13. 下列对账工作中属于账实核对的是（　　）。

A. 银行存款日记账与银行对账单核对

B. 总分类账与所属明细分类账核对

C. 会计部门的财产物资明细账与财产物资保管部门的有关明细账相核对

D. 总分类账与日记账核对

14. 总分类账一般采用的账页格式为（　　）。

A. 两栏式　　B. 三栏式

C. 多栏式　　D. 数量金额式

15. 下列错账中，可以采用补充登记法更正的是（　　）。

A. 在结账前发现账簿记录有文字或数字错误，而记账凭证没有错误

B. 记账后在当年内发现记账凭证所记的会计分录错误

C. 记账后在当年内发现记账凭证所记金额大于应记金额

D. 记账后发现记账凭证填写的会计科目无误，只是所记金额小于应记金额

三、多项选择题

1. 账簿可以进行的分类有（　　）。

A. 按账簿用途分类　　B. 按账簿外表形式分类

C. 按账簿格式分类　　D. 按账簿经济内容分类

2. 账簿按其用途不同可分为（　　）。

A. 日记账　　B. 订本账

C. 活页账　　D. 分类账

3. 账簿按外表形式分类，可分为（　　）。

A. 订本账　　B. 活页账

C. 卡片账　　D. 分类账

4. 任何单位必须设置的账簿有（　　）。

A. 现金日记账　　B. 银行存款日记账

C. 总分类账簿　　D. 明细分类账

5. 下列账簿必须采用订本式账簿的有（　　）。

A. 总分类账　　B. 明细分类账

C. 现金日记账　　D. 银行存款日记账

6. 下列明细账适宜采用三栏式明细账的有（　　）。

A. 应收账款明细账　　B. 库存商品明细账

C. 实收资本明细账　　D. 固定资产明细账

7. 明细分类账可以根据（　　）登记。

A. 原始凭证　　B. 总账

C. 记账凭证　　D. 科目汇总表

8. 下列明细账适宜采用数量金额式明细账的有（　　）。

A. 材料明细账　　B. 应交税费明细账

C. 销售费用明细账　　D. 库存商品明细账

9. “待处理财产损溢”科目，借方登记的内容有（　　）。

A. 待处理财产盘亏　　B. 待处理财产盘盈

C. 结转批准处理的盘盈数　　D. 结转批准处理的盘亏数

10. 对账的主要内容不包括（　　）。

A. 账证核对、账账核对　　B. 表实核对、表表核对

C. 证表核对、账表核对　　D. 表实核对、账实核对

11. 错账更正的方法一般有（　　）

A. 平行登记法　　B. 划线更正法

C. 补充登记法　　D. 红字更正法

12. 下列情况中，可以用红色墨水记账的有（　　）。

A. 在不设借贷等栏的多栏式账页中，登记减少数

B. 按照红字冲账的记账凭证，冲销错误记录

C. 在三栏式账户的余额栏前，如未印明余额方向的，在余额栏内登记负数余额

D. 根据国家统一的会计制度的规定可以用红字登记的其他会计记录

四、判断题

1. 采用订本账可以避免账页的散失，防止随便抽换账页。（　　）

2. 现金和银行存款日记账，必须采用订本式账簿。（　　）

3. 每天终了，现金日记账必须结出余额，并与现金实际结存数核对相符。（　　）

4. 备查账簿是对某些在日记账和分类账中未能记载或记载不全的经济业务进行补充登记的账簿，因此每个单位必须设置。（　　）

5. 三栏式总分类账一般采用订本式账簿。（　　）

6. 总分类账的登记，可以根据记账凭证逐笔登记，也可以通过一定的汇总方式，定期或分次汇总登记。（　　）

7. 多栏式明细账，一般适用于债权、债务结算的明细分类账。（　　）

8. 三栏式明细账适用于只需要进行金额核算的明细分类账。（　　）

9. 各种明细分类账的登记依据，既可以是原始凭证，也可以是记账凭证。（　　）

10. 会计人员在记账以后，若发现所依据的记账凭证中的应借、应贷科目有错误，则不论金额多记还是少记，均采用红字更正法进行更正。（　　）

11. 应收账款明细账户若出现贷方金额，而该账户的余额栏前又未印明余额方向的，应用红字登记其余额。（　　）

12. 账簿记录正确并不一定保证账实相符。（　　）

五、简答题

1. 设置账簿的作用和意义是什么？
2. 登记账簿有哪些基本规则？
3. 对账的具体内容包括哪些？
4. 错账更正的方法有哪些？分别适用哪些情况？

【实训操作】

实训一

目的：练习登记三栏式现金日记账和银行存款日记账。

资料：大华公司2021年6月发生下列经济业务（现金日记账借方期末余额970元，银行存款日记账借方期初余额为46 350元）：

（1）3日开出现金支票，从银行提现金2 600元；

（2）3日采购员王山出差预借差旅费800元，以现金支付；

（3）3日购买办公用品，支付现金200元；

（4）5日采购员王山报销差旅费，交回现金50元；

（5）6日开出转账支票支付宏克企业18 000元货款；

（6）6日收到华丰公司所欠货款，款项16 750元已存入银行；

（7）9日以银行存款支付广告费4 500元；

（8）16日以银行存款支付借款利息370元；

（9）26日以银行存款支付管理部门水电费1 700元；

（10）29日向光明公司购料一批，货款26 340元，开出转账支票一张。

要求：根据资料，登记三栏式库存现金日记账（见图5－36）和银行存款日记账（见图5－37）。

现金日记账

第　页

年		凭证号数	对方科目	摘要	√	收入（借方）金额										付出（贷方）金额										借或贷	结存金额									
月	日					千	百	十	万	千	百	十	元	角	分	千	百	十	万	千	百	十	元	角	分		千	百	十	万	千	百	十	元	角	分

图5－36　现金日记账

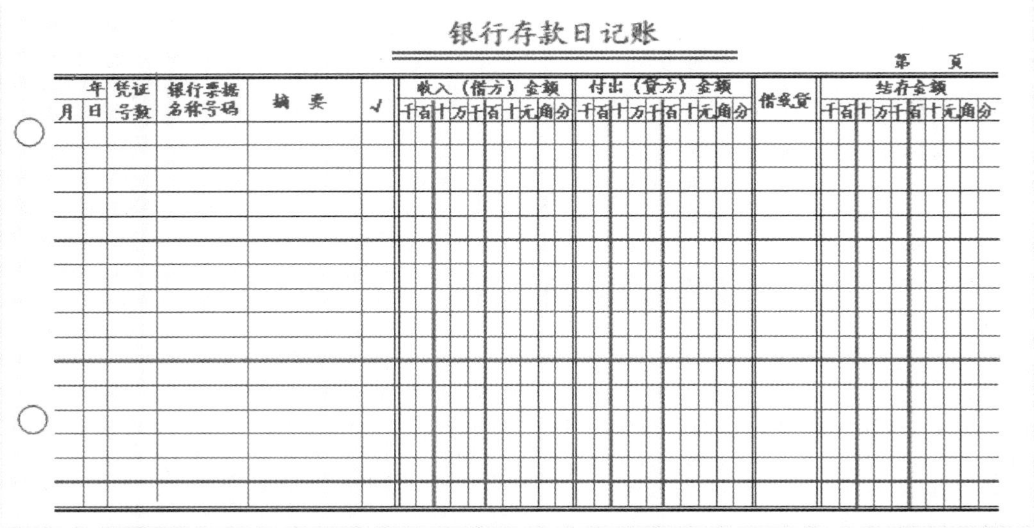
银行存款日记账

第　　页

年		凭证号数	银行票据名称号码	摘要	√	收入（借方）金额	付出（贷方）金额	借或贷	结存金额
月	日					千百十万千百十元角分	千百十万千百十元角分		千百十万千百十元角分

图 5－37　银行存款日记账

实训二

目的：练习错账更正方法。

资料：某企业 2021 年 2 月发生以下错账：

（1）10 日，车间领用乙材料用于一般消耗，计 6 000 元。在填制“转字第 18 号”记账凭证时，编制了如下会计分录，并已据以登记入账：

借：生产成本　　6 000

　　贷：原材料　　6 000

（2）12 日，验收材料一批，采购成本 5 300 元。填制的“转字第 22 号”记账凭证的会计分录如下，并登记入账：

借：原材料　　5 800

　　贷：在途物资　　5 800

（3）19 日，用现金 300 元购买厂部办公用品。在填制“现付字第 15 号”记账凭证时，编制的会计分录如下，并据以登记入账：

借：管理费用　　30

　　贷：库存现金　　30

（4）24 日，用银行存款 5 000 元支付前欠货款。在填制“银付字第 24 号”记账凭证时，编制的会计分录如下，并据以登记入账：

借：应付账款　　50 000

　　贷：银行存款　　50 000

（5）26 日，取得一笔非专有技术转让收入 9 000 元。在填制“银收字第 29 号”记账凭证时，编制的会计分录如下，并据以登记入账：

借：银行存款　　9 000

　　贷：营业外收入　　9 000

（6）28 日，从银行提取现金 300 元。在填制“银付字第 27 号”记账凭证时，编制的会计分录如下，并据以登记入账：

借：库存现金　　800

　　贷：银行存款　　800

要求：

（1）说明以上错账的性质和应使用的更正方法。

（2）对以上错账进行更正。

注：第一号转账更正凭证从第 91 号开始；现金付款更正凭证从 22 号开始；银行存款收款更正凭证从 38 号开始；银行存款付款更正凭证从 31 号开始。

参考答案

第六章
财产清查

学习目标

通过本章学习，要求学生了解财产清查的概念、意义及种类；掌握财产清查的方法（各种材料物资、货币资金和往来款项的清查方法）；掌握财产清查结果的会计处理。

能力目标

通过本章学习，使学生知道如何进行财产清查并对清查结果进行正确的处理。

素养目标

通过本章学习，使学生在财产清查的工作中明白尊重客观事实存在的道理，做任何工作都不能应付表面，需要实事求是，求真务实，只有尊重客观事实才能发现问题本质！

导　　例

经过一番努力后，小斌的创业之路走得颇为顺利，心中暗暗生喜，但问题也是层出不穷。有时常因为一本改错本而翻遍整个仓库，抑或是因为部分存货积压而着急，问题到底出在哪里呢？这让小斌十分头疼。除此之外，小斌还发现，同样是资产，货币资金和存货（实物资产）及往来款项在期末清查时不能使用同样的方法，这是何故？好不容易清查结束，居然发现资产的账面数与实际数并不一定总是相符。此时，小斌内心有“十万个为什么飘过”……我到底是盈是亏？账务又该如何处理？尽管忐忑，但小斌也清楚，出现这种情况一定是有原因的，为了我的小家底，我必须查明。但问题又来了，是不是无论何种原因导致的账实不符都需要进行账务处理呢？若需要处理，原因又各不相同，又该如何准确记录呢？俗话说：“创业难，守业尤难，知难不难”，小斌用心经营着自己的小事业，为了提高经营管理的效益，降低经营风险，树立服务意识，遇到问题积极应对，努力学习，带着这种种疑虑，小斌开启了财产清查学习之旅。

【本章知识结构导图】

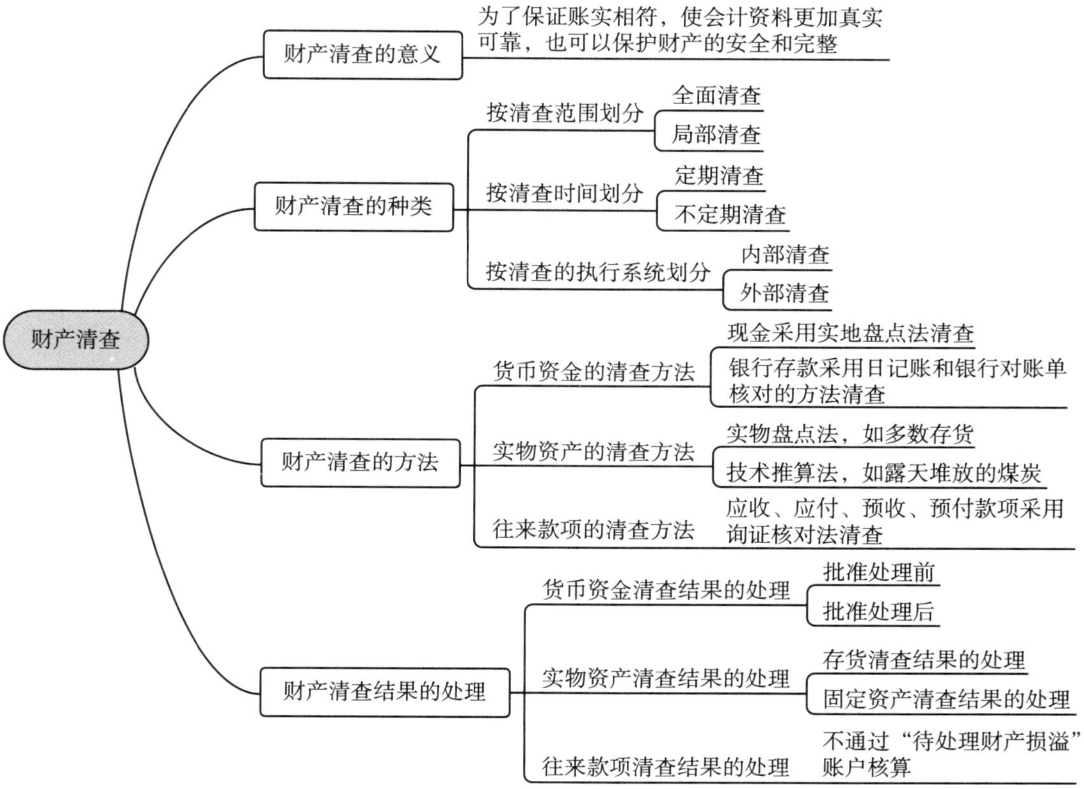
财产清查
财产清查的意义
为了保证账实相符，使会计资料更加真实可靠，也可以保护财产的安全和完整
财产清查的种类
按清查范围划分
全面清查
局部清查
按清查时间划分
定期清查
不定期清查
按清查的执行系统划分
内部清查
外部清查
财产清查的方法
货币资金的清查方法
现金采用实地盘点法清查
银行存款采用日记账和银行对账单核对的方法清查
实物资产的清查方法
实物盘点法，如多数存货
技术推算法，如露天堆放的煤炭
往来款项的清查方法
应收、应付、预收、预付款项采用询证核对法清查
财产清查结果的处理
货币资金清查结果的处理
批准处理前
批准处理后
实物资产清查结果的处理
存货清查结果的处理
固定资产清查结果的处理
往来款项清查结果的处理
不通过“待处理财产损溢”账户核算

第一节　财产清查概述

一、财产清查的概念和意义

财产清查是指通过对实物、现金的实地盘点和对银行存款、往来款项的核对，查明各项财产物资、货币资金、往来款项的实有数和账面数是否相符的一种会计核算的专门方法。

企业的会计工作，都要通过会计凭证的填制和审核，然后及时地在账簿中进行连续登记。要保证账簿记录的正确性，真实反映企业各项财产的实有数，也就是说，各项财产的账实应当是一致的。但是，在实际工作中，由于种种原因，账簿记录会发生差错，各项财产的实际结存数也会发生差错。造成账存数与实存数发生差异，原因是多方面的，一般有以下几种情况：

（1）在收发物资中，由于计量、检验不准确而造成多收多付或少收少付的差错；

（2）财产物资在运输、保管、收发过程中，在数量上发生自然增减变化；

（3）在财产增减变动中，由于手续不齐或计算、登记上发生错误；

（4）由于管理不善或工作人员失职，造成财产损失、变质或短缺等；

（5）贪污盗窃、营私舞弊造成的损失；

（6）自然灾害造成的非常损失；

（7）未达账项引起的账实不符等。

上述种种原因都会影响账实的一致性。因此，运用财产清查的手段，对各种财产物资进行定期或不定期的核对和盘点，具有十分重要的意义。通过财产清查可以保证账实相符，使单位会计资料更加真实可靠，也可以更好地保护单位财产的安全和完整。

二、财产清查的种类

（一）全面清查和局部清查

财产清查按照清查的对象和范围划分，可以分为全面清查和局部清查。

1. 全面清查。全面清查是指对单位所有财产进行盘点与核对。由于全面清查的范围广，时间长，参加的部门和人员也多，一般在下列情况下需要进行全面清查：（1）年终决算前；（2）单位撤销、股份改制、合并或改变隶属关系前；（3）清算核资前；（4）单位主要领导调离前。

2. 局部清查。局部清查是指根据需要只对财产中某些重点部分进行的清查，也称重点清查。如流动资金中变化较频繁的原材料、库存商品等，除年度全面清查外，还应根据需要随时轮流盘点或重点抽查。各种贵重物资每月至少要清查一次，库存现金要天天核对，银行存款一般要同银行对账单至少每月逐笔核对一次，债权债务每年至少核对一两次。

（二）定期清查和不定期清查

财产清查按照财产清查的时间划分，可分为定期清查和不定期清查。

1. 定期清查。定期清查是指按预先规定的时间进行的财产清查，一般是在年、季、月终了后进行。

2. 不定期清查。不定期清查是指根据实际需要临时进行的财产清查，也称临时清查。一般是在更换财产物资保管人员、企业撤销、合并或发生财产损失等情况时所进行的清查。

注意，定期清查和不定期清查的范围应视具体情况而定，可以是全面清查，也可以是局部清查。

（三）内部清查和外部清查

财产清查按照财产清查的执行系统划分，可分为内部清查和外部清查。

1. 内部清查。内部清查是指由企业自行组织清查工作小组所进行的财产清查。

2. 外部清查。外部清查是指由企业以外的有关部门或人员根据国家法律或制度的规定对企业所进行的财产清查。

三、财产物资的盘存制度

财产物资的盘存制度是指通过对实物的清查盘点，确定财产物资实际结存情况的制度。财产物资的盘存制度主要有两种，即永续盘存制和实地盘存制。

（一）永续盘存制

永续盘存制又称账面盘存制，是通过设置财产物资明细账，逐笔逐日地登记收入数和发出数，能随时计算出结存的一种方法，其计算公式如下：

账面期末结存数＝期初结存数＋本期增加数－本期减少数

采用永续盘存制，优点是可以随时反映财产物资的收、发和结存情况，有利于加强管理。缺点是存货明细分类核算的工作量较大，并且财产物资的结存数量，只是其账面结存数，有可能发生账实不符的情况。

（二）实地盘存制

实地盘存制又称以存计耗制或以存计销制，是指在会计核算过程中，对于各种财产物资，平时只登记增加数，不登记减少数，期末通过实地盘点的结果，倒挤出本期财产物资减少数的一种方法。实地盘存制下有关的计算公式为：

本期减少数 = 账面期初结存数 + 本期增加数 − 期末实际结存数

采用实地盘存制，优点是由于平时不反映存货的已销或已耗数量，无须逐日轧计结存数，所以核算工作比较简单。其缺点是无法根据账面记录随时了解财产物资增加、减少和结存的动态情况，从而削弱了对存货的控制和监督。因此，这种方法一般只适用于那些价值低、品种杂、数量多的低值易耗品或多见于商品流通企业。

四、财产清查前的准备工作

财产清查是一项复杂细致的工作，它涉及面广、政策性强、工作量大。为了加强领导，保质保量完成此项工作，一般应在企业单位负责人的领导下，由财务、业务、仓库等有关部门的人员组成财产清查小组，具体负责财产清查的领导工作。在清查前，应当先做好以下几项准备工作：

（1）清查小组制订财产计划，确定清查对象、范围，配备清查人员，明确清查任务。

（2）财务部门要将总账、明细账等有关资料登记齐全，核对正确，结出余额。财产管理部门对所保管的各种财产物资以及账簿、账卡挂上标签，标明品种、规格、数量，以备查对。

（3）银行存款和银行借款应从银行取得对账单，以便查对。

（4）对需要使用的度量衡器，要提前校验正确，保证计量准确。

第二节　财产清查的方法

一、货币资金的清查方法

货币资金的清查包括对库存现金、银行存款和其他货币资金的清查。

（一）现金的清查

现金清查的基本方法是实地盘点法。它是通过实地盘点查明库存现金的实有数，再与现金日记账的余额进行核对，以查明账实是否相符。具体可以分为以下两种情况：

1. 在日常的工作中，由出纳员每日清点库存现金实有数额，并及时与现金日记账的余额相核对。这种清查方法实际上是现金出纳员的分内职责。

2. 由专门清查人员进行清查。为了明确经济责任，清查时出纳人员必须在场。清查时，除查明账实是否相符外，还要查明是否违反现金管理制度规定，如有无以"白条"抵充现金、坐支现金的现象，以及库存现金是否超过银行规定的限额等。

现金盘点结束后，应根据盘点的结果，填制库存现金盘点报告表（见表6－1），并由盘点人员和出纳员共同签章方能生效。此表具有双重性质，它既是盘存单，又是实存账存对比表；既是反映现金实存数用以调整账簿记录的原始凭证，也是分析账实发生差异原因、明确经济责任的依据。

表6－1　　库存现金盘点报告表

单位名称：　　年　月　日

实存金额	账存金额	对比结果		备注
		长款（盘盈）	短款（盘亏）	

盘点人签章：　　出纳员签章：

（二）银行存款的清查

银行存款的清查是将银行存款日记账与开户银行转来的对账单进行核对，以查明账实是否相符。核对前，应先详细检查本单位银行存款日记账的正确性和完整性，然后将其与开户银行转来的对账单逐笔核对。如果核对结果是银行存款日记账余额与对账单余额一致，则说明双方记录无错误；如果发现二者不一致，则应查明原因。

在实际工作中，企业银行存款日记账余额与银行对账单余额往往不一致，其主要原因：一是双方账目发生错账、漏账，所以在与银行核对账目之前，应先仔细检查企业单位银行存款日记账的正确性和完整性，然后再将其与银行送来的对账单逐笔进行核对。二是正常的未达账项，所谓未达账项，是指由于凭证传递的先后顺序不一致而发生的一方已经入账，而另一方尚未入账的款项。企业与银行之间的未达账项，有以下四种情况：

1. 企业已入账，但银行尚未入账。

（1）企业送存银行的款项，企业已做存款增加入账，但银行尚未收款、未记账；

（2）企业开出支票或其他付款凭证，企业已作为存款减少入账，但银行尚未付款、未记账。

小思考

现金的清查工作要求是日清月结，那么同样作为企业重要的货币资金，银行存款能否也要求做到日清月结呢？为什么？

2. 银行已入账，但企业尚未入账。

（1）银行代企业收进的款项，银行已作为企业存款的增加入账，但企业尚未收到通知，因而未入账；

（2）银行代企业支付的款项，银行已作为企业存款的减少入账，但企业尚未收到通知，因而未入账。

上述任何一种情况的发生，都会使双方账面存款的余额不一致。因此，为了查明企业单位和银行双方账目的记录有无差错，同时也是为了发现未达账项，在进行银行存款清查时，必须将企业单位的银行存款日记账与银行对账单逐笔核对；核对的内容包括收付金额、结算凭证的种类和号数、收入来源、支出的用途、发生的时间、某日止的金额等。通过核对，如果发现企业单位有错账或漏账，应立即更正；如果发现银行有错账或漏账，应及时通知银行查明更正；如果发现有未达账项，则应据以编制银行存款余额调节表进行调节，并验证调节后余额是否相等。

【例 6－1】2021 年 11 月 30 日，江西天华家具有限公司银行存款日记账的账面余额为 31 000 元，银行对账单的余额为 36 000 元，经逐笔核对，发现有下列未达账项：

（1）29 日，公司销售产品收到转账支票一张计 2 000 元，将支票存入银行，银行尚未办理入账手续。

（2）29 日，公司采购原材料开出转账支票一张计 1 000 元，公司已作银行存款付出，银行尚未收到支票而未入账。

（3）30 日，公司开出现金支票一张计 250 元，银行尚未入账。

（4）30 日，银行代公司收回货款 8 000 元，但银行尚未通知公司，公司尚未入账。

（5）30 日，银行代付电费 1 750 元，但银行尚未通知公司，公司尚未入账。

（6）30 日，银行代付水费 500 元，但银行尚未通知公司，公司尚未入账。

根据以上核对发现的未达账项，编制银行存款余额调节表（见表 6－2）。

表 6－2　　　　　　　　　　银行存款余额调节表

2021 年 11 月 30 日　　　　　　　　　　单位：元

项　　目	金 额	项　　目	金 额
企业银行存款账面余额	31 000	银行对账单账面余额	36 000
加：银行已记增加，企业未记增加的账项 　　银行代收货款 减：银行已记减少，企业未记减少的账项 　　银行代付电费 　　银行代付水费	8 000 1 750 500	加：企业已记增加，银行未记增加的账项 　　存入的转账支票 减：企业已记减少，银行未记减少的账项 　　开出转账支票 　　开出现金支票	2 000 1 000 250
调节后存款余额	36 750	调节后存款余额	36 750

如果调节后双方余额相等，一般则说明双方记账没有差错；若不相等，则表明企业方或银行方或双方记账有差错，应进一步核对，查明原因予以更正。上述银行存款的清查方法也适用于其他货币资金的清查。

需要注意的是，银行存款余额调节表只起核对账目的作用，不能作为调整银行存款账面余额的原始凭证，不能据此做账务处理。对于银行已经入账而企业尚未入账的未达账项，必须在收到银行的有关凭证后方可入账。另外，对于长期悬置的未达账项，应及时查明原因，予以解决。

?小思考
为什么银行存款余额调节表不能被用来调账呢？

二、实物资产的清查方法

对于各种实物如材料、半成品、在产品、产成品、低值易耗品、包装物、固定资产等，都要从数量和质量上进行清查。由于实物的形态、体积、重量、堆放方式等不尽相同，因而所采用的清查方法也不尽相同。实物数量的清查方法，比较常用的有以下两种：（1）实物盘点法。即通过逐一清点或用计量器具来确定实物的实存数量。其适用的范围较广，在多数财产物资清查中都可以采用这种方法。（2）技术推算法。采用这种方法，对于财产物资不是逐一清点计数，而是通过量方、计尺等技术推算财产物资的结存数量。这种方法只适用于成堆量大而价值又不高、难以逐一清点的财产物资的清查。例如，露天堆放的煤炭等。

实物财产清查应按下列步骤进行：

第一，对各项实物财产的盘点结果，应如实地登记在盘存单上（见表6－3），并由盘点人员和实物保管人员同时签章生效。盘存单是实物财产盘点结果的书面证明，也是反映实物财产实有数额的原始凭证。

表6－3　　盘　存　单

单位名称：　　盘点时间：　　编号：
财产类别：　　存放地点：　　金额单位：

编号	名称	计量单位	数量	单价	金额	备注

盘点人签章：　　保管人：

第二，盘点完毕，为了查明实存数与账存数是否一致，确定盘盈或盘亏情况，将盘存单中所记录的实存数与账面结存数相核对，如发现实物盘点结果与账面结存结果不相符，应根据盘存单和有关账簿记录，填制实存账存对比表（见表6－4），以确定实物财产的盘盈或盘亏数。实存账存对比表是分析盈亏原因、明确经济责任的重要依据，也是调整账面记录的原始凭证。

表 6 - 4　　　　　　　　实存账存对比表

单位名称：　　　　　　　　　　　　　年　　月　　日

编号	类别及名称	计量单位	单价	实存		账存		差异				备注
								盘盈		盘亏		
				数量	金额	数量	金额	数量	金额	数量	金额	
1												
2												

主管人员：　　　　　　　　　　　　会计：　　　　　　　　　　　　制表：

对于委托外单位加工、保管的材料、商品、物资，以及在途的材料、商品、物资等，可以用询证的方法与有关单位进行核对，以查明账实是否相符。

三、往来款项的清查方法

往来款项主要包括各种应收账款、应付账款、预收账款和预付账款等。对各种往来款项的清查，应采取询证核对法，即同对方核对账目的方法。清查单位应在其各种往来款项账户记录准确的基础上，编制往来款项对账单，寄发或派人送交对方单位，与债务人或债权人进行核对。往来款项对账单的格式和内容如表 6 - 5 所示。

表 6 - 5　　　　　　　　往来款项对账单

往来款项对账单

________单位：你单位 20 × ×年×月×日购入我单位×产品× ×台，已付款× × ×元，尚有× × ×元货款未付，请核对后将回单联寄回。

核查单位：（盖章）

20 × ×年×月×日

沿此虚线剪开，将以下回联寄回：

往来款项对账单（回联）

________单位：你单位寄来的“往来款项对账单”已经收到，经核对相符无误（或不符，应注明具体内容）。

× ×单位：（盖章）

20 × ×年×月×日

发出单位收到对方的回单后，根据清查结果编制往来款项清查报告单，对错误的账目应及时查明原因，并按规定的手续和方法加以更正。“往来款项清查报告单”的格式和内容如表 6 - 6 所示。

表 6－6　　**往来款项清查报告单**

单位名称：　　　　　　　　　　年　　月　　日

明细分类账户		清查结果		不符的原因分析				
单位名称	金额	相符	不符	未达账项	拖欠款项	争执款项	无法收回	其他

记账员：　　　　　　　　　　清查人员：

第三节　财产清查结果的处理

一、货币资金清查结果的处理

为了反映和监督企业单位在财产清查过程中查明的各种财产物资的盘亏、毁损及其处理情况，应设置“待处理财产损溢”账户，该账户下设两个明细账户，即“待处理流动资产损溢”账户和“待处理非流动资产损溢”账户。“待处理财产损溢”账户属于双重性质的账户，借方登记各项财产发生的盘亏数和经过批准后盘盈的转销数；贷方登记各项财产发生的盘盈数和经过批准后盘亏的转销数。批准处理前，期末借方余额代表待处理财产净损失，期末贷方余额代表待处理财产净溢余；期末批准处理后，没有余额。“待处理财产损溢”账户的结构如图 6－1 所示。

借方　　　　待处理财产损溢	贷方
①清查时发现的盘亏数 ②经批准后盘盈的转销数	①清查时发现的盘盈数 ②经批准后盘亏的转销数
待处理财产净损失	待处理财产净溢余

图 6－1　待处理财产损溢账户的结构

现金清查过程中发现的长款（盘盈）或短款（盘亏），应根据库存现金盘点表以及有关的批准文件进行批准前和批准后的账务处理。现金长、短款通过“待处理财产损溢——待处理流动资产损溢”账户进行核算。

现金长、短款在批准前的处理：以实际存在的库存现金为准，当现金长款时，增加“库存现金”账户的记录，以保证账实相符，同时记入“待处理财产损溢——待处理流动资产损溢”账户的贷方，等待批准处理；当发现现金短款时，应冲减“库存现金”账户的记录，以保证账实相符，同时记入“待处理财产损溢——待处理流动资产损溢”账户的借方，等待批准处理。

?小提示

无法查明原因的现金长款记入的是“营业外收入”账户，但无法查明原因的现金短款不是记入“营业外支出”账户，而是记入“管理费用”账户。

现金长、短款在批准后应视不同的原因造成的现金长、短款而采取不同的方法进行处理。一般来说，对于无法查明原因的现金长款，其批准后的处理是记入“营业外收入”账户；对于应付其他单位或个人的长款，应记入“其他应付款”账户。对于现金短款，如果是应由责任人赔偿或由保险公司赔偿的，应记入“其他应收款”账户；无法查明原因的，应记入“管理费用”账户。

【例 6－2】 2021 年 10 月 31 日，江西天华家具有限公司在财产清查中发现现金短款 200 元，经查属于出纳员李美玲的责任，进行批准前和批准后的处理。

⚠小思考
批准前和批准后填写的这两张记账凭证分别是依据什么原始凭证来登记的？

批准前：

借：待处理财产损溢——待处理流动资产损溢　　200

　　贷：库存现金　　200

批准后：

借：其他应收款——李美玲　　200

　　贷：待处理财产损溢——待处理流动资产损溢　　200

【例 6－3】 2021 年 11 月 29 日，江西天华家具有限公司在财产清查时发现现金长款 80 元，无法查明原因，进行批准前和批准后的处理。

批准前：

借：库存现金　　80

　　贷：待处理财产损溢——待处理流动资产损溢　　80

批准后：

借：待处理财产损溢——待处理流动资产损溢　　80

　　贷：营业外收入　　80

库存现金盘点账务处理流程如图 6－2 和图 6－3 所示。

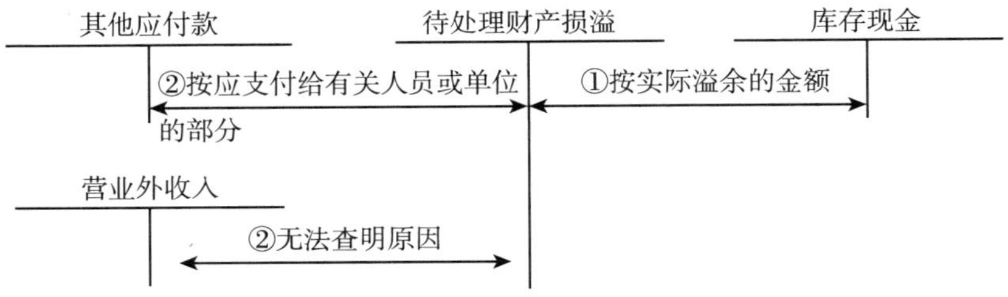

图 6－2　库存现金长款（盘盈）的账务处理流程

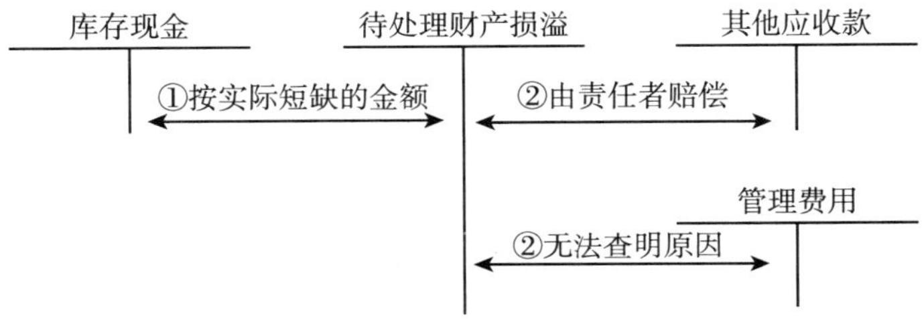

图 6－3　库存现金短款（盘亏）的账务处理流程

二、实物资产清查结果的处理

（一）存货清查结果的处理

企业在财产清查过程中发现存货盘盈、盘亏，应根据实存账存对比表以及有关的批准文件进行批准前和批准后的账务处理。存货盘盈、盘亏通过“待处理财产损溢——待处理流动资产损溢”账户进行核算。

批准前的会计处理：对于盘盈的存货，借记存货有关账户，贷记“待处理财产损溢”账户；对于盘亏的存货，借记“待处理财产损溢”账户，贷记存货有关账户。

报经有关部门批准后，按不同情况进行会计处理：

（1）对于盘盈的存货，一般由于收发计量不准或自然升溢等原因造成，经批准后冲减管理费用。

（2）对于盘亏的存货，如果是属于自然损耗而产生的定额内合理损耗记入“管理费用”账户；应由保险公司和过失人负责赔偿的记入“其他应收款”账户；扣除残料价值和应由保险公司、过失人赔偿后净损失，属于一般经营损失的部分记入“管理费用”账户；属于自然灾害等非正常损失的部分记入“营业外支出”账户。

按最新《增值税暂行条例》的规定，非正常损失的购进货物和非正常损失的在产品、产成品所耗用的购进货物的进项税额不予从销项税额中抵扣。非正常损失，是指因管理不善造成被盗、丢失、霉烂变质等的损失，自然灾害损失不属于管理不善，所以自然灾害损失不是我们这里所说的非正常损失。对于盘亏的存货，如果属于非正常损失原因，应将其进项税转出，贷记“应交税费——应交增值税（进项税额转出）”账户，所以自然灾害损失不需要做进项税额转出的处理。

【例 6－4】 2021 年 11 月 30 日，江西天华家具有限公司在财产清查中发现盘盈甲材料1 200千克，单价为每千克 5 元。

批准前：

借：原材料——甲材料　　6 000

　　贷：待处理财产损溢——待处理流动资产损溢　　6 000

经查明是由于计量仪器不准而形成的溢余，经批准冲销管理费用。

批准后：

借：待处理财产损溢——待处理流动资产损溢　　6 000

　　贷：管理费用　　6 000

> **小思考**
> 批准前和批准后填写的这 2 张记账凭证分别是依据什么原始凭证来登记的？

【例 6－5】 2021 年 11 月 30 日，江西天华家具有限公司在财产清查中发现盘亏乙材料 1 600 千克，单价为每千克 2 元。增值税税率为 13％。

批准前：

借：待处理财产损溢——待处理流动资产损溢　　3 200

　　贷：原材料——乙材料　　3 200

经查明，盘亏乙材料属于定额内合理的损耗。

批准后：

借：管理费用　　3 200

　　贷：待处理财产损溢——待处理流动资产损溢　　3 200

假设经查明，盘亏乙材料是由于公司管理不善造成的，保险公司负责赔偿2 000 元，其余损失由公司负担。

批准后：

借：其他应收款——××保险公司　　2 000

　　管理费用　　1 616

　　贷：待处理财产损溢——待处理流动资产损溢　　3 200

　　　　应交税费——应交增值税（进项税额转出）　　416

存货盘点账务处理流程如图 6 -4 和图 6 -5 所示。

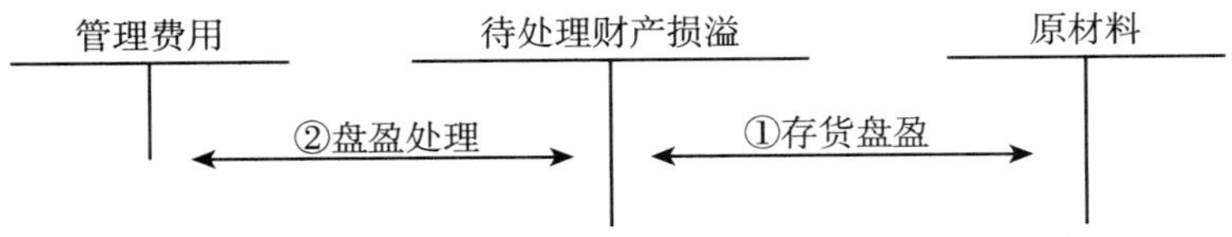

图 6 -4　存货盘盈账务处理流程

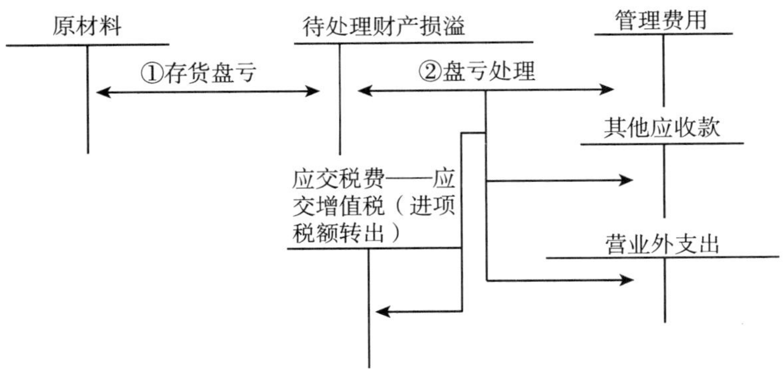

图 6 -5　存货盘亏账务处理流程

（二）固定资产清查结果的处理

企业在财产清查过程中，对于盘盈的固定资产，作为前期差错处理，调整以前年度损益，借记“固定资产”账户，贷记“以前年度损益调整”账户。企业对于盘亏的固定资产，在批准处理前，按其账面净值转入“待处理财产损溢——待处理非流动资产损溢”账户，借记“待处理财产损溢——待处理非流动资产损溢”“累计折旧”账户，贷记“固定资产”账户。经批准后转作营业外支出处理。

【例6-6】2021年11月30日，江西天华家具有限公司在财产清查过程中发现盘亏机器一台，账面原值80 000元，已提折旧65 000元。在批准前，根据实存账存对比表所确定的机器盘亏数字，编制如下会计分录：

批准前：

借：待处理财产损溢——待处理非流动资产损溢 15 000

　　累计折旧 65 000

　　贷：固定资产 80 000

将上述盘亏结果上报，经审核批准，可将净损失转为营业外支出。

批准后：

借：营业外支出 15 000

　　贷：待处理财产损溢——待处理非流动资产损溢 15 000

【例6-7】2021年11月30日，江西天华家具有限公司在财产清查过程中发现一台账外设备，同类设备的市场价格为18 000元。发现设备盘盈时：

借：固定资产 18 000

　　贷：以前年度损益调整 18 000

固定资产盘点账务处理流程如图6-6和图6-7所示。

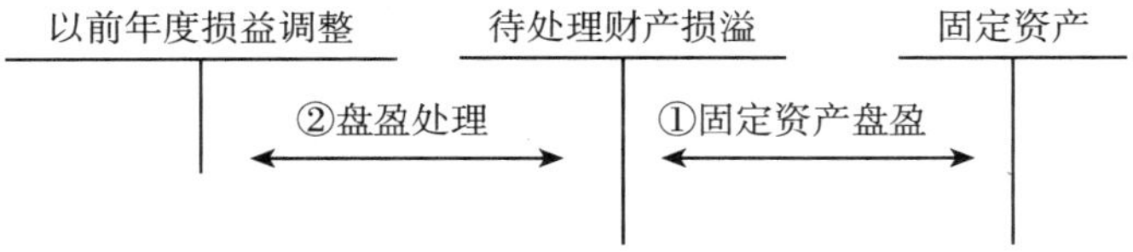

图6-6 固定资产盘盈账务处理流程

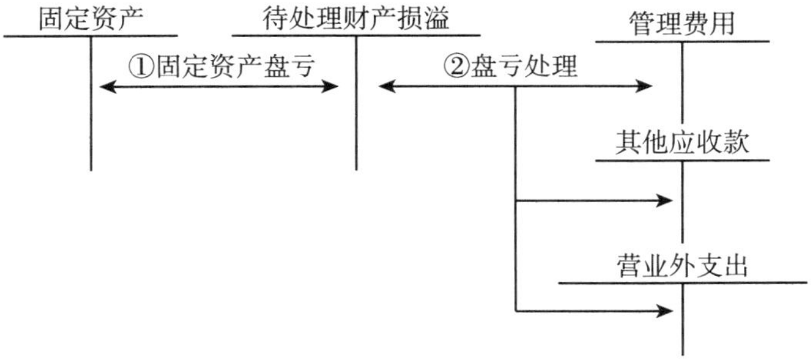

图6-7 固定资产盘亏账务处理流程

⚠小提示

固定资产盘亏在批准前记入账户与其他资产盘盈盘亏一样，是“待处理财产损溢”账户，但固定资产盘盈在批准前记入的不是“待处理财产损溢”账户，而是“以前年度损益调整”账户。

三、往来款项清查结果的处理

企业在往来款项清查过程中，如有应收款项因债务人拒付、破产、死亡等主客观原因无法收回的，按规定程序报经批准后，冲减坏账准备；如有应付款项由于债权人已破产、死亡等原因无法支付的，报经批准后，计入营业外收入。

注意：往来款项清查结果的处理，不通过“待处理财产损溢”账户核算。

【例 6－8】经查，江西天华家具有限公司应收长江公司货款 5 000 元，因该公司已破产，该笔款项无法收回，经批准后予以转销。应编制的会计分录为：

借：坏账准备　　5 000

　　贷：应收账款——长江公司　　5 000

【例 6－9】经查，江西天华家具有限公司应付黄河公司材料款 4 000 元，但黄河公司已破产，无法支付，经批准后转账。应编制的会计分录为：

借：应付账款——黄河公司　　4 000

　　贷：营业外收入　　4 000

往来款项盘点账务处理流程如图 6－8 所示。

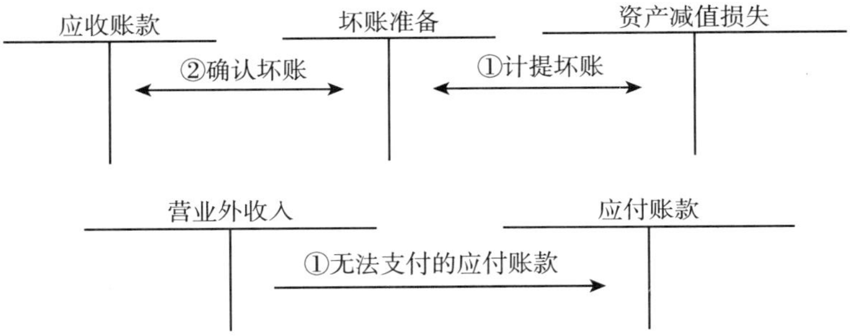

图 6－8　往来款项盘点账务处理流程

【本章小结】

为了保证会计资料的真实性，企业必须定期或不定期地对其所拥有的财产物资进行清查，将账存数与实存数相互核对，以便在账实发生差异时及时寻找原因、分清责任，并按规定的程序和方法调整账面记录，做到账实一致。财产清查按其清查范围分为全面清查和局部清查，按其清查时间可分为定期清查和不定期清查，按清查的执行系统可分为内部清查和外部清查。

对材料、产成品、固定资产等实物的清查主要采用实地盘点的方法来进行，对现金的清查要采用不通知突击盘点的方法，并对清查的结果按相关规定进行处理。对银行存款的清查要采取与银行核对账目的方法来进行，如不相符，就需要编制银行存款余额调节表。对应收和应付款项的清查主要通过询证核对的方法来进行。

启智润心

党的二十大报告指出：“全面建设社会主义现代化国家，是一项伟大而艰巨的事业，前途光明，任重道远。我们必须增强忧患意识，坚持底线思维，做到居安思危、未雨绸缪，准备经受风高浪急甚至惊涛骇浪的重大考验。”由于科学技术的不断进步，信息的传播速度也越来越快，致使会计领域中信息的不确定性问题也越来越复杂。《企业会计准则——基本准则》中对会计信息质量明确提出了谨慎性的要求。实务中，资产在期末如果账面价值高于可收回金额，那么准则要求我们对该项资产计提减值准备，这里给应收账款计提坏账准备就是谨慎性原则的具体表现。

【技能测试】

一、单项选择题

1. 在永续盘存制下，平时（　　）。

A. 只在账簿中登记财产物资的增加数，不登记财产物资的减少数

B. 只在账簿中登记财产物资的减少数，不登记财产物资的增加数

C. 对各项财产物资的增加数和减少数，都要在账簿中登记

D. 对各项财产物资的增加数和减少数，都不需要在账簿中登记

2. 采用永续盘存制，财产清查的目的是（　　）。

A. 检查账账是否相符　　B. 检查账表是否相符

C. 检查账实是否相符　　D. 检查账证是否相符

3. 现金清查时，在盘点结束后，应根据盘点结果，编制（　　）。

A. 实存账存对比表　　B. 盘存单

C. 现金盘点报告表　　D. 对账单

4. 下列各项中，属于对银行存款进行清查时应该采用的方法是（　　）。

A. 实地盘点法　　B. 定期盘点法

C. 与银行核对账目法　　D. 和往来单位核对账目法

5. 银行存款余额调节表是（　　）。

A. 查明银行和本单位未达账项情况的表格

B. 通知银行更正错误的依据

C. 调整银行存款账簿记录的依据

D. 更正本单位银行存款日记账记录的依据

6. 下列各项中，属于实物资产清查范围的是（　　）。

A. 库存现金　　B. 存货

C. 银行存款　　D. 应收账款

7. 下列各项中，属于对往来款项进行清查时应该采用的方法是（　　）。

A. 实地盘点法　　B. 定期盘点法

C. 与银行核对账目法　　D. 和往来单位核对账目法

8. 对各项财产物资的盘点结果应当登记（　　）。

A. 盘存单　　B. 实存账存对比表

C. 银行对账单　　D. 现金盘点报告表

9. 实存账存对比表是调整账簿记录的（　　）。

A. 一次凭证　　B. 累计凭证

C. 自制原始凭证　　D. 记账凭证

10. 盘亏固定资产清查时应该借记的会计科目是（　　）。

A. 固定资产　　B. 固定资产清理

C. 以前年度损益　　D. 待处理财产损溢

11. 财产清查的盘盈是指（　　）。

A. 账存大于实存

B. 记账差错导致少记的数额

C. 实存大于账存

D. 财产物资的账面价值小于市场价值

12. 技术推算法适用于（　　）。

A. 大量成堆的，难以逐一清点过称度量的实物

B. 现金的清查

C. 银行存款的清查

D. 固定资产清查

13. 在企业和银行双方记账均无错误的情况下，银行对账单与企业银行存款日记账的余额不一致的原因是（　　）。

A. 应付账款　　B. 外部存款

C. 应付账款　　D. 未达账项

14. 对银行存款的清查一般采用（　　）。

A. 实地盘点法　　B. 询证法

C. 技术推算法　　D. 核对账目法

15. 银行存款的清查就是将（　　）进行核对。

A. 银行存款日记账和银行存款总分类账

B. 银行存款日记账和银行存款收、付款凭证

C. 银行存款日记账和开户银行对账单

D. 银行存款总分类账与银行存款收、付款凭证

二、多项选择题

1. “待处理财产损溢”科目，借方登记的内容有（　　）。

A. 待处理财产盘亏　　B. 待处理财产盘盈

C. 结转批准处理的盘盈数　　D. 结转批准处理的盘亏数

2. 局部清查一般在（　　）情况下进行。

A. 现金出纳每天核对　　B. 银行存款的核对

C. 更换仓库保管员　　D. 年终决算清查

3. 不能用作原始凭证，调整账簿记录的有（　　）。

A. 未达账项　　B. 实存账存对比表

C. 现金盘点报告表　　D. 银行存款余额调节表

4. 财产物资清查中，常用的方法有（　　）。

A. 全面清查法　　B. 局部清查法

C. 技术推算清查法　　D. 实地盘点法

5. 对于无法收回的应收账款，应记入（　　）账户。

A. 应收账款　　B. 营业外支出

C. 坏账准备　　D. 待处理财产损溢

6. 存货盘存制度一般有（　　）。

A. 永续盘存制　　B. 定期盘点制

C. 不定期盘点制　　D. 实地盘存制

7. 财产清查的内容包括（　　）。

A. 实物的清查　　B. 现金的清查

C. 银行存款的清查　　D. 往来款项的清查

8. 将企业银行日记账与银行对账单进行核对的内容包括（　　）。

A. 收付的金额　　B. 收入来源、时间

C. 支出用途、时间　　D. 结算凭证的种类和号数

9. 属于往来款项的清查有（　　）。

A. 应收及预付款项　　B. 应付及预收款项

C. 现金及银行存款　　D. 待摊费用

10. 下列各项中，适用于全面清查的有（　　）。

A. 单位主要负责人调离工作前　　B. 全面资产评估

C. 年终决算前　　D. 单位合并前

三、判断题

1. 存货发生盘盈后，在审批前，应先调整账面余额，使账实相符。（　　）

2. 定期清查是全面清查，不定期清查是局部清查。（　　）

3. 对于财产清查结果的处理一般分两步，即审批前先调整账面的记录，审批后转入有关账户。（　　）

4. 年终决算前要进行全面清查，这属于定期清查。（　　）

5. 企业可以根据银行存款余额调节表作为登记账簿的依据。（　　）

6. 对于未达账项应编制银行存款余额调节表进行调节，同时对未达账项编制记账凭证调整入账。（　　）

7. 在实地盘存制下，月末对财产物资进行清查盘点的目的在于确定期末账面结存数，在此基础上倒推出本期减少数，据以登记账簿。（　　）

8. 采用永续盘存制，能在账簿中及时反映财产物资的增减变动及结存情况，因此，无须对财产物资进行清查盘点。（　　）

9. 定期清查一般在年末进行。（　　）

10. 全面清查范围大、内容多、时间长、参与人员多，宜经常进行。（　　）

【实训操作】

实训一

目的：练习银行存款余额调节表的编制。

资料：某企业10月份的银行存款日记账与银行对账单如表6－7和表6－8所示。

表6－7 **银行存款日记账** 单位：元

日期	记账凭证	结算凭证	摘要	收入	支出	余额
10月20日			承前页			83 960
10月23日	收1	转支#14589	收A公司销售款	2 118		
10月28日	收2	转支#30185	收甲公司欠款	1 290		
10月29日	付1	转支3048	付乙公司购料款		890	
10月30日	收3	转支#50165	销售收款	1 946		
			本月合计			88 424

表6－8 **银行对账单** 单位：元

年		结算凭证		摘要	借方金额	贷方金额	余额
月	日	种类	号数				
10	20			承前页			83 960
10	28	转支	#14589	收A公司销售款		2 118	
10	29	转支	#30185	收甲公司款		1 290	
10	30	委收	#065089	付水费	280		
10	30	委收	#065090	付电费	2 218		
10	30	汇兑	#102090	托收销货款		1 426	
10	31			月末余额			86 296

要求：

（1）登完10月的银行存款日记账，并结出月底余额。

（2）找出未达账项，编制未达账项登记表。

（3）根据未达账项登记表，编制银行存款余额调节表。

（4）假定双方账面记账没有错误，该企业可动用的银行存款有多少？

实训二

目的：练习财产清查结果的账务处理。

资料：

1. 某企业2021年期末清查时发现以下问题：

（1）甲材料盘盈100千克，每千克4元；

（2）A商品盘亏100件，每件生产成本7元；

（3）盘亏设备一台，账面原价4 000元，已提折旧3 000元；

（4）库存现金盘亏200元；

（5）乙材料盘亏 200 千克，每千克 1 元。

2. 上述事项经核查，原因如下：

（1）甲材料盘盈属于收发过程中计量不准造成；

（2）A 商品盘亏是由于仓库被盗造成，由企业自己承担；

（3）设备盘亏属于自然灾害造成，由保险公司赔偿 80%，其余企业自己承担；

（4）库存现金盘亏属于出纳员多支付工资造成，由其向职工葛望追回；

（5）乙材料盘亏 200 千克，其中 50 千克属于自然损耗，另外 150 千克属于仓库保管员王力疏忽造成，由其负责赔偿。

要求：对上述财产清查结果进行相关账务处理。

参考答案

第七章

账务处理程序

学习目标

通过本章学习，要求学生在了解账务处理程序的概念、种类及意义的基础上，理解并掌握常用账务处理程序的优缺点及其适用范围。

能力目标

通过本章学习，使学生知道如何运用各种账务处理程序。

素养目标

通过本章学习，使学生在按照不同账务处理程序进行会计核算工作的同时，能够深刻体会到会计工作是一项普遍联系的系统工作，虽然分解为不同的环节，但我们需要坚持整体与部分的统一，更要坚持系统优化原理，这样会计工作才能得到发展。

导　　例

小张、小刘两位同学去面试一家企业的财务工作，面试的财务主管将企业的仿真凭证、账页等资料交给他们进行整理，并限定了面试时间。

小张同学拿到资料后，先处理凭证，再将凭证上的信息一笔一笔地分别登记到相关的各种账本上，最后在面试结束时才勉强登记完账本，没有时间进行核对。小刘同学在处理资料的时候也是先将凭证处理完成，但是在将凭证上的信息登记到相关账页的时候并没有登记到总账账页上，而是将这些凭证上相同的账户数据汇总整理后再登记到总账账本上，在面试结束前顺利完成了登账和对账的所有工作。那么财务主管最后会选择哪位同学入职该企业的财务工作呢?答案是显而易见的。

其实两位同学的会计工作流程都是正确的，只是所采用的账务处理程序不同而已。账务处理程序是指会计凭证、账簿和报表相结合的方式。企业的生产规模不同、业务量大小不同，所适用的账务处理程序也不相同。我们现在的市场环境是多元化的，随着电商平台及大数据手段在各行业的渗入及普及，很多中小型的企业公司的业务量都大大增加，如果记账凭证中的每一笔业务都一笔一笔地登记到明细账又同时登记到总账，无疑是加大了登账的工作量。小刘同学选择了适合企业的科目汇总表账务处理程序，大大减少了登记总账的工作量，所以能在规定的时间顺利完成所有工作。那账务处理程序有哪些呢？我们一起来了解一下吧。

【本章知识结构导图】

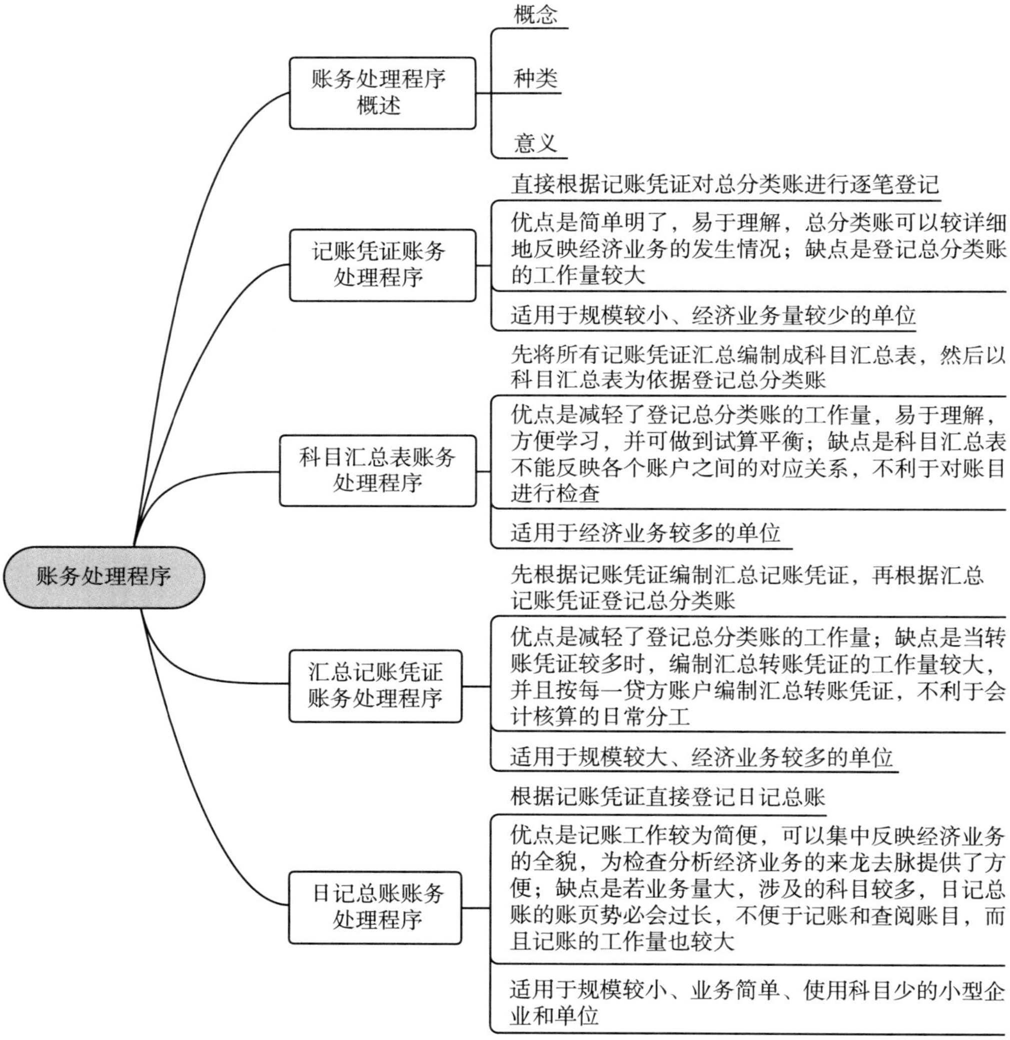
账务处理程序
账务处理程序概述
概念
种类
意义
记账凭证账务处理程序
直接根据记账凭证对总分类账进行逐笔登记
优点是简单明了，易于理解，总分类账可以较详细地反映经济业务的发生情况；缺点是登记总分类账的工作量较大
适用于规模较小、经济业务量较少的单位
科目汇总表账务处理程序
先将所有记账凭证汇总编制成科目汇总表，然后以科目汇总表为依据登记总分类账
优点是减轻了登记总分类账的工作量，易于理解，方便学习，并可做到试算平衡；缺点是科目汇总表不能反映各个账户之间的对应关系，不利于对账目进行检查
适用于经济业务较多的单位
汇总记账凭证账务处理程序
先根据记账凭证编制汇总记账凭证，再根据汇总记账凭证登记总分类账
优点是减轻了登记总分类账的工作量；缺点是当转账凭证较多时，编制汇总转账凭证的工作量较大，并且按每一贷方账户编制汇总转账凭证，不利于会计核算的日常分工
适用于规模较大、经济业务较多的单位
日记总账账务处理程序
根据记账凭证直接登记日记总账
优点是记账工作较为简便，可以集中反映经济业务的全貌，为检查分析经济业务的来龙去脉提供了方便；缺点是若业务量大，涉及的科目较多，日记总账的账页势必会过长，不便于记账和查阅账目，而且记账的工作量也较大
适用于规模较小、业务简单、使用科目少的小型企业和单位

第一节　账务处理程序概述

一、账务处理程序的概念

账务处理程序也称会计核算组织程序或会计核算形式，是指在会计核算工作中，将会计凭证、会计账簿、财务报表有机结合的一种方式。不同的账务处理程序下，会计凭证、会计账簿的种类和格式不完全相同，凭证、账簿与报表的填制方法与登记程序也不相同。

二、账务处理程序的种类

目前，我国企业、机关、事业等单位，一般采用的会计账务处理程序主要有以下四种：（1）记账凭证账务处理程序；（2）科目汇总表账务处理程序；（3）汇总记账凭证账务处理程序；（4）日记总账账务处理程序。其中，记账凭证账务处理程序是最基本的账务处理程序，是其他账务处理程序的基础。

三、账务处理程序的意义

每个单位应根据其规模和业务量的多少，科学、合理地选择适用于本单位的账务处理程序，对于有效地组织会计核算具有重要意义。

（1）科学、合理地选择适用于本单位的账务处理程序，可以提高会计工作效率，保证会计信息加工过程的严密性，提高会计信息的质量。

（2）科学、合理地选择适用于本单位的账务处理程序，有利于会计工作的规范化、程序化和系统化，维护日常会计工作秩序。

（3）科学、合理地选择适用于本单位的账务处理程序，有利于会计工作的分工和协作，充分发挥会计的基本职能。

第二节　记账凭证账务处理程序

⚠**本节重难点**

掌握记账凭证账务处理程序的内容、优缺点以及适用的企业范围。

一、记账凭证账务处理程序的概念及特点

记账凭证账务处理程序是指对发生的经济业务，都要根据原始凭证或汇

总原始凭证编制记账凭证，然后根据记账凭证直接登记总分类账的一种账务处理程序。其特点是直接根据记账凭证逐笔登记总分类账。记账凭证处理程序是账务处理程序中最基本的一种，从一定意义上说，其他账务处理程序均是在此基础上发展和演变而来的。

二、记账凭证账务处理程序下凭证与账簿的设置

采用记账凭证账务处理程序，一般设有现金日记账、银行存款日记账、总分类账和明细分类账。现金日记账、银行存款日记账、总分类账都应采用三栏式，明细分类账的格式可以根据管理需要采用三栏式、数量金额式和多栏式。记账凭证一般采用收款凭证、付款凭证和转账凭证三种格式，也可以采用一种通用格式的记账凭证。

三、记账凭证账务处理程序的工作流程

记账凭证账务处理的一般程序是：

（1）根据原始凭证或汇总原始凭证编制记账凭证；

（2）根据收、付款凭证登记现金日记账和银行存款日记账；

（3）根据记账凭证并参考原始凭证或原始凭证汇总表逐笔登记各种明细分类账；

（4）根据记账凭证逐笔登记总分类账；

（5）将现金、银行存款日记账和各种明细分类账的余额与总分类账的有关账户的余额核对；

（6）根据总分类账和明细分类账的资料编制财务报表。

记账凭证账务处理程序的一般步骤如图 7－1 所示。

小提示

注意在记账凭证账务处理程序下，登记总分类账的依据是什么。

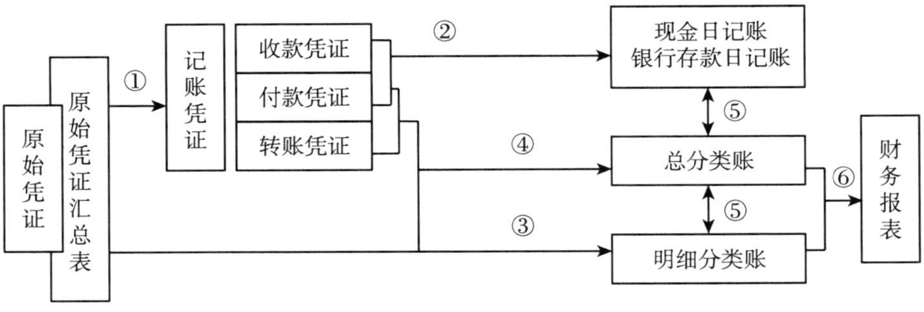

图 7－1　记账凭证账务处理程序

四、记账凭证账务处理程序的优缺点及适用范围

（一）记账凭证账务处理程序的优点

1. 在记账凭证上能够清晰地反映账户之间的对应关系。在记账凭证账务处理程序下，所采用的是专用记账凭证或通用记账凭证。当一笔经济业务发生以后，利用一张记账凭证就可以编制出该笔经济业务的完整会计分录，涉及几个会计科目（账户的名称）就填写几个会计科目。因而，在记账凭证上，账户之间的对应关系一目了然。

2. 总分类账上能够比较详细地反映经济业务的发生情况。在记账凭证账务处理程序下，不仅对各种日记账和明细分类账采取逐笔登记的方法，对于总分类账的登记方法也是如此。因而，在总分类账上能够详细登记所发生的经济业务情况。

3. 总分类账登记方法简单，易于掌握。根据记账凭证直接登记账簿是最为简单的一种登记方法，这种方法比较容易掌握。

（二）记账凭证账务处理程序的缺点

1. 总分类账的登记工作量过大。对发生的每一笔经济业务都要根据记账凭证逐笔在总分类账中进行登记，实际上与登记日记账和明细分类账的做法一样，是一种简单的重复登记，势必要增大登记总分类账的工作量，特别是在经济业务量比较多的情况下更是如此。

2. 账页耗用多，预留账页多少难以把握。由于总分类账对发生的经济业务要重复登记一遍，势必会耗用更多的账页，造成一定的账页浪费。如果是在一个账簿上设置多个账户，由于登记业务的多少很难预先确定，对于每一个账户应预留多少账页很难把握，预留过多会形成浪费，预留过少又会影响账户登记上的连续性。

（三）记账凭证账务处理程序的适应范围

记账凭证账务处理程序一般只适用于规模较小、经济业务量比较少、会计凭证不多的单位。

记账凭证账务处理程序简单明了，易于理解，总分类账的记录比较详细，便于对账和查账。但登记总分类账的工作量较大，不便于分工协作。因而这种账务处理程序适用于规模较小、交易或事项较少的单位。

⚠本节重难点
掌握科目汇总表账务处理程序的内容、优缺点以及适用的企业范围。

第三节　科目汇总表账务处理程序

一、科目汇总表账务处理程序的概念及特点

科目汇总表账务处理程序是指对发生的经济业务，根据原始凭证或原始凭证汇总表编制记账凭证，根据记账凭证编制科目汇总表，再根据科目汇总表登记总分类账的账务处理程序。

这种账务处理程序的主要特点是：根据记账凭证定期编制科目汇总表，并据以登记总分类账。它是在记账凭证账务处理程序的基础上，将登记总分类账工作进行简化的一种账务处理程序。

二、科目汇总表账务处理程序下凭证与账簿的设置

在科目汇总表账务处理程序中，所采用的现金日记账、银行存款日记账和各种明细分类账与记账凭证账务处理程序下基本相同，总分类账采用设有对方科目专栏的三栏式账簿，以便清晰地反映出总分类账科目的对应关系。记账凭证除了仍应设置收款凭证、付款凭证和转账凭证外，还应增设科目汇总表，以减轻登记总分类账的工作量。

三、科目汇总表的编制

科目汇总表的编制方法是：在借贷记账法下，根据一定时期的全部记账凭证，按照相同的会计科目归类，定期汇总每个会计科目的借方本期发生额和贷方本期发生额，并将发生额填入科目汇总表的相应栏目内。对于库存现金和银行存款的借方发生额和贷方发生额，也可直接根据现金日记账和银行存款日记账的收入与支出合计数填列，而不再根据收款凭证和付款凭证汇总填列。按会计科目汇总后，应将全部科目的借方发生额、贷方发生额分别加总，进行试算平衡。科目汇总表的编制时间，应视企业的业务量多少而定，可以每月汇总1次，编制1张，其格式见表7－1。也可按旬或半个月汇总，其格式见表7－2。

表 7-1

科目汇总表

年　月　日至　日　　第　号

会计科目	账页	本期发生额		记账凭证起讫号数		
		借方	贷方			
合计						

表 7-2

科目汇总表

年　月　　第　号

会计科目	账页	1~10 日		11~20 日		21~30 日		本月合计	
		借方	贷方	借方	贷方	借方	贷方	借方	贷方
合计									

任何格式的科目汇总表，都只反映各个会计科目的本期发生额，不反映各个会计科目的对应关系。

为了便于编制科目汇总表，所有记账凭证中的会计科目对应关系应是一借一贷，即每一张收款凭证，只应填列一个贷方科目；每一张付款凭证，只应填列一个借方科目；每一张转账凭证，只应填列一个借方科目和一个贷方科目，并且要复写一联，一联作为借方科目的转账凭证，一联作为贷方科目的转账凭证；也可以采用一个借方科目和一个贷方科目各填列一张单式凭证。这样，按相同科目进行归类，分别汇总计算其借方或贷方金额时，手续就会比较简单，而且也不易发生差错。

四、科目汇总表账务处理程序的工作流程

科目汇总表账务处理的一般程序是：

（1）根据原始凭证或汇总原始凭证填制记账凭证；

（2）根据收款凭证、付款凭证，逐笔登记现金日记账和银行存款日记账；

（3）根据记账凭证并参考原始凭证登记各种明细分类账；

（4）根据记账凭证编制科目汇总表；

（5）根据科目汇总表登记总分类账；

（6）月末，将现金日记账、银行存款日记账和各种明细账的余额与总分类账的有关账户的余额核对；

（7）月末，根据总分类账和明细分类账的资料编制财务报表。

科目汇总表账务处理程序的一般步骤如图 7-2 所示。

⚠小提示
注意在科目汇总表账务处理程序下，登记总分类账的依据是什么。

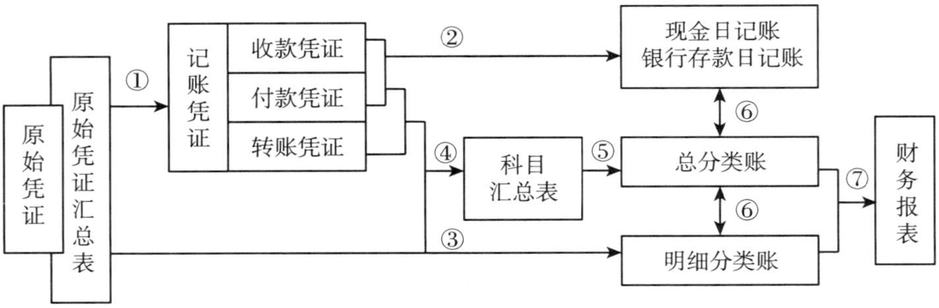

图 7－2　科目汇总表账务处理程序

五、科目汇总表账务处理程序的优缺点及适用范围

科目汇总表账务处理程序，可以大大减轻登记总分类账的工作量；可以通过科目汇总表对所登记经济业务进行试算平衡，从而保证总分类账登记的正确性。但是，由于在科目汇总表和总分类账中，不反映科目的对应关系，因而不便于分析经济业务的来龙去脉，不便于查对账目。科目汇总表账务处理程序一般适用于业务量较大的大中型企业和其他单位。

⚠本节重难点
掌握汇总账务处理程序的内容、优缺点以及适用的企业范围。

第四节　汇总记账凭证账务处理程序

一、汇总记账凭证账务处理程序的概念及特点

汇总记账凭证账务处理程序是指对发生的经济业务，根据原始凭证或原始凭证汇总表编制记账凭证，根据记账凭证编制成汇总记账凭证，再根据汇总记账凭证登记总分类账的一种账务处理程序。

这种账务处理程序的主要特点是：定期根据收款凭证、付款凭证和转账凭证，分别编制汇总收款凭证、汇总付款凭证、汇总转账凭证，并根据汇总记账凭证登记总分类账。

二、汇总记账凭证账务处理程序下凭证与账簿的设置

在汇总记账凭证账务处理程序中，所采用的现金日记账、银行存款日记账和各种明细分类账与记账凭证账务处理程序下基本相同，总分类账采用设有对方科目专栏的三栏式账簿，以便清晰地反映出总分类账科目的对应关系。记账凭证除了仍应设置收款凭证、付款凭证和转账凭证外，还应设置汇总收款凭证、汇总付款凭证和汇总转账凭证，用来汇总各有关记账凭证，以减轻登记总分类账的工作量。

三、汇总记账凭证的编制与总分类账的登记

（一）汇总收款凭证

按照“库存现金”或“银行存款”科目的借方分别设置汇总收款凭证，并根据一定时期内全部“库存现金”或“银行存款”的收款凭证，分别按“库存现金”或“银行存款”科目所对应的贷方科目加以归类汇总，一般5天或10天汇总填列1次，每月编制1张，月终结算出汇总收款凭证的合计数，据以登记总分类账。汇总收款凭证的格式如表7-3所示。

表7-3　汇总收款凭证

借方科目：库存现金（银行存款）　　年　　月　　日　　编号：

<table>
<tr><td rowspan="2">贷方科目</td><td colspan="4">金额</td><td colspan="2">总账页数</td></tr>
<tr><td>1~10日
收款凭证
号至　号　张</td><td>11~20日
收款凭证
号至　号　张</td><td>21~31日
收款凭证
号至　号　张</td><td></td><td>借方</td><td>贷方</td></tr>
<tr><td></td><td></td><td></td><td></td><td></td><td></td><td></td></tr>
<tr><td></td><td></td><td></td><td></td><td></td><td></td><td></td></tr>
<tr><td></td><td></td><td></td><td></td><td></td><td></td><td></td></tr>
</table>

（二）汇总付款凭证

按照“库存现金”或“银行存款”科目的贷方分别设置汇总付款凭证，并根据一定时期内全部“库存现金”或“银行存款”的付款凭证，分别按“库存现金”或“银行存款”科目所对应借方科目加以归类汇总，一般5天或10天汇总填列1次，每月编制1张，月终结算出汇总付款凭证的合计数，据以登记总分类账。汇总付款凭证的格式如表7-4所示。

表7-4　汇总付款凭证

贷方科目：库存现金（银行存款）　　年　　月　　日　　编号：

<table>
<tr><td rowspan="2">贷方科目</td><td colspan="4">金额</td><td colspan="2">总账页数</td></tr>
<tr><td>1~10日
付款凭证
号至　号　张</td><td>11~20日
付款凭证
号至　号　张</td><td>21~31日
付款凭证
号至　号　张</td><td></td><td>借方</td><td>贷方</td></tr>
<tr><td></td><td></td><td></td><td></td><td></td><td></td><td></td></tr>
<tr><td></td><td></td><td></td><td></td><td></td><td></td><td></td></tr>
<tr><td></td><td></td><td></td><td></td><td></td><td></td><td></td></tr>
</table>

（三）汇总转账凭证

基本与汇总付款凭证的格式类似，即按每一个贷方科目分别设置，根据一定时期内全部转账凭证，分别与该贷方科目对应的借方科目加以归类总结，一般5天或10天汇总填列1次，每月编制1张，月终结算出汇总转账凭证的合计数，据以登记总分类账中的有关账户的借方和有关账户的贷方。由于汇总转账凭证是以一个贷方科目与一个或几个借方科目相对应编制的，因此，所有转账凭证中的科目对应关系，只能按一个贷方科目与一个或几个借方科目相对应，而不能一个借方与几个贷方科目相对应，否则，就不能以贷方科目为主进行汇总，汇总转账凭证的格式如表7－5所示。

表7－5 **汇总转账凭证**

贷方科目： 年 月 日 编号：

贷方科目	金额				总账页数	
	1～10日 转账凭证 号至 号 张	11～20日 转账凭证 号至 号 张	21～31日 转账凭证 号至 号 张		借方	贷方

四、汇总记账凭证账务处理程序的工作流程

汇总记账凭证账务处理的一般程序是：

（1）根据原始凭证或汇总原始凭证填制记账凭证；

（2）根据收款凭证、付款凭证登记现金日记账和银行存款日记账；

（3）根据记账凭证并参考原始凭证登记明细分类账；

（4）根据各种记账凭证汇总编制各种汇总记账凭证；

（5）根据各种汇总记账凭证登记总分类账；

（6）月末，将现金日记账、银行存款日记账和明细分类账的余额与总分类账有关账户的余额核对；

（7）月末，根据总分类账和明细分类账的资料编制财务报表。

汇总记账凭证账务处理程序的一般步骤如图7－3所示。

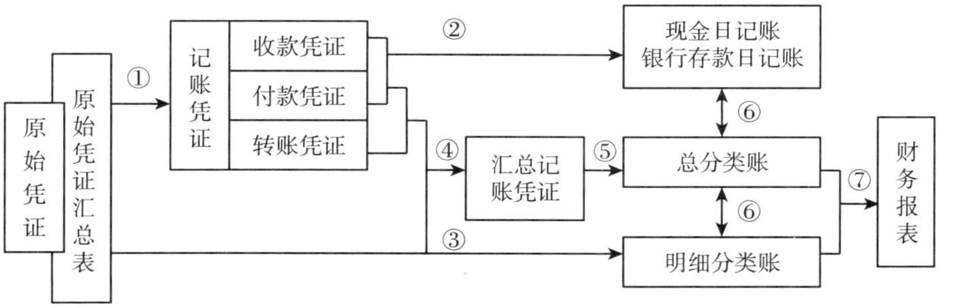

图 7-3　汇总记账凭证账务处理程序

> **小提示**
> 注意在汇总记账凭证账务处理程序下，登记总分类账的依据是什么。

五、汇总记账凭证账务处理程序的优缺点及适用范围

在汇总记账凭证账务处理程序下，由于作为登记总分类账依据的汇总记账凭证是根据记账凭证按照科目对应关系进行归类、汇总编制的，因而在汇总记账凭证和总分类账中，可以清晰地反映科目之间的对应关系，便于查对和分析账目，从而克服了科目汇总表账务处理程序存在的缺点；同时，由于总分类账是根据汇总记账凭证于月终时一次登记的，这与记账凭证账务处理程序相比较，大大减轻了登记总分类账的工作量。但是，汇总转账凭证是按每一贷方科目而不是按业务的性质归类汇总的，因而不利于日常核算工作的合理分工。而且，对于经营规模小、经营业务比较零星的单位，在同一贷方科目的转账凭证为数不多的情况下，如果采用这种核算形式，不仅没有减少登记总分类账的工作量，而且增加了记账凭证的汇总手续。因此，这种核算形式一般只适用于经营规模大和经济业务务量较多的企业。

第五节　日记总账账务处理程序

> **本节重难点**
> 掌握日记总账账务处理程序的内容、优缺点以及适用的企业范围。

一、日记总账账务处理程序的概念及特点

日记总账是把日记账和总账融为一体的总账。设置并登记日记总账的账务处理程序被称为日记总账账务处理程序。

这种账务处理程序的主要特点是：设立日记总账，所有经济业务都要根据记账凭证直接登记日记总账。

二、日记总账账务处理程序下总账的设置与登记

在日记总账账务处理程序下，账簿的设置是：现金和银行存款日记账可

以采用三栏式，也可采用多栏式；明细分类账可以根据需要采用不同格式。日记账的格式分为两部分：第一部分是用来序时登记日记账部分，一般设有日期、凭证号数、摘要、本期发生额等栏目；第二部分是用来进行分类登记总分类账部分，一般按各总分类账户设专栏，每个专栏内再分设借方和贷方两个小栏。日记总账账务处理程序下的记账凭证设置与记账凭证账务处理程序相同，日记总账的格式如表 7－6 所示。

表 7－6　　日记总账

年		凭证		摘要	发生额	库存现金		银行存款		……	
月	日	字	号			借方	贷方	借方	贷方	借方	贷方

日记总账的登记方法是：对于收款业务和付款业务，在采用三栏式现金和银行存款日记账的情况下，可以直接根据收款凭证和付款凭证逐日汇总登记日记总账，月终时，结出合计数，与日记账核对；在采用多栏式现金日记账和银行存款日记账的情况下，可以在月终时，根据多栏式现金日记账和银行存款日记账汇总登记日记总账；对于转账业务，则应根据转账凭证逐日、逐笔登记日记总账。在登记日记总账时，对于每一笔经济业务的借方发生额和贷方发生额都应该在同一行的有关科目的借方栏和贷方栏内分别登记，并将发生额登记在发生额栏内。月终时，应将各栏发生额进行合计，计算出各科目的月末借方或贷方余额，同时将各科目的借方发生额合计数与贷方发生额的合计数相核对，看其是否相等。

三、日记总账账务处理程序的工作流程

日记总账账务处理程序的一般程序是：

（1）根据原始凭证或汇总原始凭证填制记账凭证；

（2）根据收款凭证、付款凭证登记现金日记账和银行存款日记账；

（3）根据记账凭证并参考原始凭证登记明细分类账；

（4）根据各种记账凭证或多栏式日记账汇总数登记日记总账；

（5）月末，将现金日记账、银行存款日记账和明细分类账的余额与日记总账有关账的余额核对；

（6）月末，根据日记总账和各明细分类账的资料编制财务报表。

日记总账账务处理程序的一般步骤如图 7－4 所示。

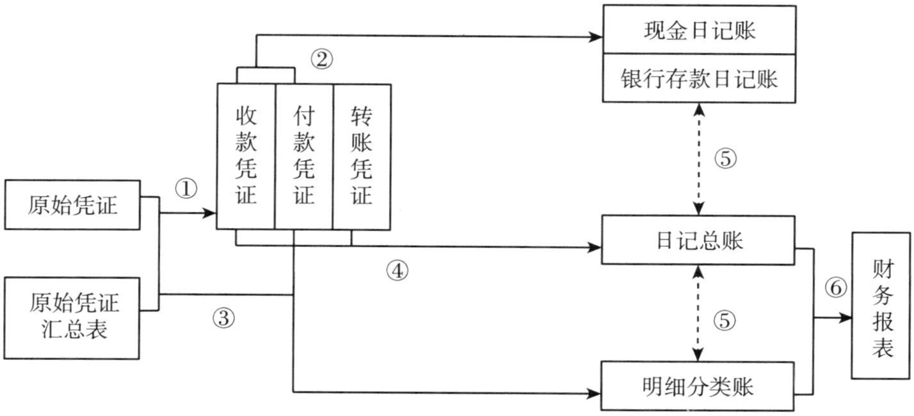

图 7-4　日记总账账务处理程序

四、日记总账账务处理程序的优缺点及适用范围

日记总账账务处理程序，是根据记账凭证直接登记日记总账，且所有总分类科目都集中在一张账页上，这不仅使记账工作较为简便，而且可以集中反映经济业务的全貌，为检查分析经济业务的来龙去脉提供了方便。但是，若业务量较大，涉及的科目较多，日记总账的账页势必会过长，这不仅不便于记账和查阅账目，而且记账的工作量也较大。因此，这种账务处理程序只适用于规模较小、业务简单、使用科目少的小型企业和单位。

> **启智润心**
> 党的二十大报告指出："教育、科技、人才是全面建设社会主义现代化国家的基础性、战略性支撑。必须坚持科技是第一生产力、人才是第一资源、创新是第一动力，深入实施科教兴国战略、人才强国战略、创新驱动发展战略，开辟发展新领域新赛道，不断塑造发展新动能新优势。"随着大数据技术发展的愈发成熟，我们更要强化学生数智化实践能力的培养，在专业学习的过程中，应不断创新教学手段和方法。比如在账务处理程序的过程中，应认真思考可以融入哪些新技术、新手段，从而使得现有的账务处理程序更加高效。

【本章小结】

根据登记总分类账的依据不同，常用账务处理程序主要有以下四种：记账凭证账务处理程序、科目汇总表账务处理程序、汇总记账凭证账务处理程序和日记总账账务处理程序，学习中应注意把握并区分各自的特点及适用范围。

【技能测试】

一、名词解释

1. 账务处理程序　2. 科目汇总表

二、单项选择题

1. 平时在填制记账凭证时，应尽量使账户的对应关系保持"一借一贷"是（　　）的要求。

A. 记账凭证核算形式　　B. 科目汇总表核算形式

C. 汇总记账凭证核算形式　　D. 多栏式日记账核算形式

2. 科目汇总表核算程序的缺点是（　　），不便于了解经济活动内容。
   A. 不利于会计核算分工　　B. 反映不出账户对应关系
   C. 限制会计科目数量　　D. 不能进行试算平衡
3. 科目汇总表与汇总记账凭证的共同优点是（　　）。
   A. 保持科目汇总之间的对应关系　　B. 反映同类经济业务
   C. 进行发生额试算平衡　　D. 简化总账登记工作
4. 科目汇总表核算适用于（　　）。
   A. 规模较大、业务较多的单位　　B. 规模较小、业务较多的单位
   C. 规模较大、业务较少的单位　　D. 规模较小、业务较少的单位
5. 各种会计核算程序的主要区别在于（　　）。
   A. 登记总账的依据不同　　B. 汇总的凭证格式不同
   C. 节省的工作时间不同　　D. 汇总的记账凭证不同
6. 汇总收款凭证的借方科目可能是（　　）。
   A. 库存现金或银行存款　　B. 生产成本或制造费用
   C. 固定资产或无形资产　　D. 短期借款或长期借款
7. 适用于规模较小、业务量不多的单位的账务处理程序是（　　）。
   A. 记账凭证账务处理程序　　B. 科目汇总表账务处理程序
   C. 汇总记账凭证账务处理程序　　D. 多栏式日记账账务处理程序
8. 科目汇总表定期汇总的是（　　）。
   A. 每一账户的本期借方发生额
   B. 每一账户的本期贷方发生额
   C. 每一账户的本期借、贷方发生额
   D. 每一账户的本期借、贷方余额
9. 以下属于汇总记账凭证财务处理程序主要缺点的是（　　）。
   A. 登记总账的工作量较大　　B. 编制汇总转账凭证的工作量较大
   C. 不便于体现账户间的对应关系　　D. 不便于进行账目的核对
10. 在各种不同账务处理程序中，不能作为登记总账依据的是（　　）。
   A. 记账凭证　　B. 汇总记账凭证
   C. 汇总原始凭证　　D. 科目汇总表

三、多项选择题

1. 记账凭证账务处理程序的缺点在于（　　）。
   A. 不便于试算平衡　　B. 反映内容不详细
   C. 不便于分工　　D. 不适用业务简单单位
   E. 工作量大　　F. 不易反映账户对应关系
2. 记账凭证账务处理程序的优点在于（　　）。
   A. 手续简便　　B. 便于试算平衡
   C. 能反映账户对应关系　　D. 简便记账凭证整理归类

E. 反映内容详细　　F. 简化总账登记

3. 科目汇总表账务处理程序的优点在于（　　）。

A. 手续简便　　B. 效率较高

C. 能反映账户对应关系　　D. 简便记账凭证整理归类

E. 反映内容详细　　F. 便于试算平衡

4. 适用于生产经营规模较大、业务较多企业的账务处理程序有（　　）。

A. 多栏式日记账账务处理程序　　B. 记账凭证账务处理程序

C. 汇总记账凭证账务处理程序　　D. 科目汇总表账务处理程序

5. 对于汇总记账凭证核算形式，下列说法错误的有（　　）。

A. 登记总账的工作量大　　B. 不能体现账户之间的对应关系

C. 明细账与总账无法核对　　D. 汇总记账凭证的编制较为烦琐

四、判断题

1. 记账凭证账务处理程序适用于规模较大、业务较多的单位。（　　）

2. 汇总记账凭证处理程序适合规模小、业务量少的单位。（　　）

3. 由于各企业的业务性质、规模大小、业务繁简各有不同，所以它们采用的账务处理程序也就会有所不同。（　　）

4. 科目汇总表账务处理程序的主要特点是根据记账凭证编制科目汇总表，并根据科目汇总表填制报表。（　　）

5. 记账凭证是登记各种账簿的唯一依据。（　　）

6. 库存现金日记账和银行存款日记账不论在何种会计核算形式下，都是根据收款凭证和付款凭证逐日逐笔登记的。（　　）

五、简答题

1. 目前我国企业采用的账务处理程序主要有哪几种?

2. 不同账务处理程序的优缺点分别是什么？试对比分析。

3. 不同账务处理程序各自的适用范围是什么?

参考答案

第八章

编制财务报告

学习目标

通过本章学习，要求学生在了解财务报告的意义与种类的基础上，掌握资产负债表、利润表的编制方法；了解现金流量表和所有者权益变动表的概念、格式；了解报表附注的主要内容。

能力目标

通过本章学习，使学生能正确编制资产负债表和利润表。

素养目标

通过本章学习，使学生在编制各种不同报表的工作中懂得“坚持就是胜利”的道理，做任何工作都需要有始有终！

导　　例

美国法尔莫公司会计报表舞弊案例

小贴士

美国法尔莫公司会计报表舞弊案例分析

米奇·莫纳斯首先设法获得了位于（美）俄亥俄州扬斯敦市的一家药店，在随后的十年中他又收购了另外299家药店，从而组建了全国连锁的法尔莫公司。不幸的是，这一切辉煌都是建立在资产造假——未检查出来的存货高估和虚假利润的基础上的，这些舞弊行为最终导致了莫纳斯及其公司的破产。同时也使为其提供审计服务的“五大”事务所损失了数百万美元。

他们通过采用仿造购货发票、制造增加存货并减少销售成本的虚假记账凭证、确认购货却不同时确认负债、多计或加倍计算存货的数量等舞弊手段导致报表中虚报资产和利润，最终导致了莫纳斯及其公司的破产。

思考：一个低于成本出售商品的公司怎能赚钱？财务部门为什么可以隐瞒存货短缺？而为何注册会计师们一直未能发现舞弊迹象？

【本章知识结构导图】

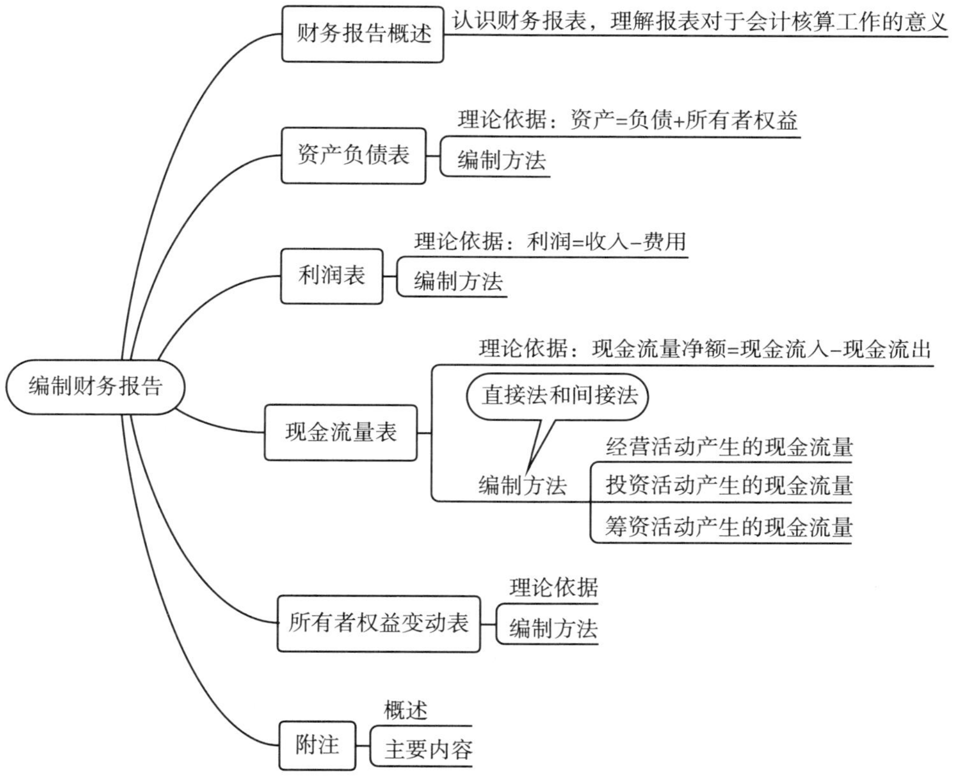
编制财务报告
财务报告概述
认识财务报表，理解报表对于会计核算工作的意义
资产负债表
理论依据：资产=负债+所有者权益
编制方法
利润表
理论依据：利润=收入-费用
编制方法
现金流量表
理论依据：现金流量净额=现金流入-现金流出
直接法和间接法
编制方法
经营活动产生的现金流量
投资活动产生的现金流量
筹资活动产生的现金流量
所有者权益变动表
理论依据
编制方法
附注
概述
主要内容

第一节 财务报告概述

一、财务报告的概念及其目标

财务报告是指单位会计部门根据经过审核的会计账簿记录和有关资料，编制并对外提供的反映单位某一特定日期财务状况和某一会计期间经营成果、现金流量及所有者权益变动等会计信息的总结性书面文件。财务报告包括财务报表和其他应当在财务报告中披露的相关信息和资料，而财务报表包括会计报表和附注。

财务报告的目标，是向财务报告使用者提供与企业财务状况、经营成果和现金流量等有关的会计信息，反映企业管理层受托责任履行情况，有助于财务报告使用者作出经济决策。财务报告使用者通常包括投资者、债权人、政府及其有关部门和社会公众等。

⚠小提示

注意财务报告、财务报表、会计报表这三者的区别。

二、财务报表的意义和种类

（一）财务报表的意义

财务报表是企业对外提供的总括反映企业某一特定日期财产状况和某一会计期间经营成果、现金流量等会计信息的书面报告。它是根据账簿记录，按照规定的表格，主要运用数字形式，定期编制的总结报告。通过编制财务报表，能对分散在账簿中的日常核算资料进行综合、分析、加工整理，提供综合、全面反映经济活动所需要的有用信息。

在日常核算工作中，企业的经济业务均已被分类、有序地登记在企业的各种账簿中。同时，企业各种业务的汇总数又登记在企业总分类账的各项账页上。这些记录虽然有序，但是比较分散，它不能按会计的目标要求向企业投资者和企业债权人及其他会计信息使用者提供企业完整、系统和全面的会计信息。因此，我们有必要对各种会计账簿提供的会计信息进行进一步地归集、加工和汇总，形成财务报表。

财务报表编制的意义在于：

1. 对企业本身的作用。财务报表所提供的信息，可以帮助企业领导和管理人员分析检查企业的经济活动是否符合制度规定；考核企业资金、成本、利润等计划指标完成程度；分析评价经营管理中的成绩和缺点，采取措施，改善经营管理，提高经济效益；运用财务报表资料和其他资料进行分析，为编制下期计划提供依据。

2. 对上级主管部门的作用。利用财务报表，考核所属单位的业绩以及各项经济政策的贯彻执行情况，并通过各单位同类指标的对比分析，总结成绩，推广先进经验；对所发现的问题，分析原因，采取措施，克服薄弱环节。

3. 对宏观管理部门的作用。通过财务报表逐级汇总所提供的资料，可以在一定范围内反映国民经济计划的执行情况，为国家宏观管理提供依据。例如，财税部门利用财务报表所提供的资料，可以了解企业资金筹集和运用是否合理，检查企业税收、利润计划的完成与解缴情况以及有无违反税法和财经纪律的现象，更好地发挥财政、税收的监督职能。银行部门利用财务报表所提供的资料，可以考查企业流动资金的使用情况，分析企业银行借款的物资保证程度，研究企业流动资金的正常需要量，了解银行借款的归还以及信贷纪律的执行情况，充分发挥银行经济监督和经济杠杆的作用。审计部门利用财务报表了解企业财务状况和经营情况，以及财经政策、法令和纪律执行情况，从而为财务审计和经济效益审计提供必要的资料。

4. 对投资人、债权人和其他利害关系人的作用。财务报表可以反映企业的财务状况和偿债能力，作为投资人、债权人和其他利害关系人决策的依据。

（二）财务报表的种类

1. 按财务报表反映的经济内容分类。按反映的经济内容分类，可将财务报表分为资产负债表、利润表、现金流量表、所有者权益（股东权益）变动表和附注。

资产负债表、利润表、现金流量表和所有者权益变动表分别从不同角度反映企业的财务状况、经营成果、现金流量和所有者权益情况。资产负债表反映企业特定日期所拥有的资产、需偿还的债务以及股东（投资者）拥有的净资产情况；利润表反映企业一定期间的经营成果即利润或亏损的情况，表明企业运用所拥有的资产的获利能力；现金流量表反映企业在一定会计期间现金及现金等价物流入和流出的情况；所有者权益变动表反映构成所有者权益的各组成部分当期的增减变动情况。企业的净利润及其分配情况是所有者权益变动的组成部分，相关信息已经在所有者权益变动表及其附注中反映，企业不需要再单独编制利润分配表。

> ？小思考
> 为什么需要编制这么多不同内容的报表呢？

附注是财务报表不可或缺的组成部分，是对在资产负债表、利润表、现金流量表和所有者权益变动表等报表中列示项目的文字描述或明细资料，以及对未能在这些报表中列示项目的说明等。

2. 按照财务报表反映的资金运动形态分类。按照反映的资金运动形态分类，可将财务报表分为静态财务报表和动态财务报表。静态财务报表是反映企业在特定时期终了时，经济指标处于相对静止状态的报表，如资产负债表。动态财务报表是反映企业在一定时期内完成的经济指标或财务状况变动的报表，如利润表、现金流量表和所有者权益变动表。

3. 按照财务报表编报期间分类。按照编报期间分类，可将财务报表分为中期财务报表和年度财务报表。中期财务报表是以短于一个完整会计年度的报告期间为基础编制的财务报表，包括月报、季报和半年报等。年度财务报表是全面反映企业全年的经营成果、年末的财务状况以及年内现金流量的报告，每年年度终了编报一次。

4. 按照财务报表的编制单位分类。按照编制单位分类，可将财务报表分为基层财务报表和汇总财务报表。基层财务报表是企业在自身会计核算的基础上，对账簿记录进行加工编制的财务报表。汇总财务报表是企业主管部门或上级机关，根据所属单位报送的财务报表，连同本单位财务报表汇总编制的综合性报表。

启智润心

党的二十大报告指出："广大青年要坚定不移听党话、跟党走，怀抱梦想又脚踏实地，敢想敢为又善作善成，立志做有理想、敢担当、能吃苦、肯奋斗的新时代好青年，让青春在全面建设社会主义现代化国家的火热实践中绽放绚丽之花。"账务处理工作从会计凭证到账簿再到这里的报表，基本就接近尾声了。在这每一个环节的工作中，都对你们提出了不同的具体要求，希望大家脚踏实地把每一环节工作都做到位，为会计的发展贡献自己的一分力量，相信会计的发展长河会更加源远流长！

5. 按照财务报表各项目所反映的数字内容分类。按照反映的数字内容分类，可将财务报表分为个别财务报表和合并财务报表。个别财务报表各项目数字所反映的内容，仅仅包括个别企业本身的财务数字。合并财务报表是由母公司编制的，一般包括所有控股子公司财务报表的有关数字。

6. 按照服务对象分类。按照服务对象分类，可将财务报表分为对外报送的财务报表和内部使用的财务报表。对外报送的财务报表是企业向外提供的，供政府部门、其他企业和个人使用的财务报表，主要包括资产负债表、利润表和现金流量表。内部使用的财务报表是为适应内部经营管理需要而编制的不对外公开的财务报表，企业可根据内部管理的需要自行设计，如制造费用明细表、产品主要单位成本表。

三、财务报表的编制要求

为了充分发挥财务报表在经济管理中的重要作用，必须保证财务报表的质量，在编制财务报表时，应做到以下几点：

（一）数字真实

编制财务会计报告必须如实反映财务状况和经营情况，不能用估计数代替实际数，更不能弄虚作假，篡改数字，隐瞒谎报，以保证会计报告的真实性。

（二）内容完整

每个单位对外提供的财务报表都必须按照统一规定的报表种类、格式和内容编制财务报表，以保证财务报表的完整性。对不同的会计期间（月、年）应当编报的各种财务报表，必须编报齐全；应当填列的报表指标，无论是表内项目还是表外项目，必须全部填列；应当汇总编制的所属各单位的财务报表，必须全部汇总，不得漏编、漏报。

（三）说明清楚

财务报表需要加以说明的问题，应附有简要的文字说明，对财务报表中主要指标的构成和计算方法，本报告期发生的特殊情况，如经营范围变化、经营机构变更以及本报告期经济效益影响较大的各种因素必须加以说明。

（四）分清责任

财务报表中的“编制单位”处必须加盖编制单位公章。在企业的财务负责人、法人和制表人处必须有相应人员的签字并盖章，以明确其经济责任和法律责任。

⚠小提示

对比会计凭证填制和会计账簿登记的要求。

（五）编报及时

财务报表具有很强的时效性，财务报表必须遵照国家或上级机关规定的期限和程序，及时编制，及时报送，以保证报表的及时性。

第二节　资产负债表

⚠本节重难点

资产负债表的理论依据、内容、填列方法。

一、资产负债表的概念和理论依据

资产负债表是反映企业在某一特定日期全部资产、负债和所有者权益情况的报表，也称财务状况表。其理论依据是“资产 = 负债 + 所有者权益”这一基本会计等式。它是按照一定的分类标准和排列顺序，把企业在某一特定日期的资产、负债和所有者权益项目进行排列编制而成的，是静态报表。

二、资产负债表的结构及平衡关系

资产负债表的内容包括表首、基本部分和附注三个方面。表首部分列示报表名称、报表的编制单位、编制日期和报表中所使用的货币单位计量等内容。基本部分是资产负债表所要反映的基本内容，主要包括资产、负债、所有者权益。附注是对表体中需要说明的事项按规定加以补充说明。

资产负债表基本部分采用账户式结构，分左、右两部分。左边列示资产，右边列示负债和所有者权益，资产负债表左方资产合计数与右方负债和所有者权益合计数相等。

资产项目按资产的流动性强弱顺序依次排列，负债项目按负债偿还期长短顺序依次排列，所有者权益项目下按永久性程度高低依次排列，其顺序依次是“实收资本（股本）”“其他权益工具”“资本公积”“其他综合收益”“盈余公积”“未分配利润”。

一般企业资产负债表的格式如表 8 – 1 所示。

表8－1 **资 产 负 债 表** 会企01表

编制单位： ____年__月__日 金额单位：元

资　　产	期末余额	上年年末余额	负债和所有者权益（或股东权益）	期末余额	上年年末余额
流动资产：			流动负债：		
货币资金			短期借款		
交易性金融资产			交易性金融负债		
衍生金融资产			衍生金融负债		
应收票据			应付票据		
应收账款			应付账款		
应收款项融资			预收款项		
预付款项			合同负债		
其他应收款			应付职工薪酬		
存货			应交税费		
合同资产			其他应付款		
持有待售资产			持有待售负债		
一年内到期的非流动资产			一年内到期的非流动负债		
其他流动资产			其他流动负债		
流动资产合计			流动负债合计		
非流动资产：			非流动负债：		
债权投资			长期借款		
其他债权投资			应付债券		
长期应收款			其中：优先股		
长期股权投资			永续债		
其他权益工具投资			租赁负债		
其他非流动金融资产			长期应付款		
投资性房地产			预计负债		
固定资产			递延收益		
在建工程			递延所得税负债		
生产性生物资产			其他非流动负债		
油气资产			非流动负债合计		
使用权资产			负债合计		
无形资产			所有者权益（或股东权益）：		
开发支出			实收资本（或股本）		

续表

资　　产	期末余额	上年年末余额	负债和所有者权益（或股东权益）	期末余额	上年年末余额
商誉			其他权益工具		
长期待摊费用			其中：优先股		
递延所得税资产			永续债		
其他非流动资产			资本公积		
非流动资产合计			减：库存股		
			其他综合收益		
			专项储备		
			盈余公积		
			未分配利润		
			所有者权益（或股东权益）合计		
资产总计			负债和所有者权益（或股东权益）总计		

根据我国会计准则的规定，企业编报时需采用准则规定的统一财务报表格式。但是，企业对不存在相应业务的报表项目可结合本企业的实际情况进行必要删减，企业根据重要性原则并结合本企业的实际情况可以对确需单独列示的内容增加报表项目。

三、资产负债表的编制

资产负债表中各项目的金额分别为“上年年末余额”和“期末余额”。

（一）资产负债表“上年年末余额”各项目填列

资产负债表“上年年末余额”栏内各项目数，应根据上年年末资产负债表“期末余额”栏内所列数字填列。如果本年度资产负债表规定的各个项目的名称和内容与上年度不相一致，应对上年年末资产负债表各项目的名称和数字按照本年度的规定进行调整，填入本表“上年年末余额”栏内。

（二）资产负债表“期末余额”各项目填列

资产负债表“期末余额”栏内各项目数字应根据会计账簿的记录填列。大多数报表项目可以直接根据账户余额填列，少数报表项目则要根据账户余额计算填列。各项目的内容和具体的填列方法如下：

1. 根据总账科目期末余额直接填列。报表中“递延所得税资产”“短期借款”“递延所得税负债”“实收资本”“资本公积”“盈余公积”等项目，应该根据相关总分类账户的期末余额直接填制。

2. 根据若干个总分类账户期末余额计算后的数字填列。

（1）“货币资金”项目，应根据“库存现金”“银行存款”“其他货币资金”三个总账科目的期末余额的合计数填列。

（2）“其他应收款”项目，应根据“应收利息”“应收股利”“其他应收款”科目的期末余额合计数，减去“坏账准备”科目中相关坏账准备期末余额后的金额填列。

（3）“其他应付款”行项目，应根据“应付利息”“应付股利”“其他应付款”科目的期末余额合计数填列。

（4）在表结法下，“未分配利润”项目，应根据“本年利润”账户的余额加（减）“利润分配”账户的余额填列。未弥补的亏损，在本项目内以“－”填列。

【例 8－1】江西天华家具有限公司 2021 年 12 月 31 日结账后的“银行存款”科目余额为借方 2 333 294. 84 元，“库存现金”科目余额为借方 4 425 元。

该公司 2021 年 12 月 31 日资产负债表中的“货币资金”项目金额为：

“货币资金”项目金额 =“银行存款”科目余额 +“库存现金”科目余额

= 2 333 294. 84 + 4 425 = 2 337 719. 84（元）

小思考

为什么在填列应收账款项目金额时需要考虑预收账款明细账的借方余额呢？以此类推。

3. 根据有关明细科目余额分析计算填列。

（1）“应收账款”项目，应根据“应收账款”科目的期末余额，减去“坏账准备”科目中相关坏账准备（即扣除属于应收账款部分的坏账准备）期末余额后的金额填列，而“应收账款”科目的期末余额应根据“应收账款”“预收账款”科目所属各明细科目的期末借方余额合计数填列。

（2）“预收款项”项目，应根据“应收账款”“预收账款”科目所属各明细科目的期末贷方余额合计填列。

（3）“应付账款”项目，应根据“应付账款”“预付账款”科目所属各明细科目的期末贷方余额合计填列。

（4）“预付款项”项目，应根据“应付账款”“预付账款”科目所属各明细科目的期末借方余额合计数，减去“坏账准备”科目中相关坏账准备期末余额后的金额填列。

【例 8－2】江西天华家具有限公司 2021 年 12 月 31 日结账后的往来款项的有关明细科目余额如表 8－2 所示，且属于应收账款部分的坏账准备期末贷方余额为 7 802. 45 元。

表 8－2　江西天华家具有限公司往来款项的有关明细科目余额　单位：元

科目名称	金　额
应收账款借方明细余额	161 020
应收账款贷方明细余额	9 600
预付账款借方明细余额	40 000
预付账款贷方明细余额	113 000
应付账款借方明细余额	122 500
应付账款贷方明细余额	363 850
预收账款借方明细余额	30 000
预收账款贷方明细余额	30 000

该公司 2021 年 12 月 31 日资产负债表中的各往来款项项目金额为：

"应收账款"项目＝"应收账款"科目所属各明细科目的期末借方余额＋"预收账款"科目所属各明细科目的期末借方余额－属于应收账款部分的坏账准备期末贷方余额＝161 020＋30 000－7 802.45＝183 217.55（元）

"预付款项"项目＝"预付账款"科目所属各明细科目的期末借方余额＋"应付账款"科目所属各明细科目的期末借方余额＝40 000＋122 500＝162 500（元）

"应付账款"项目＝"预付账款"科目所属各明细科目的期末贷方余额＋"应付账款"科目所属各明细科目的期末贷方余额＝113 000＋363 850＝476 850（元）

"预收款项"项目＝"预收账款"科目所属各明细科目的期末贷方余额＋"应收账款"科目所属各明细科目的期末贷方余额＝30 000＋9 600＝39 600（元）

4. 根据总账科目余额减去其备抵科目余额后的净额填列。

（1）"应收账款""长期股权投资"等项目，应根据"应收账款""长期股权投资"等科目的期末余额减去对应的"坏账准备""长期股权投资减值准备"等备抵科目的期末余额后的余额填列。

（2）"固定资产"项目，应根据"固定资产"科目的期末余额减去"固定资产减值准备"和"累计折旧"备抵科目的期末余额后的余额，以及"固定资产清理"科目的期末余额填列。

（3）"无形资产"项目，应根据"无形资产"科目的期末余额减去"无形资产减值准备"和"累计摊销"备抵科目的期末余额后的余额填列。

【例 8－3】江西天华家具有限公司 2021 年 12 月 31 日结账后的"固定资

产”科目的期末余额为236 255. 56元，“累计折旧”科目的期末余额为64 750元，假设未计提固定资产减值准备。

该公司2021年12月31日资产负债表中的“固定资产”项目金额为：

“固定资产”项目金额=“固定资产”科目的期末余额-“累计折旧”科目的期末余额-“固定资产减值准备”科目的期末余额+“固定资产清理”科目的期末余额=236 255. 56-64 750=171 505. 56（元）

5. 根据总账科目和明细科目余额分析计算填列。“长期借款”项目，应根据“长期借款”科目的期末余额扣除“长期借款”科目所属的明细科目中将在一年内到期的借款金额后的余额填列。

【例8-4】江西天华家具有限公司2021年12月31日结账后的“长期借款”科目的期末余额为540 000元，长期借款共3笔，均为分次付息、一次性还本。其中一笔为2017年5月13日从建设银行借入的100 000元，期限5年；一笔为2019年8月20日从工商银行借入的140 000元，期限4年；一笔为2021年12月1日从工商银行借入的300 000元，期限3年。

该公司2021年12月31日资产负债表中的“一年内到期的非流动负债”项目金额为：

“一年内到期的非流动负债”项目金额=100 000（元）

该公司2021年12月31日资产负债表中的“长期借款”项目金额为：

“长期借款”项目金额=“长期借款”科目的期末余额-“一年内到期的非流动负债”科目的期末余额=540 000- 100 000=440 000（元）

6. 综合运用上述填列方法分析填列。“存货”项目，应根据“在途物资”“原材料”“周转材料”“库存商品”“材料采购”“材料成本差异”“生产成本”“受托代销商品”“委托加工物资”等科目的期末余额合计数减去“受托代销商品款”“存货跌价准备”科目的期末余额后的金额填列。

【例8-5】江西天华家具有限公司2021年12月31日结账后的有关资料如下：“在途物资”科目余额为51 000元，“原材料”科目余额为905 950元，“库存商品”科目余额为828 100元，“存货跌价准备”科目余额为106 000元。

该公司2021年12月31日资产负债表中的“存货”项目金额为：

“存货”项目金额=51 000+905 950+828 100-106 000=1 679 050（元）

ⓘ**技能点**

请大家务必掌握资产负债表各报表项目的填列方法。

四、资产负债表的编制方法举例

江西天华家具有限公司2021年度11月末结账后，各相关科目余额如表8-3所示。

表 8－3　江西天华家具有限公司各相关科目 2021 年 11 月期末余额　单位：元

账户名称	期末余额	
	借方	贷方
库存现金	10 600	
银行存款	1 640 890	
应收票据	92 000	
应收股利	90 000	
应收利息	5 000	
应收账款	100 000	
坏账准备		5 000
预付账款	20 000	
其他应收款	8 000	
在途物资	51 000	
原材料	906 000	
存货跌价准备		106 000
库存商品	818 600	
固定资产	180 000	
累计折旧		60 000
在建工程	56 000	
短期借款		580 000
应付票据		100 000
应付账款		200 000
应付职工薪酬		41 535
应交税费		13 350
其他应付款		10 489
长期借款		240 000
实收资本		1 000 000
资本公积		125 346
盈余公积		71 370
利润分配		1 425 000

假设表 8－3 中“应收账款”和“预付账款”的期末余额均为明细账的期末借方余额，“应付账款”的期末余额为明细账的期末贷方余额。且假设公司只针对应收账款计提坏账准备。

根据第四章业务中的数据，可知江西天华家具有限公司 2021 年度 12 月各相关科目本期发生额和期末余额，如表 8－4 所示。

表 8－4　江西天华家具有限公司各相关科目 2021 年 12 月期末余额　单位：元

账户名称	本期发生额		期末余额	
	借方	贷方	借方	贷方
库存现金		6 175	4 425	
银行存款	921 351.90	228 947.06	2 333 294.84	
应收票据	47 460	100 000	39 460	
应收股利			90 000	
应收利息			5 000	
应收账款	61 020	9 600	151 420	
坏账准备		2 802.45		7 802.45
预付账款	20 000	113 000		73 000
其他应收款	4 000	4 000	8 000	
在途物资	2 000	2 000	51 000	
原材料	212 000	212 050	905 950	
存货跌价准备				106 000
库存商品	214 500	205 000	828 100	
固定资产	56 255.56		236 255.56	
累计折旧		4 750		64 750
在建工程	46 255.56	46 255.56	56 000	
短期借款		50 000		630 000
应付票据		5 650		105 650
应付账款	122 500	163 850		241 350
预收账款	30 000	30 000		0
应付职工薪酬	41 535	48 000		48 000
应交税费	54 540	73 087.95		31 897.95
应付股利		100 000		100 000
应付利息		3 250		3 250
其他应付款				10 489
长期借款		300 000		540 000
实收资本		150 000		1 150 000
资本公积				125 346
盈余公积		170 000		241 370
利润分配	270 000	75 000		1 230 000

根据上述资料，进行试算平衡后就可以填列江西天华家具有限公司2021年12月31日资产负债表各个项目的期末余额，其中上年年末余额为上年年末资产负债表的数据（本题略）。

假设该企业已经执行新金融准则和新收入准则，那么编制的资产负债表如表8－5所示。

表8－5　**资 产 负 债 表**　会企01表

编制单位：江西天华家具有限公司　2021年12月31日　金额单位：元

资　　产	期末余额	上年年末余额	负债和所有者权益（或股东权益）	期末余额	上年年末余额
流动资产：			流动负债：		
货币资金	2 337 719.84		短期借款	630 000	
交易性金融资产			交易性金融负债		
衍生金融资产			衍生金融负债		
应收票据	39 460		应付票据	105 650	
应收账款	183 217.55		应付账款	476 850	
应收款项融资			预收款项	39 600	
预付款项	162 500		合同负债		
其他应收款	103 000		应付职工薪酬	48 000	
存货	1 679 050		应交税费	31 897.95	
合同资产			其他应付款	113 739	
持有待售资产			持有待售负债		
一年内到期的非流动资产			一年内到期的非流动负债	100 000	
其他流动资产			其他流动负债		
流动资产合计	4 504 947.39		流动负债合计	1 545 136.95	
非流动资产：			非流动负债：		
债权投资			长期借款	440 000	
其他债权投资			应付债券		
长期应收款			其中：优先股		
长期股权投资			永续债		
其他权益工具投资			租赁负债		
其他非流动金融资产			长期应付款		
投资性房地产			预计负债		
固定资产	171 505.56		递延收益		
在建工程	56 000		递延所得税负债		

续表

资　　产	期末余额	上年年末余额	负债和所有者权益（或股东权益）	期末余额	上年年末余额
生产性生物资产			其他非流动负债		
油气资产			非流动负债合计	440 000	
使用权资产			负债合计	1 985 736.95	
无形资产			所有者权益（或股东权益）:		
开发支出			实收资本（或股本）	1 150 000	
商誉			其他权益工具		
长期待摊费用			其中：优先股		
递延所得税资产			永续债		
其他非流动资产			资本公积	125 346	
非流动资产合计	227 505.56		减：库存股		
			其他综合收益		
			专项储备		
			盈余公积	241 370	
			未分配利润	1 230 000	
			所有者权益（或股东权益）合计	2 746 716	
资 产 总 计	4 732 452.95		负债和所有者权益（或股东权益）总计	4 732 452.95	

第三节　利　润　表

⚠本节重难点
利润表的理论依据、内容、填列方法。

一、利润表的概念及意义

利润表是反映企业在一定期间内经营成果的报表，它是一张动态报表，反映企业在一定期间内利润（或亏损）情况的报表。其理论依据是“收入－费用＝利润”的会计等式。

利润表所提供的会计信息，对于企业的管理人员、投资者、债权人等报表使用者具有重要意义。

1. 它能够反映企业的经营成果。通过对企业一定时期内收入与费用的反映，揭示了企业的投入产出的比例关系，说明企业经营成果和经济效益。

2. 它是考核企业管理当局工作业绩的重要依据。利润表总括地反映了企业在一定期间内的经营收支和经营成果水平、生产经营的收益情况及成本费用情况。因此，利润表提供的资料，是考核企业管理当局工作业绩的重要依据。

3. 它为预测企业未来利润发展趋势、获利能力提供了重要依据。利润表不仅反映了利润的形成过程，同时也反映了利润的构成情况，通过对不同时期利润表中的构成因素进行比较、分析，可预测企业利润的发展趋势以及企业未来的获利能力。

二、利润表的结构

利润表有两种：单步式利润表和多步式利润表。

（一）单步式利润表

单步式利润表是将本期的所有收入加总在一起，然后将所有费用加总在一起，根据“收入－费用＝利润”的等式，一次计算得出本期损益。

单步式利润表所提供的资料无法满足报表使用者的需要，因为根据这样的报表提供的资料，既无法判断企业营业性收益与非营业性收益对实现利润的影响，也无法判断主要经营业务收益与次要经营业务收益对实现利润的影响，故在实际中较少采用。

（二）多步式利润表

我国《企业会计准则》规定的利润表的标准格式为多步式利润表，即按照各项收入、费用以及构成利润的各个项目分类、分项列示，最终得出企业的本期净利润。

利润表的项目排列顺序实际上反映了净利润形成的过程。概括起来，这一过程包括三个步骤。

第一步，计算营业利润。

$$\begin{aligned}\text{营业利润} = &\text{营业收入} - \text{营业成本} - \text{税金及附加} - \text{销售费用} - \text{财务费用}\\ &- \text{管理费用} - \text{研发费用} + \text{其他收益} - \text{信用减值损失}\\ &- \text{资产减值损失} \pm \text{公允价值变动损益} \pm \text{投资收益}\\ &+ \text{净敞口套期收益}(-\text{净敞口投资损失}) \pm \text{资产处置收益}\end{aligned}$$

第二步，计算利润总额。

$$\text{利润总额} = \text{营业利润} + \text{营业外收入} - \text{营业外支出}$$

第三步，计算净利润。

$$\text{净利润} = \text{利润总额} - \text{所得税费用}$$

三、利润表的内容及填列方法

利润表中各项目的金额分别为“本期金额”和“上期金额”。“本期金额”栏反映各项目的本期实际数。“上期金额”栏反映各项目的上期实际数，根据上期利润表的“本期金额”栏填列或分析填列。

利润表主要项目的内容及其填列方法：

1. “营业收入”项目。“营业收入”反映企业经营业务所取得的收入总额。本项目应根据“主营业务收入”科目的发生额加上“其他业务收入”科目的发生额合计填列。

2. “营业成本”项目。“营业成本”反映企业经营业务所发生的实际成本。本项目应根据“主营业务成本”科目的发生额加上“其他业务成本”科目的发生额合计填列。

3. “税金及附加”项目。“税金及附加”反映企业经营业务应负担的消费税、城市维护建设税、资源税、土地增值税、教育费附加、车船税等。本项目应根据“税金及附加”科目的发生额分析填列。

4. “销售费用”项目。“销售费用”反映企业在销售商品过程中发生的包装费、广告费等费用和为销售本企业商品而专设的销售机构的职工薪酬业务费等经营费用。本项目应根据“销售费用”科目的发生额分析填列。

5. “管理费用”项目。“管理费用”反映企业为组织和管理生产经营发生的管理费用。本项目应根据“管理费用”科目的发生额扣除“管理费用”科目下的“研发费用”明细科目的发生额分析填列。

6. “研发费用”项目。“研发费用”反映企业进行研究与开发过程中发生的费用化支出以及计入管理费用的自行开发无形资产的摊销。本项目应根据“管理费用”科目下的“研发费用”明细科目的发生额以及“管理费用”科目下“无形资产摊销”明细科目的发生额分析填列。

7. “财务费用”项目。“财务费用”反映企业发生的财务费用。本项目应根据“财务费用”科目的发生额分析填列。其中，“利息费用”和“利息收入”项目作为“财务费用”项目的其中项以正数填列。

8. “其他收益”项目。“其他收益”反映计入其他收益的政府补助等。本项目应根据“其他收益”科目的发生额分析填列。

9. “投资收益”项目。“投资收益”反映企业以各种方式对外投资所取得的收益。本项目应根据“投资收益”科目的发生额分析填列。如为投资损失，以“-”号填列。

10. “公允价值变动收益”项目。“公允价值变动收益”反映企业按照相关准则规定应当计入当期损益的资产或负债公允价值变动净收益，如交易性金融资产当期公允价值的变动额。如为净损失，以“-”号填列。

11. “信用减值损失”项目。“信用减值损失”反映企业按照《企业会计准则第 22 号——金融工具确认和计量》（2018）的要求计提的各项金融工具信用减值准备所确认的信用损失。本项目应根据“信用减值损失”科目的发生额分析填列。

12. “资产减值损失”项目。“资产减值损失”反映企业各项资产发生的减值损失。本项目应根据“资产减值损失”科目的发生额分析填列。

13. “资产处置收益”项目。“资产处置收益”项目反映企业出售划分为持有待售的非流动资产（金融工具、长期股权投资和投资性房地产除外）或处置组（子公司和业务除外）时确认的处置利得或损失，以及处置未划分为持有待售的固定资产、在建工程、生产性生物资产及无形资产而产生的处置利得或损失。债务重组中因处置非流动资产产生的利得或损失和非货币性资产交换中换出非流动资产产生的利得或损失也包括在本项目内。本项目应根据“资产处置损益”科目的发生额分析填列。如为处置损失，以“－”号填列。

14. “营业利润”项目。“营业利润”反映企业实现的营业利润总额。如为亏损总额，以“－”号填列。

15. “营业外收入”项目和“营业外支出”项目。“营业外收入”和“营业外支出”反映企业发生的与其生产经营无直接关系的各项收入和支出。这两个项目分别根据“营业外收入”科目和“营业外支出”科目的发生额分析填列。

16. “利润总额”项目。“利润总额”反映企业实现的利润总额。如为亏损总额，以“－”号填列。

17. “所得税费用”项目。“所得税费用”反映企业按规定从本期损益中减去的企业所得税。本项目应根据“所得税费用”科目的发生额分析填列。

18. “净利润”项目。“净利润”反映企业实现的净利润。如为亏损数，以“－”号填列。

四、利润表的编制举例

> **技能点**
> 请大家务必掌握利润表各报表项目的填列方法。

利润表的格式如表 8－6 所示。数据来源于第四章的经济业务，上期金额略。

表 8－6　　　　**利　润　表**　　　　会企 02 表

编制单位：江西天华家具有限公司　　　　2021 年 12 月　　　　单位：元

项　　目	本期金额	上期金额
一、营业收入	318 000	
减：营业成本	225 500	
税金及附加	613.45	
销售费用	12 350	

续表

项　　目	本期金额	上期金额
管理费用	28 736	
研发费用		
财务费用	3 250	
其中：利息费用	3 250	
利息收入		
加：其他收益		
投资收益（损失以“－”号填列）	54 751.90	
其中：对联营企业和合营企业的投资收益		
以摊余成本计量的金融资产终止确认收益（损失以“－”号填列）		
净敞口套期收益（损失以“－”号填列）		
公允价值变动收益（损失以“－”号填列）		
资产减值损失（损失以“－”号填列）		
信用减值损失（损失以“－”号填列）	2 802.45	
资产处置收益（损失以“－”号填列）		
二、营业利润（亏损以“－”号填列）	99 500	
加：营业外收入	3 500	
减：营业外支出	3 000	
三、利润总额（亏损总额以“－”号填列）	100 000	
减：所得税费用	25 000	
四、净利润（净亏损以“－”号填列）	75 000	
（一）持续经营净利润（净损失以“－”号填列）		
（二）终止经营净利润（净损失以“－”号填列）		
五、其他综合收益的税后净额		
（一）不能重分类进损益的其他综合收益		
1. 重新计量设定受益计划变动额		
2. 权益法下不能转损益的其他综合收益		
3. 其他权益工具投资公允价值变动		
4. 企业自身信用风险公允价值变动		
（二）将重分类进损益的其他综合收益		
1. 权益法下可转损益的其他综合收益		
2. 其他债权投资公允价值变动		
3. 金融资产重分类计入其他综合收益的金额		

续表

项　　目	本期金额	上期金额
4. 其他债权投资信用减值准备		
5. 现金流量套期储备		
6. 外币财务报表折算差额		
7. 其他		
六、综合收益总额		
七、每股收益		
（一）基本每股收益		
（二）稀释每股收益		

第四节　现金流量表

本节重难点

现金流量表的理论依据、内容、填列方法。

一、现金流量表的编制基础

现金流量表是反映企业在一定会计期间现金和现金等价物流入和流出的报表，是以现金为基础编制的，它将权责发生制下的盈利信息调整为收付实现制下的现金流量信息。这里的现金是指企业库存现金、可以随时用于支付的银行存款以及现金等价物。具体包括：

（一）库存现金

库存现金是指企业持有的随时用于支付的现金限额，即与会计核算中“库存现金”科目所包括的内容一致。

（二）银行存款

银行存款是指企业存在金融企业随时可以用于支付的存款，即与会计核算中“银行存款”科目所包含的内容基本一致。

（三）其他货币资金

其他货币资金是指企业存在金融企业随时有特定用途的资金，如外埠存款、银行汇票存款、银行本票存款、信用证保证金存款、信用卡存款、存出投资款等。

（四）现金等价物

现金等价物是指企业持有的期限短、流动性高、易于转换为已知金额的现金或价值变动很小的短期投资等。现金等价物虽然不是现金，但其支付能力与现金的差别不大，可视为现金。

二、现金流量表的基本结构

现金流量表主要按照不同类别的现金流量来分类、分项列示。企业的现金流量分为三类，即：经营活动产生的现金流量、投资活动产生的现金流量和筹资活动产生的现金流量。

（一）经营活动产生的现金流量

经营活动是指企业投资活动和筹资活动以外的所有交易和事项。就工业企业来说，经营活动的现金流量主要包括：销售商品、提供劳务、经营租赁、购买商品、接受劳务、广告宣传、推销商品、缴纳税款等。

经营活动流入的现金主要包括：（1）销售商品、提供劳务收到的现金；（2）收到的税费返还；（3）收到的其他与经营活动有关的现金。

经营活动流出的现金主要包括：（1）购买商品、提供劳务支付的现金；（2）支付给职工以及为职工支付的现金；（3）支付的各项税费；（4）支付的其他与经营活动有关的现金。

（二）投资活动产生的现金流量

投资活动是指企业长期资产的购建和不包括在现金等价物范围内的投资及其处置活动。其中的长期资产是指固定资产、在建工程、无形资产、其他资产等持有期限在一年或一个营业周期以上的资产。由于已经将包括在现金等价物范围内的投资视同现金，所以将其排除在外。投资活动主要包括：取得和收回投资、购建和处置固定资产、无形资产和其他长期资产等。

投资活动流入的现金主要包括：（1）收回投资收到的现金；（2）取得投资收益收到的现金；（3）处置固定资产、无形资产和其他长期资产收回的现金净额；（4）处置子公司及其他营业单位收到的现金净额；（5）收到的其他与投资活动有关的现金。

投资活动流出的现金主要包括：（1）购建固定资产、无形资产和其他长期资产支付的现金；（2）投资支付的现金；（3）取得子公司及其他营业单位支付的现金净额；（4）支付的其他与投资活动有关的现金。

（三）筹资活动产生的现金流量

筹资活动是指导致企业资本及债务规模和构成发生变化的活动。其中的资本，包括实收资本（股本）、资本溢价（股本溢价）。与资本有关的现金流入和流出项目，包括吸收投资、发行股票、分配利润等。其中的债务是指企业对外举债所借入的款项，如发行证券、向金融企业借入款项以及偿还债务等。

筹资活动流入的现金主要包括：（1）吸收投资收到的现金；（2）取得借款收到的现金；（3）收到的其他与筹资活动有关的现金。

筹资活动流出的现金主要包括：（1）偿还债务支付的现金；（2）分配股利、利润或偿付利息支付的现金；（3）支付的其他与筹资活动有关的现金。

现金流量表的格式如表 8－7 所示。

表 8－7　　**现 金 流 量 表**　　会企 03 表

编制单位：　　20××年度　　金额单位：元

项　　目	本期金额	上期金额
一、经营活动产生的现金流量：		
销售商品、提供劳务收到的现金		
收到的税费返还		
收到的其他与经营活动有关的现金		
经营活动现金流入小计		
购买商品、接受劳务支付的现金		
支付给职工以及为职工支付的现金		
支付的各项税费		
支付的其他与经营活动有关的现金		
经营活动现金流出小计		
经营活动产生的现金流量净额		
二、投资活动产生的现金流量：		
收回投资收到的现金		
取得投资收益收到的现金		
处置固定资产、无形资产和其他长期资产收回的现金净额		
处置子公司及其他营业单位收到的现金净额		
收到的其他与投资活动有关的现金		
投资活动现金流入小计		
购建固定资产、无形资产和其他长期资产支付的现金		
投资支付的现金		
取得子公司及其他营业单位支付的现金净额		
支付的其他与投资活动有关的现金		
投资活动现金流出小计		
投资活动产生的现金流量净额		
三、筹资活动产生的现金流量：		
吸收投资收到的现金		

续表

项　　目	本期金额	上期金额
取得借款收到的现金		
收到的其他与筹资活动有关的现金		
筹资活动现金流入小计		
偿还债务支付的现金		
分配股利、利润或偿付利息支付的现金		
支付的其他与筹资活动有关的现金		
筹资活动现金流出小计		
筹资活动产生的现金流量净额		
四、汇率变动对现金及现金等价物的影响		
五、现金及现金等价物净增加额		
加：期初现金及现金等价物余额		
六、期末现金及现金等价物余额		

现金流量表补充资料的披露内容如表8-8所示。

表8-8　　现金流量表补充资料（简表）

编制单位：　　20××年度　　金额单位：元

项　　目	本期金额	上期金额
1. 将净利润调节为经营活动现金流量：		
净利润		
加：资产减值准备		
信用损失准备		
固定资产折旧		
无形资产摊销		
长期待摊费用摊销		
处置固定资产、无形资产和其他长期资产的损失（减：收益）		
固定资产报废损失（减：收益）		
公允价值变动损失（减：收益）		
财务费用（减：收益） 投资损失（减：收益）		
递延所得税资产减少（减：增加） 递延所得税负债增加（减：减少）		
存货的减少（减：增加） 经营性应收项目的减少（减：增加）		

续表

项　　目	本期金额	上期金额
其他		
经营活动产生的现金流量净额		
2. 不涉及现金收支的投资和筹资活动：		
债务转为资本		
一年内到期的可转换公司债券		
融资租入固定资产		
3. 现金及现金等价物净变动情况：		
现金的期末金额		
减：现金的期初余额		
加：现金等价物的期末余额		
减：现金等价物的期初余额		
现金及现金等价物净增加额		

三、现金流量表的编制方法

现金流量表的编制方法有直接法和间接法两种。

（一）直接法

直接法是通过现金收入和现金支出的主要类别反映来自企业经营活动的现金流量。采用直接法编制经营活动的现金流量时，一般以利润表中的营业收入为起算点，调整与经营活动有关的项目的增减活动，然后计算出经营活动的现金流量。

（二）间接法

间接法是以本期的净利润为起算点，调整不涉及现金的收入、费用、营业外收支等有关项目的增减变动，据此计算出经营活动的现金流量。

采用直接法提供的信息有助于评价企业未来现金流量。国际会计准则鼓励企业采用直接法编制现金流量表。在我国，现金流量表也以直接法编制，但在现金流量表的补充资料中还单独按照间接法反映经营活动现金流量的情况。

企业有关经营活动的现金流量信息，可从会计记录中直接获得，也可以在利润表营业收入、营业成本等数据的基础上，通过调整存货和经营性应收应付项目的变动，以及调整固定资产折旧、无形资产摊销等项目后获得。

现金流量表的编制较为复杂，有关各个项目的具体填列方法，将在《企业财务报告编制》中介绍，在此不予详述。

第五节　所有者权益变动表

⚠本节重难点

所有者权益变动表的理论依据、内容、填列方法。

所有者权益变动表是反映公司本期（年度或中期）内截至期末所有者权益变动情况的报表。其中，所有者权益变动表应当全面反映一定时期所有者权益变动的情况。通过所有者权益变动表，既可以为报表使用者提供所有者权益总量增减变动的信息，也能为其提供所有者权益增减变动的结构性信息，特别是能够让财务报告使用者理解所有者权益增减变动的根源。

我国企业所有者权益变动表的格式如表 8－9 所示。

表 8－9　　**所有者权益变动表**　　会企 04 表

编制单位：　　____年度　　单位：元

项目	本年金额								上年金额							
	实收资本（或股本）	资本公积	其他权益工具	减：库存股	其他综合收益	盈余公积	未分配利润	所有者权益合计	实收资本（或股本）	资本公积	其他权益工具	减：库存股	其他综合收益	盈余公积	未分配利润	所有者权益合计
一、上年年末余额																
加：会计政策变更																
前期差错更正																
其他																
二、本年年初余额																
三、本年增减变动金额（减少以“－”号填列）																
（一）综合收益总额																
（二）所有者投入和减少资本																
1. 所有者投入的普通股																
2. 其他权益工具持有者投入资本																
3. 股份支付计入所有者权益的金额																
4. 其他																
（三）利润分配																
1. 提取盈余公积																

续表

项目	本年金额								上年金额							
	实收资本（或股本）	资本公积	其他权益工具	减：库存股	其他综合收益	盈余公积	未分配利润	所有者权益合计	实收资本（或股本）	资本公积	其他权益工具	减：库存股	其他综合收益	盈余公积	未分配利润	所有者权益合计
2. 对所有者（或股东）的分配																
3. 其他																
（四）所有者权益内部结转																
1. 资本公积转增资本（或股本）																
2. 盈余公积转增资本（或股本）																
3. 盈余公积弥补亏损																
4. 设定受益计划变动额结转留存收益																
5. 其他																
四、本年年末余额																

所有者权益变动表的有关各个项目的具体填列方法，将在《企业财务报告编制》中介绍，在此不予详述。

第六节　附　　注

⚠本节重难点

附注的意义及主要内容。

一、附注概述

附注是对资产负债表、利润表、现金流量表和所有者权益变动表等报表中列示项目的文字描述或明细资料，以及对未能在这些报表中列示项目的说明等。附注主要起到两方面的作用：第一，附注的披露，是对资产负债表、利润表、现金流量表和所有者权益变动表列示项目的含义的补充说明，帮助使用者更准确地把握其含义。例如，通过阅读附注中披露的固定资产折旧政策的说明，使用者可以掌握报告企业与其他企业在固定资产折旧政策上的异同，以便进行更准确的比较。第二，附注提供了对资产负债表、利润表、现金流量表和所有者权益变动表中未列示项目的详细或明细说明。例如，通过阅读附注中披露的存货增减变动情况，使用者可以了解资产负债表中未单列的存货分类信息。

通过附注与资产负债表、利润表、现金流量表和所有者权益变动表列示项目的相互参照关系，以及对未能在报表中列示项目的说明，可以使报表使用者全面了解企业的财务状况、经营成果和现金流量等信息。

二、附注的主要内容

附注是财务报表的重要组成部分，企业应按照如下顺序披露附注的内容：

1. 企业简介和主要财务指标。（1）企业名称、注册地、组织形式和总部地址；（2）企业的业务性质和主要经营活动；（3）母公司以及集团最终母公司的名称；（4）财务报告的批准报出者和财务报告的批准报出日；（5）营业期限有限的企业，还应当披露有关营业期限的信息。

2. 财务报表的编制基础。财务报表的编制基础是指财务报表是在持续经营基础上还是非持续经营基础上编制的。企业一般是在持续经营基础上编制财务报表，清算、破产属于非持续经营基础。

3. 遵循企业会计准则的声明。企业应当声明编制的财务报表符合企业会计准则的要求，真实、完整地反映了企业的财务状况、经营成果和现金流量等有关信息，以此明确企业编制财务报表所依据的制度基础。

4. 重要会计政策和会计估计。企业应当披露采用的重要会计政策和会计估计，不重要的会计政策和会计估计可以不披露。在披露重要会计政策和会计估计时，企业应当披露重要会计政策的确定依据和财务报表项目的计量基础，以及会计估计中所采用的关键假设和不确定因素。

会计政策的确定依据，主要是指企业在运用会计政策过程中所作的对报表中确认的项目金额最具影响的判断，有助于使用者理解企业选择和运用会计政策的背景，增加财务报表的可理解性。财务报表项目的计量基础，是指企业计量该项目采用的历史成本、重置成本、可变现净值、现值还是公允价值，这将直接影响使用者对财务报表的理解和分析。

在确定报表中确认的资产和负债的账面价值过程中，企业有时需要对不确定的未来事项在资产负债表日对这些资产和负债的影响加以估计，如企业预计债权投资未来现金流量采用的折现率和假设。这类假设的变动对这些资产和负债项目金额的确定影响很大，有可能会在下一个会计年度内作出重大调整，因此，强调这一披露要求，有助于提高财务报表的可理解性。

5. 会计政策和会计估计变更以及差错更正的说明。企业应当按照会计政策、会计估计变更和差错更正会计准则的规定，披露会计政策和会计估计变更以及差错更正的有关情况。

6. 报表重要项目的说明。企业对报表重要项目的说明，应当按照资产负债表、利润表、现金流量表、所有者权益变动表的顺序及其报表项目列示的顺序，采用文字和数字描述相结合的方式进行披露。报表重要项目的明细金额合计应当与报表项目金额相衔接，主要包括以下重要项目：应收款项、存货、长期股权投资、投资性房地产、固定资产、无形资产、应付职工薪酬、应交税费、短期借款和长期借款、应付债券、长期应付款、营业收入、公允价值变动收益、投资收益、资产减值损失、营业外收入、营业外支出、所得税费用、其他综合收益、政府补助、借款费用等。

7. 或有和承诺事项、资产负债表日后非调整事项、关联方关系及其交易等需要说明的事项。

8. 有助于财务报表使用者评价企业管理资本的目标、政策及程序的信息。

⚠小提示

这几种会计报表中，不知大家是否发现只有资产负债表中报表项目需要填写的是余额，其他报表中填写的是全额（即发生额）。

【本章小结】

本章介绍了财务报告的概念及目标，并阐述了财务报表的含义、意义、分类及财务报表的基本要求。重点内容在于阐述资产负债表和利润表的编制。在介绍资产负债表、利润表的含义及其理论依据为基础上，举例说明了资产负债表和利润表的编制方法。最后，简单地介绍了现金流量表及所有者权益变动表的含义、编制基础、结构，以及附注的主要内容。

【技能测试】

一、名词解释

1. 财务报表　2. 资产负债表　3. 利润表　4. 现金流量表

二、单项选择题

1. 在下列各项财务报表中，属于反映企业财务状况的对外报表是（　　）。

A. 资产负债表　B. 利润表

C. 所有者权益变动表　D. 现金流量表

2. 利润表是反映企业（　　）经营成果及分配情况的报表。

A. 一定时期内　B. 特定时期

C. 相邻期间内　D. 相邻时期

3. 下列报表中，（　　）是静态报表。

A. 现金流量表　B. 利润表

C. 资产负债表　D. 资产负债表和利润表

4. 资产负债表的理论依据是（　　）。

A. 资产 = 负债 + 所有者权益

B. 收入 − 费用 = 利润

C. 资产 + 费用 = 负债 + 所有者权益 + 收入

D. 以上都不对

5. 资产负债表是反映企业在（　　）财务状况的财务报表。

A. 一定时点　　B. 某一个月

C. 一定时期　　D. 一段时间

6. 资产负债表中资产的排列顺序是（　　）。

A. 项目的重要性　　B. 项目的流动性

C. 项目的收益性　　D. 项目与现金的关系

7. 利润表应根据各损益账户的（　　）填列。

A. 期初余额　　B. 本期发生额

C. 期末余额　　D. 以上都不对

8. 反映企业一定时期经营成果的财务报表是（　　）。

A. 现金流量表　　B. 利润表

C. 资产负债表　　D. 资产负债表和利润表

9. 反映企业现金流入和流出情况的财务报表是（　　）。

A. 现金流量表　　B. 利润表

C. 资产负债表　　D. 资产负债表和利润表

10. 某月末，甲公司“应收账款——A”账户余额为借方 50 000 元，“应收账款——B”账户余额为贷方 30 000 元，“预收账款——C”账户余额为借方 40 000 元，则该月末资产负债表中应收账款项目的金额为（　　）元。

A. 90 000　　B. －80 000

C. 20 000　　D. －20 000

11. 某月末，甲公司“本年利润”账户余额为借方 50 000 元，“利润分配”账户余额为贷方 30 000 元，则该月末资产负债表中未分配利润项目的金额为（　　）元。

A. 80 000　　B. －80 000

C. 20 000　　D. －20 000

12. 财务报表项目中的数字其直接来源是（　　）。

A. 原始凭证　　B. 记账凭证

C. 明细账簿　　D. 账簿记录

13. 某月末，甲公司“应收账款——A”账户余额为借方 60 000 元，“应收账款——B”账户余额为贷方 20 000 元，“预收账款——C”账户余额为借方 90 000 元，则该月末资产负债表中预收账款项目的金额为（　　）元。

A. 90 000　　B. 150 000

C. 20 000　　D. 130 000

14. 资产负债表中的报表项目（　　）。

A. 都是根据账户余额直接填列

B. 都是根据发生额填列

C. 根据上述 A、B 填列

D. 大多数项目可以直接根据账户余额填列，少数项目要根据有关账户余额分析计算后才能填列

15. 多步式利润表是通过多步计算当期损益，通常把利润计算分解为（　　）。

A. 营业利润、利润总额、净利润

B. 毛利、营业利润和应税利润总额

C. 营业收入、营业利润和可分配利润

D. 毛利、营业利润和利润总额

16. 现金流量表是反映企业（　　）现金和现金等价物流入和流出的报表。

A. 一定时期　　B. 特定时日

C. 相邻期间　　D. 相邻时日

三、多项选择题

1. 财务报表按反映的经济内容分类，有（　　）。

A. 资产负债表　　B. 利润表

C. 现金流量表　　D. 附注

2. 财务报表的编制必须做到（　　）。

A. 数字真实　　B. 说明清楚

C. 编报及时　　D. 内容完整

3. 以下属于利润表项目的有（　　）。

A. 主营业务收入　　B. 主营业务成本

C. 其他业务收入　　D. 税金及附加

4. 以下是资产负债表项目的有（　　）。

A. 存货　　B. 交易性金融资产

C. 在建工程　　D. 开发支出

5. 直接根据相应账户的期末余额填列的资产负债表项目有（　　）。

A. 固定资产　　B. 应付票据

C. 应付职工薪酬　　D. 应交税费

6. 以下列入资产负债表流动资产类的有（　　）。

A. 应收账款　　B. 预收账款

C. 应付账款　　D. 预付账款

7. 资产负债表中的“存货”项目应根据（　　）科目的期末借方余额之和填列。

A. 原材料　　B. 生产成本

C. 制造费用　　D. 库存商品

8. 利润表表体的列示方法有（　　）。

A. 单步式　　B. 报告式

C. 多步式　　D. 账户式

9. 需将账户余额合并后填列的资产负债表项目有（　　）。

A. 存货　　B. 货币资金

C. 未分配利润　　D. 应交税费

10. 利润表反映的内容包括（　　）

A. 主营业务利润　　B. 营业利润

C. 利润总额　　D. 净利润

四、判断题

1. 资产负债表是反映企业一定时期全部资产、负债和所有者权益情况的财务报表。（　　）

2. 利润表主要是反映从某一指定日期起，至另一指定日期止企业利润的实现情况的财务报表。（　　）

3. 资产负债表是一种静态报表，应根据有关账户的期末余额直接填列。（　　）

4. 作为利润表编制基础的平衡公式是“收入－费用＝利润”。（　　）

5. 利润表根据各账户的期末余额填列。（　　）

6. 现金流量表中反映的现金就是指企业的库存现金和银行存款。（　　）

7. 企业在编制财务报表前，一般应该进行账证、账账、账实核对，并进行期末账项调整，以保证会计信息的客观性。（　　）

8. 资产负债表中，“应收账款”项目的期末数，应根据“应收账款”账户的余额直接填列。（　　）

9. 资产负债表中，资产的排列顺序是根据重要性的原则确定的。（　　）

10. 我国现行企业会计准则和企业会计制度规定，利润表的格式采用报告式。（　　）

【实训操作】

实训一

【目的】练习资产负债表编制的基本方法。

【资料】某工业企业 2021 年 6 月份有关账户期末余额如表 8－10 所示。

表 8－10　　某工业企业 2021 年 6 月有关账户期末余额　　单位：元

账户名称	借方余额	账户名称	贷方余额
库存现金	2 000	短期借款	150 000
银行存款	200 000	应付账款	272 000
应收账款	130 000	其他应付款	2 000
其他应收款	3 000	应付职工薪酬	5 000

续表

账户名称	借方余额	账户名称	贷方余额
原材料	263 400	应交税费	3 000
生产成本	123 000	累计折旧	128 600
库存商品	145 200	实收资本	1 000 000
固定资产	630 000	资本公积	16 000
无形资产	200 000	盈余公积	120 000
合计	1 696 600	合计	1 696 600

【要求】根据以上资料填列资产负债表（见表 8－11）。

表 8－11　　资产负债表（简表）

编制单位：××单位　　2021 年 6 月　　单位：元

资产	期末余额	负债和所有者权益	期末余额
		流动负债	
流动资产		短期借款	
货币资金		应付票据	
应收票据		应付账款	
应收账款		应付职工薪酬	
其他应收款		应交税费	
存货		其他应付款	
流动资产合计		流动负债合计	
非流动资产		所有者权益	
固定资产		实收资本	
无形资产		资本公积	
非流动资产合计		盈余公积	
		所有者权益合计	
资产总计		负债和所有者权益总计	

实训二

【目的】练习利润表编制的基本方法。

【资料】某工业企业 2021 年 6 月份有关账户发生额资料如下：主营业务收入，3 645 800 元；主营业务成本，1 286 300 元；其他业务收入，893 600 元；其他业务成本，375 800 元；税金及附加，68 500 元；管理费用，153 800 元；财务费用，67 200 元；销售费用，93 200 元；营业外收入，92 000 元；营业外支出，89 360 元；所得税费用，56 032 元。

【要求】根据以上资料填列利润表（见表 8－12）。

表 8-12 **利 润 表（简表）**

编制单位：××单位 2021 年 6 月 单位：元

项　　目	本期金额	上期金额
一、营业收入		
减：营业成本		
税金及附加		
销售费用		
管理费用		
财务费用		
资产减值损失		
加：公允价值变动净收益（净损失以“-”号填列）		
投资收益（净损失以“-”号填列）		
其中：对联营企业和合营企业的投资收益		
资产处置收益（损失以“-”号填列）		
其他收益		
二、营业利润（亏损以“-”号填列）		
加：营业外收入		
减：营业外支出		
三、利润总额（亏损总额以“-”号填列）		
减：所得税费用		
四、净利润（净亏损以“-”号填列）		
五、其他综合收益的税后净额		
六、综合收益总额		
七、每股收益		
（一）基本每股收益		
（二）稀释每股收益		

参考答案

第九章
归档会计档案

学习目标

通过本章学习，要求学生了解会计档案的含义，理解会计档案的作用，掌握会计档案的内容和保管。

能力目标

通过本章学习，使学生能够在正确运用会计核算方法进行会计业务核算的基础上，会整理和装订会计资料，并能按规定归档保管。

素养目标

通过本章学习，使学生在归档会计档案的工作中保持细心、负责的工作态度，使自己的工作成果有迹可循、有据可依，既是对自己工作的尊重和自信认可，也是对他人的负责！

导　　例

某中医院恶意销毁会计档案案件

某中医院收费员王某，在担任收费员期间，利用工作之便，截留其经手的病人预交款21 000元购买足球彩票。为逃避院内查处，王某窜至医院财务科盗取其领取的票据存根记录，但因资料太多无法找到，便用随身携带的打火机点燃档案柜内的票据。经清点，档案柜内2002年和2003年会计凭证220余册及相关的账簿、报表、合同等资料被烧毁，涉及流动资金4 450多万元。该案由当地检察院提出公诉，经县法院审理后，以故意销毁会计凭证罪判处王某有期徒刑3年，缓刑4年，并处罚金30 000元。

请问：通过该案例，大家能得到哪些启示呢?

【本章知识结构导图】

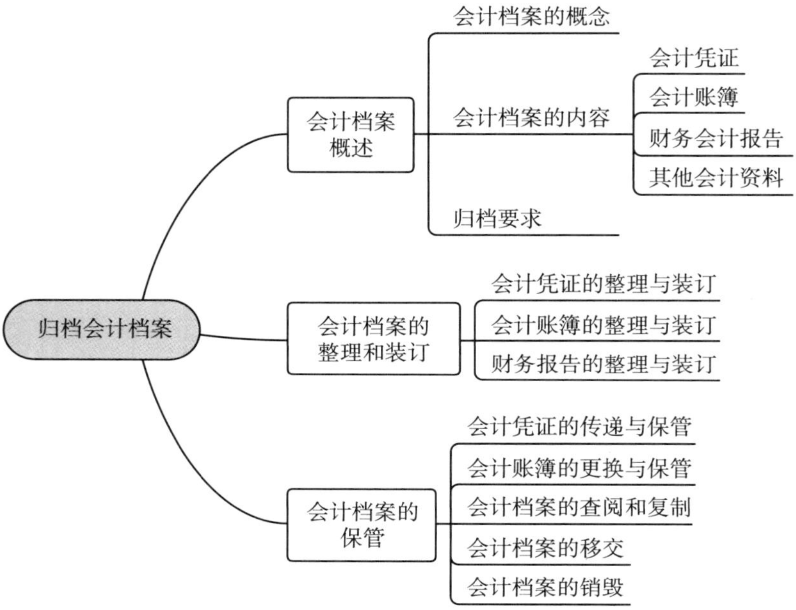
归档会计档案
会计档案概述
会计档案的概念
会计档案的内容
会计凭证
会计账簿
财务会计报告
其他会计资料
归档要求
会计档案的整理和装订
会计凭证的整理与装订
会计账簿的整理与装订
财务报告的整理与装订
会计档案的保管
会计凭证的传递与保管
会计账簿的更换与保管
会计档案的查阅和复制
会计档案的移交
会计档案的销毁

第一节　会计档案概述

一、会计档案的概念和内容

（一）会计档案的概念

会计档案是指会计凭证、会计账簿和财务报告等会计专业资料，是记录和反映经济业务的重要史料和证据。企业、单位的各项会计资料在一个会计期间（一般指会计年度）终了后应当立卷保存，归入档案。各企业应建立和健全会计档案，明确规定立卷、归档、保管、调阅和销毁等管理制度。

（二）会计档案的内容

1. 会计凭证，包括原始凭证、记账凭证、汇总凭证、其他会计凭证。

2. 会计账簿，包括总账、明细账、日记账、固定资产卡片、辅助账簿、其他会计账簿。

3. 财务报告，包括月度、季度、年度财务报告，财务报表、附表、附注及文字说明，其他财务报告。

4. 其他会计资料，具体包括银行存款余额调节表、银行对账单、其他应当保存的会计核算专业资料、会计档案移交清册、会计档案保管清册、会计档案销毁清册等。

二、会计档案的归档要求

根据财政部、国家档案局最新联合发布的《会计档案管理办法》，要求各单位每年形成的会计档案，都应当由财务会计部门按照归档的要求，负责整理立卷或装订成册。当年形成的会计档案，在会计年度终了时，可暂由本企业会计部门保管一年。期满之后，原则上应由财务会计部门编造清册，移交本单位的档案部门保管，不得自行封包保存，未设立档案部门的，应当在会计部门内部指定专人保管，但出纳不得兼任档案保管工作。电子科技资料可以仅以电子形式归档保存。此规定自 2016 年 1 月 1 日起施行。

第二节 会计档案的整理和装订

一、会计凭证的整理与归档

小贴士

会计档案
归档流程图

会计凭证一般每月装订一次。装订好的凭证一般按月保管归档。在整理和装订会计凭证的过程中，需要满足以下几个方面的要求。

（一）会计凭证装订前的整理工作

1. 分类整理，按顺序排列，检查日数、编号是否齐全。

2. 按凭证汇总日期归集（如按上、中、下旬汇总归集）确定装订成册的本数。

3. 摘除凭证内的金属物（如订书钉、大头针、回形针）。

4. 原始凭证是否粘贴在记账凭证的后面，若原始凭证及其附件的面积大于记账凭证，应以记账凭证为标准进行折叠，便于翻阅。如果原始凭证的数量过多时，可单独装订，不附在记账凭证后面，但在记账凭证上注明“附件另订”。

技能点
正确掌握会计凭证的整理和装订工作。

5. 整理检查凭证顺序号，如有颠倒要重新排列，发现缺号要查明原因，再检查附件是否漏缺。

6. 记账凭证上有关人员（如财务主管、复核、记账、制单等）的印章是否齐全。

（二）会计凭证装订的顺序

会计凭证在装订的过程中，应该按照如下顺序装订：（1）包角。（2）记账凭证封面。（3）记账凭证（按顺序由小到大排列好）。如果编制汇总凭证，将汇总凭证放在记账凭证的前面。（4）记账凭证封底。

（三）会计凭证装订时的要求

会计凭证在装订的过程中，应该满足以下几点要求：

1. 用“三针引线法”装订。会计凭证以上边和左边整齐为准，右边和下边要求折叠整齐，使用棉线，在左上角部位打上三个针眼，实行三眼一线打结，结扣应是活的，并放在凭证封皮的里面，装订时尽可能缩小所占部位，使记账凭证及其附件保持尽可能大的显露面，以便于事后查阅。

2. 凭证外面要加封面，封面规格略大于所附记账凭证。

3. 装订凭证厚度一般以 1.5～2 厘米为宜。过薄，不利于竖立放置；过厚，不便于翻阅核查。凭证装订的各册，一般以月份为单位，每月订成一册或若干册。凭证少的单位，可以将若干个月份的凭证合并订成一册，在封皮注明本册所含的凭证月份。

4. 会计凭证装订后每本封面上要填写好凭证种类、起止号码、凭证张数，并由会计主管人员和装订人员签章。另外，要在封面上编好卷号，按编号顺序入柜，并在显露处标明凭证种类编号，以便于调阅。

二、会计账簿的整理和装订

（一）会计账簿整理立卷的注意点

ⓘ**技能点**
正确掌握会计账簿的整理和装订工作。

按照账簿的种类按年分别立卷，一本为一卷。在立卷过程中，需要注意以下几点：

1. 订本账中的空白页不能拆账去掉，应保持账簿本身的完整性。

2. 活页账可以拆账，会计人员将账中的空白账去掉后可重新组织，并应当在账页的右上角编上页码，加上账簿封面和封底，用脱脂线绳装订成册；有的活页账账页较少，可将科目内容相近的账页按类别排列编号，合并装订成册，一般是年终结账后装订成册。

3. 会计账簿案卷封面应写明单位名称、内部机构名称、账簿名称、所属年度、卷内张数、保管期限、档号，并由会计机构负责人、立卷人签名或盖章。

4. 跨年度使用的固定资产账簿，应在使用完的那一个年度立卷。

（二）会计账簿整理立卷的具体要求

会计账簿办理完年度结账后，除跨年使用的账簿外，其他需整理、立卷。会计账簿整理立卷的具体要求主要有以下几点：

1. 会计账簿在装订前，应按账簿启用表的使用页数，核对各个账户账页是否齐全，是否按顺序排列。

2. 会计账簿装订顺序为：（1）会计账簿装订封面；（2）账簿启用表；（3）账户目录；（4）会计账簿装订账页；（5）会计账簿装订封底。

3. 活页账簿去空白页后，将本账页数项填写齐全，撤掉账夹，加上封面、封底，装订成册。不同规格的活页账不得装订在一起。

4. 装订后的会计账簿应牢固、平整，不得有折角、掉页现象。

5. 会计账簿的封口处，应加盖装订印章。

6. 装订后，会计账簿的脊背应平整，并注明所属年度及账簿名称和编号。

7. 会计账簿的编号为一年一编，编号顺序为总账、库存现金日记账、银行存款日记账、分户明细账。

三、财务报告的整理和装订

（一）财务报告整理立卷的注意点

ⓘ**技能点**
正确掌握财务报告的整理和装订工作。

月度、季度、年度财务报告应分别装订立卷，一本为一卷。财务报告整理立卷的注意点主要有以下几点：

1. 决算审核意见书、审计报告等应分别附在该期财务报告后一起装订，卷内需要逐页顺序编写页码。

2. 财务报告案卷封面应写明单位名称、内部机构名称、报表名称、所属年度、卷内张数、保管期限、档号，并由会计机构负责人、立卷人分别签名或盖章。

（二）财务报告整理立卷的具体要求

财务报告整理立卷的过程中，至少应该满足以下几点基本要求：

1. 财务报表编制完成并按时报送后，留存报表均应按月装订成册。
2. 财务报表应整理平整，防止折角。
3. 财务报表在装订前，应按编报目录核对是否齐全。
4. 财务报表的装订顺序如下：（1）财务报表封面；（2）财务报表编制说明；（3）各种财务报表（按财务报表的编号顺序排列）；（4）财务报表封底。

第三节　会计档案的保管

一、会计凭证的传递与保管

（一）会计凭证的传递

会计凭证的传递是指会计凭证从填制或取得时起，经过审核、记账、装订到归档保管止，在本单位内部各有关部门和人员之间的传递程序和传递时间。

按照《会计规范》第54条规定："各单位会计凭证的传递程序应当科学、合理，具体办法由各单位根据会计业务需要自行规定。"由于各单位业务特点不同，会计凭证传递程序也就各异。会计凭证的传递程序，既要体现经济业务完成情况的信息传递，又要体现单位各有关部门和人员对经济业务的监督和控制过程。

制定会计凭证的传递过程，关键要考虑会计凭证传递各环节的衔接，做到既完备严密，又简便易行，使会计凭证及时传递，不积压，尽量减少人力和物力。

（二）会计凭证的保管

会计凭证是一项重要的经济资料和会计档案。任何单位在完成经济业务手续和记账之后，都应按规定的归档制度，妥善保管会计凭证，以便随时查验。按照规定，会计凭证的保管期限至少是30年，有些重要会计凭证甚至要永久保管。

会计凭证归档保管的主要方法和基本要求包括：

1. 各种记账凭证，连同所附原始凭证，要分类按顺序编号，定期装订成册，并加具封面、封底。封面上应注明：单位名称、凭证种类、所属年月和起讫日期、起讫号码、凭证张数等，并由有关人员签名盖章。并在装订处贴上封签，由主管人员盖章。

2. 如果某些记账凭证所附原始凭证的数量过多，为了装订方便，也可另行装订保管，但应该在其封面及有关记账凭证上加注说明；对重要原始凭证，为便于随时查阅，也可单独装订保管，但应编制目录，并在原记账凭证上注明另行保管，以便查核。

3. 会计凭证装订成册后，应由专人负责保管，年终应登记归档。重新启用时，应按规定手续办理。会计凭证的保管期限和销毁手续，应遵守会计制度的有关规定，任何人无权自行随意销毁。

二、会计账簿的更换和保管

（一）会计账簿的更换

会计账簿的更换通常在新会计年度建账时进行。一般情况下，总分类账、银行存款日记账、现金日记账和大部分明细分类账每年更换一次；对于在年度内业务发生较少、会计账簿变动不大的个别明细分类账（如固定资产明细分类账簿和卡片账），可以继续使用，不必每年更换；各种备查账簿也可以连续使用，不需更换。建立新的账簿时，要遵守会计账簿的启用规则，除此之外，还应注意以下几点：

1. 更换会计账簿时，要注明时间，即要注明各会计账户的年份，并在第一行日期栏内写明1月1日；在摘要栏内注明“上年结转”等字样；最后根据上年会计账簿的账户余额直接写在“余额”栏内，借方余额就在“借或贷”栏内注明“借”字，贷方余额就在“借或贷”栏内注明“贷”字，不要在借方栏和贷方栏内填写数字，然后从第二行开始登记新年度的各项经济业务。

2. 总账应根据各会计账户经济业务的多少，合理估计各会计账户在新会计账簿中所需要的账页数（多留浪费，少留不够用），并填写会计账户目录（以方便登查账目），然后据以设立会计账户。

3. 对于有些有余额的明细分类账，如应收应付款项（应收账款、应付账款、其他应收款等）、存货（原材料、库存商品等）、有关资金类账（实收资本、现金、银行存款等）等，必须将各明细账户的余额，按照上述方法，详细登记在新账的明细账户下，以备查阅；对于多栏式明细账（如应交增值税等）应按有关明细项目的余额采用正确的方法进行结转。

（二）会计账簿的保管

各种账簿与会计凭证、财务报表一样，必须按照国家统一的会计制度的规定妥善保管，做到既安全完整，又在需要时方便查找。

年度终了，各种账户在结转下年、建立新账后，一般都要把旧账送交总账会计集中统一管理。会计账簿暂由本单位财务会计部门保管 1 年，期满之后，由财务会计部门编造清册移交本单位的档案部门保管。

三、会计档案的保管期限

各种会计档案的重要程度不同，其保管期限也不同。保管期限根据其特点，分为永久、定期两类。定期保管期限分为 10 年、30 年两种。会计档案的保管期限均从会计年度终了后的第一天算起。

《会计档案管理办法》规定了我国企业的会计档案的保管期限（见表 9－1）。

表 9－1　我国企业的会计档案保管期限

序号	档案名称	保管期限	备　注
一	会计凭证		
1	原始凭证	30 年	
2	记账凭证	30 年	
二	会计账簿		
3	总账	30 年	包括日记总账
4	明细账	30 年	
5	日记账	30 年	
6	固定资产卡片		固定资产报废清理后保管 5 年
7	其他辅助性账簿	30 年	
三	财务会计报告		包括各级主管部门汇总财务报告
8	月度、季度、半年度财务会计报告	10 年	包括文字分析
9	年度财务会计报告	永久	包括文字分析

续表

序号	档案名称	保管期限	备　注
四	其他会计资料		
10	银行存款余额调节表	10 年	
11	银行对账单	10 年	
12	纳税申报表	10 年	
13	会计档案移交清册	30 年	
14	会计档案保管清册	永久	
15	会计档案销毁清册	永久	
16	会计档案鉴定意见书	永久	

四、会计档案的查阅和复制

各单位保存的会计档案不得借出。如有特殊需要，经本单位负责人批准，可以提供查阅或者复制，并办理登记手续。查阅或者复制会计档案的人员，严禁在会计档案上涂画、拆封和抽换。

我国境内所有单位的会计档案不得携带出境。驻外机构和境内单位在境外设立的企业（简称境外单位）的会计档案，应当按照本办法和国家有关规定进行管理。

五、会计档案的移交

移交会计档案的单位，应当编制会计档案移交清册，列明应当移交的会计档案名称、卷号、册数、起止年度和档案编号、应保管期限、已保管期限等内容，并由交接双方的单位负责人负责监交。交接完毕后，交接双方经办人和监交人应当在会计档案移交清册上签名或者盖章。

六、会计档案的销毁

（一）会计档案销毁的程序

会计档案保管期满，需要销毁时，由本企业档案部门提出销毁意见，会同会计部门共同鉴定和审查，编造会计档案销毁清册。会计档案经企业领导审查、报经上级主管单位批准后方可销毁。单位负责人应当在会计档案销毁清册上签署意见。

会计档案销毁的手续和程序如下：

1. 由本单位档案机构会同会计机构提出销毁意见，编制会计档案销毁清册，列明销毁会计档案的名称、卷号、册数、起止年度和档案编号、应保管期限、已保管期限、销毁时间等内容。

2. 单位负责人在会计档案销毁清册上签署意见。

3. 销毁会计档案时，应当由档案机构和会计机构共同派员监销。国家机关销毁会计档案时，应当由同级财政部门、审计部门派员参加监销。财政部门销毁会计档案时，应当由同级审计部门派员参加监销。

4. 监销人在销毁会计档案前，应当按照会计档案销毁清册所列内容清点核对所要销毁的会计档案；销毁后，应当在会计档案销毁清册上签名盖章，并将监销情况报告本单位负责人。

（二）会计档案销毁的注意事项

会计档案不允许随意销毁，如果需要销毁，需要注意以下事项，具体有：

1. 保管期满但未结清的债权债务原始凭证和涉及其他未了事项的原始凭证，不得销毁，应当单独抽出立卷，保管到未了事项完结时为止。单独抽出立卷的会计档案，应当在会计档案销毁清册和会计档案保管清册中列明。正在项目建设期间的建设单位，其保管期满的会计档案不得销毁。

2. 采用电子计算机进行会计核算的单位，应当保存打印出的纸质会计档案。具备采用磁带、磁盘、光盘、微缩胶片等磁性介质保存会计档案条件的，由国务院业务主管部门统一规定，并报财政部、国家档案局备案。

3. 单位因撤销、解散、破产或者其他原因而终止的，在终止和办理注销登记手续之前形成的会计档案，应当由终止单位的业务主管部门或财产所有者代管或移交有关档案馆代管。法律、行政法规另有规定的，从其规定。

4. 单位分立后原单位存续的，其会计档案应当由分立后的存续方统一保管，其他方可查阅、复制与其业务相关的会计档案；单位分立后原单位解散的，其会计档案应当经各方协商后由其中一方代管或移交档案馆代管，各方可查阅、复制与其业务相关的会计档案。单位分立中未结清的会计事项所涉及的原始凭证，应当单独抽出由业务相关方保存，并按规定办理交接手续。

5. 单位因业务移交其他单位办理所涉及的会计档案，应当由原单位保管，承接业务单位可查阅、复制与其业务相关的会计档案，对其中未结清的会计事项所涉及的原始凭证，应当单独抽出由业务承接单位保存，并按规定办理交接手续。

6. 单位合并后原各单位解散或一方存续其他方解散的，原各单位的会计档案应当由合并后的单位统一保管；单位合并后原各单位仍存续的，其会计档案仍应由原各单位保管。

7. 建设单位在项目建设期间形成的会计档案，应当在办理竣工决算后移交给建设项目的接受单位，并按规定办理交接手续。单位之间交接会计档案的，交接双方应当办理会计档案交接手续。

【本章小结】

会计档案是指会计凭证、会计账簿和财务报告等会计核算专业材料，是记录和反映单位经济业务的重要史料和证据。

归档会计档案主要涉及会计凭证和会计账簿的整理、装订与保管，财务报告的整理立卷和装订等。此外，需严格按照最新《会计档案管理办法》的保管期限规定对各种会计档案进行相应时间的保管；会计档案不得随意查阅和复制；会计档案的销毁需要在保管期满后并经企业领导审查、报经上级主管单位批准后方可进行。

【技能测试】

一、名词解释

1. 会计档案　　2. 会计凭证的传递　　3. 会计档案移交清册

二、单项选择题

1. 下列各项中，属于修订后的《会计档案管理办法》施行日期的是（　　）。

A. 2016年1月1日　　B. 2016年3月1日

C. 2016年6月1日　　D. 2016年9月1日

2. 下列各项中，属于应当牵头会计档案鉴定工作的机构是（　　）。

A. 单位档案管理机构　　B. 单位会计机构

C. 审计机构　　D. 纪检监察机构

3. 下列各项中，适用《会计档案管理办法》的资料是（　　）。

A. 预算　　B. 计划

C. 制度　　D. 财务报表

4. 下列会计资料中，属于其他会计资料的是（　　）。

A. 固定资产卡片　　B. 其他辅助性账簿

C. 纳税申报表　　D. 以上都不对

5. 下列会计档案中，保管期限是30年的是（　　）。

A. 会计凭证　　B. 银行对账单

C. 纳税申报　　D. 银行存款余额调节表

6. 下列会计资料中，属于会计账簿的是（　　）。

A. 原始凭证　　B. 固定资产卡片

C. 月度财务报告　　D. 银行对账单

7. 《会计档案管理办法》规定的会计档案保管期限为（　　）。

A. 最高保管期限

B. 企业保管会计档案可参考的保管期限

C. 企业保管会计档案不必严格遵守的保管期限

D. 最低保管期限

8. 下列各项中，属于单位会计管理机构在办理会计档案移交时应当编制的清册是（　　）。

A. 会计档案移交清册　　B. 会计档案保管清册

C. 会计档案销毁清册　　D. 会计档案鉴定意见书

9. 《会计档案管理办法》规定：会计档案的保管期限从（　　）算起。

A. 所在会计年度　　B. 所在会计年度终了后的第一天

C. 上一会计年度　　D. 两个会计年度后

10. 下列各项中，属于销毁的会计档案时，单位档案管理机构编制的清册是（　　）。

A. 会计档案移交清册　　B. 会计档案保管清册

C. 会计档案销毁清册　　D. 会计档案鉴定意见书

11. 下列各项中，属于单位定期对已到保管期限的会计档案进行鉴定所形成的会计资料是（　　）。

A. 会计档案移交清册　　B. 会计档案保管清册

C. 会计档案销毁清册　　D. 会计档案鉴定意见书

12. 下列各项中，属于当年形成的会计档案，在会计年度终了后，可由单位会计管理机构临时保管的期限是（　　）年。

A. 1　　B. 2

C. 3　　D. 4

13. 移交本单位档案机构保管的会计档案，需要拆封重新整理的，以下适当的做法是（　　）。

A. 档案机构会同会计机构和经办人员共同拆封整理

B. 档案机构人员拆封整理

C. 会计机构人员拆封整理

D. 经办人员拆封整理

14. 下列各项中，属于单位从外部接收的电子会计资料可仅以电子形式归档保存，形成电子会计档案应当附有的签名是（　　）。

A. 符合《中华人民共和国合同法》规定的电子签名

B. 符合《中华人民共和国电子商务法》规定的电子签名

C. 符合《中华人民共和国电子签名法》规定的电子签名

D. 以上都不对

15. 需要永久保存的会计档案是（　　）。

A. 会计凭证　　B. 会计档案保管清册

C. 纳税申报表　　D. 银行存款余额调节表

三、多项选择题

1. 下列关于会计档案的表述中，正确的有（　　）。
   A. 单位在进行会计核算等过程中接收或形成的
   B. 记录和反映单位经济业务事项
   C. 具有保存价值
   D. 文字、图表等各种形式的会计资料
2. 下列各项中，属于应当归档的会计资料有（　　）。
   A. 会计凭证　　B. 会计账簿
   C. 财务会计报告　　D. 其他会计资料
3. 下列会计档案中，保管期限为永久的有（　　）。
   A. 会计档案移交清册　　B. 会计档案保管清册
   C. 会计档案销毁清册　　D. 会计档案鉴定意见书
4. 下列会计档案中，保管期限不是 30 年的有（　　）。
   A. 银行存款余额调节表　　B. 银行对账单
   C. 纳税申报　　D. 分类账
5. 会计凭证的传递主要包括（　　）。
   A. 凭证传递的种类和张数　　B. 凭证传递的路线
   C. 凭证在各个环节的停留时间　　D. 会计凭证的装订
   E. 凭证的格式和填制方法
6. 下列各项中，属于应在会计档案销毁清册上签署意见的人员有（　　）。
   A. 单位负责人　　B. 档案管理机构负责人
   C. 会计管理机构负责人　　D. 档案管理机构经办人
   E. 会计管理机构经办人
7. 下列各项中，属于会计档案定期保管期限的有（　　）年。
   A. 10　　B. 20
   C. 30　　D. 40
8. 下列关于单位之间交接会计档案的表述中，正确的有（　　）。
   A. 单位之间交接会计档案时，交接双方应当办理会计档案交接手续
   B. 移交会计档案的单位，应当编制会计档案移交清册，列明应当移交的会计档案名称、卷号、册数、起止年度、档案编号、应保管期限和已保管期限等内容
   C. 交接会计档案时，交接双方应当按照会计档案移交清册所列内容逐项交接，并由交接双方的单位有关负责人负责监督；交接完毕后，交接双方经办人和监督人应当在会计档案移交清册上签名或盖章
   D. 电子会计档案应当与其元数据一并移交，特殊格式的电子会计档案应当与其读取平台一并移交

四、判断题

1. 财务报告类会计档案具体包括：月度、季度、年度财务报告，财务报

表、附表、附注及文字说明，其他财务报告。（ ）

2. 查阅或者复制会计档案的人员，可根据需要对会计档案进行拆封。（ ）

3. 单位合并后原各单位解散或一方存续其他方解散的，原各单位的会计档案应当由合并后的单位统一保管。（ ）

4. 单位因撤销、解散、破产或者其他原因而终止的，在终止和办理注销登记手续之前形成的会计档案，应当由终止单位的业务主管部门或财产所有者代管或移交有关档案馆代管。（ ）

5. 单位之间交接会计档案的，交接双方应当办理会计档案交接手续。移交会计档案的单位，应当编制会计档案移交清册。（ ）

6. 各级人民政府财政部门不得参与会计档案工作的指导、监督和检查。（ ）

7. 会计档案是各单位档案的重要种类之一，也是国家全部档案的重要组成部分。（ ）

8. 会计移交清册、会计档案保管清册和会计档案销毁清册要永久保管。（ ）

9. 销毁会计档案时，应当由档案机构和会计机构共同派员监销，单位负责人不需要在会计档案销毁清册上签署意见。（ ）

10. 总账、明细账和日记账是会计档案，固定资产卡片和辅助账簿不是会计档案。（ ）

五、简答题

1. 会计档案是什么？具体内容包括哪些？

2. 会计档案保管期限为10年的有哪些？保管期限为30年的有哪些？

3. 会计档案销毁的手续和程序有哪些？

参考答案

参考文献

［1］陈国辉，迟旭升．基础会计［M］．第7版．大连：东北财经大学出版社，2021.

［2］崔智敏，陈爱玲．会计学基础［M］．第7版．北京：中国人民大学出版社，2019.

［3］刘英明，张捷．基础会计［M］．第3版．北京：清华大学出版社，2021.

［4］饶水林，刘靖，孙雪梅．基础会计［M］．第2版．北京：中国经济出版社，2022.

［5］夏冬林．会计学：原理与方法［M］．第3版．北京：中国人民大学出版社，2019.

［6］闫邹先．基础会计（微课版）［M］．第2版．大连：人民邮电出版社，2019.

［7］约翰．会计学原理［M］．第23版．北京：中国人民大学出版社，2019.

［8］曾琼芳，罗焰．基础会计［M］．第3版．北京：北京大学出版社，2015.

［9］正保会计网校．会计基础［M］．第1版．上海：上海交通大学出版社，2023.

［10］正保会计网校，吴福喜．初级会计实务应试指南［M］．第2版．成都：西南财经出版社，2023.

［11］朱小平，秦玉熙，袁蓉丽．基础会计（原初级会计学）［M］．第11版．北京：中国人民大学出版社，2021.

ISBN 978-7-5218-3924-1
定价：52.00元